城市基础设施防灾减灾韧性评价及时空演化研究

项 勇 苏洋杨 邓 雪 舒志乐 张 力 著

机 械 工 业 出 版 社

本书将韧性概念引入城市基础设施的防灾减灾研究中，构建相应的评价指标体系及评价模型，并运用 ArcGIS 软件建立空间模型，分析区域间基础设施的韧性在时间及空间分布上的差异。然后，通过实证分析法，对西部地区十二个省、直辖市及自治区的城市基础设施防灾减灾韧性进行针对性的评价和分析，最终提出具有建设性的对策和建议。

本书主要内容包括我国城市发展过程中的防灾减灾现状、城市发展过程中基础设施建设及适灾状况分析、城市基础设施防灾减灾韧性的提出及研究现状、城市基础设施防灾减灾韧性体系研究、城市基础设施防灾减灾韧性评价指标的构建、我国西部区域城市基础设施防灾减灾韧性测评及时空演化分析、基于适灾理念下城市基础设施建设优化策略。

本书可供从事城市基础设施防灾减灾研究的相关学者、博士研究生和硕士研究生，以及从事城市基础设施防灾减灾工作的管理人员和技术人员阅读参考。

图书在版编目（CIP）数据

城市基础设施防灾减灾韧性评价及时空演化研究/项勇等著. —北京：机械工业出版社，2021.9
ISBN 978-7-111-69116-7

Ⅰ.①城⋯　Ⅱ.①项⋯　Ⅲ.①城市-基础设施建设-灾害防治-研究-中国　Ⅳ.①F299.24②X4

中国版本图书馆 CIP 数据核字（2021）第 184670 号

机械工业出版社（北京市百万庄大街 22 号　邮政编码 100037）
策划编辑：刘　涛　责任编辑：刘　涛　于伟蓉
责任校对：王　欣　封面设计：马精明
责任印制：张　博
涿州市般润文化传播有限公司印刷
2021 年 10 月第 1 版第 1 次印刷
184mm×260mm・11.75 印张・287 千字
标准书号：ISBN 978-7-111-69116-7
定价：72.00 元

电话服务　　　　　　　　网络服务
客服电话：010-88361066　机　工　官　网：www.cmpbook.com
　　　　　010-88379833　机　工　官　博：weibo.com/cmp1952
　　　　　010-68326294　金　书　网：www.golden-book.com
封底无防伪标均为盗版　　机工教育服务网：www.cmpedu.com

前　言

近年来我国城市经济的快速发展使城市拥有的基础设施承载能力难以与其发展规模相匹配。城市基础设施功能的不足、应对突发性事件和自然灾害能力较弱、防灾减灾能力不强、环境污染等问题逐渐加剧，对我国城市防灾减灾管理带来了较大影响。自西部大开发总体战略实施以来，国家加强了西部地区的城市基础设施建设力度，设置了中央预算内投资和中央专项建设基金，确保西部地区在基础设施、生态环境和科技教育等方面的建设能加快发展。虽然在西部大开发的战略背景下，西部地区城市的基础设施投资规模和建设规模快速增长，满足了推动区域经济协调发展的基本功能，但应对灾害的能力及韧性相对较弱。同时我国西部地区的自然条件复杂，既有干旱区域又有高寒区域，生态环境较为脆弱敏感。西部地区经济发展状况相对东部沿海地区较为落后，当灾害产生的影响较大时，城市基础设施恢复能力较弱、恢复周期较长。因此，西部地区的城市基础设施的防灾减灾韧性研究是一个相对重要的研究课题。

本书从防灾减灾视角论述了对城市基础设施韧性进行研究的过程和成果。书中介绍了通过文献归纳总结、专家调查、因子分析等方法构建评价指标体系，通过突变级数法、层次分析法构建评价模型，通过 ArcGIS 软件构建空间模型，最终运用实证分析法对西部地区城市基础设施的防灾减灾韧性进行评价。主要研究结果如下：

第一，提出了城市基础设施防灾减灾韧性理念并对相关研究现状进行了归纳和总结。研究认为，城市作为复杂的适应系统，适应性造就了城市的复杂性，也为城市韧性提供了内在基因。面对不确定灾害，城市系统不仅具有减轻灾害影响的能力和适应灾害的能力，还具有灾后快速恢复的能力。当灾害发生的时候，城市应当具备一定的能力来承受灾害所带来的冲击，即快速地应对、恢复，保持城市功能的正常运行，并通过提高适应能力更好地应对未来的灾害风险。

第二，城市基础设施韧性指的是城市的一种能力，这种能力强调城市基础设施从面临自然灾害到恢复至正常运行状态的能力。城市基础设施防灾减灾韧性评价指标体系的构建需遵循科学性和客观性、定量化和实用性、权威性和典型性、系统性和完备性几个主要原则，构建灾前预防能力、灾害抵御能力和灾后恢复及提升能力三个维度，形成资金投入、城市状况等 9 个一级指标和 25 个二级指标的评价指标体系。

第三，根据城市基础设施防灾减灾韧性评价指标体系，运用 ArcGIS 软件中的要素划分功能，对我国西部区域城市基础设施防灾减灾韧性进行测评和时空演化分析，构建完成西部地区各省、自治区及直辖市 2016—2018 年城市基础设施防灾减灾韧性评价的 GIS 空间模型后，形成西部地区各省、自治区及直辖市城市基础设施防灾减灾韧性等级分布，并通过莫兰指数、显著性分析等进行时空分布分析。

第四，针对适灾韧性理念，高度重视防灾减灾空间优化问题。城市基础设施防灾减灾空间优化主要涉及三个方面，分别是应急物资储备空间和避难场所、防灾救灾通道以及灾害隔离空间。适灾韧性理念下的城市规划应和防灾减灾规划结合起来，形成韧性城市规划的理念，健全城市安全减灾系统，确保灾害发生时能够快速定位并实施有效救援，最大限度地降低城市在灾害中的损伤。

  本书涉及课题项目由西华大学项勇、苏洋杨、邓雪、舒志乐和张力共同开展研究，5人共同完成了本书的编写。土木建筑与环境学院黄佳祯老师在本书编写过程中，组织研究团队成员开展了市场调研、收集和整理资料的工作，分析了西部地区关于城市基础设施韧性的相关数据，并将统计数据进行系统化和有效化处理，然后运用到空间分布软件中形成初步的结果。

  本书在写作过程中，得到了国务院参事闪淳昌教授的鼎力支持。闪教授就本书编写提出了具有重要参考价值的建议和观点，笔者将其融入了本书。同时本书的编写也得到了西华大学应急学院领导的大力支持。此外，本书在写作过程中，参考了部分学者的研究成果和观点，在此，对这些学者表示衷心的感谢。

作 者

2021 年 4 月

目 录

前言

第一章 我国城市发展过程中的防灾减灾现状 ················ 1
 第一节 我国城市发展的基本状况 ················ 1
  一、我国城市发展的阶段性状况 ················ 1
  二、我国城市发展中相关治理政策的分析 ················ 3
 第二节 我国城市当前防灾减灾情况 ················ 7
  一、城市发展中面临的灾害类型及产生根源 ················ 7
  二、城市发展中灾害的应急管理现状 ················ 9

第二章 城市发展过程中基础设施建设及适灾状况分析 ················ 13
 第一节 城市发展中的基础设施建设 ················ 13
  一、城市发展中的基础设施内容及作用 ················ 13
  二、我国城市发展中基础设施建设发展状况 ················ 15
 第二节 当前城市基础设施适灾能力分析 ················ 19
  一、城市基础设施面临的灾害类型及带来的影响 ················ 19
  二、国外典型城市基础设施防灾减灾现状分析 ················ 21
  三、我国城市基础设施防灾减灾现状分析 ················ 25
  四、我国城市防灾减灾基础设施建设情况及案例 ················ 27
  五、我国城市防灾减灾建设存在的问题及建议 ················ 33

第三章 城市基础设施防灾减灾韧性的提出及研究现状 ················ 36
 第一节 韧性理念的提出与防灾减灾 ················ 36
  一、韧性概念的提出与演变 ················ 36
  二、城市基础设施的韧性防灾研究 ················ 37
 第二节 城市基础设施防灾减灾韧性的提出背景 ················ 39
  一、面对灾害的现实背景 ················ 39
  二、时代背景和学科背景 ················ 42
 第三节 国内外城市防灾减灾韧性研究的现状 ················ 45
  一、国外城市防灾减灾韧性研究的现状 ················ 45
  二、国内城市防灾减灾韧性研究的现状 ················ 47

第四章 城市基础设施防灾减灾韧性体系研究 ················ 50
 第一节 城市基础设施防灾减灾韧性体系构建基础 ················ 50
  一、城市基础设施韧性概述 ················ 50
  二、城市基础设施防灾减灾韧性体系构建原则 ················ 50

第二节　城市基础设施防灾减灾韧性体系的构成 ·· 52
      一、稳定性和冗余度 ·· 52
      二、效率性和适应性 ·· 52

第五章　城市基础设施防灾减灾韧性评价指标的构建 ·· 54
   第一节　城市基础设施防灾减灾韧性评价指标的构建基础 ···································· 54
      一、评价指标构建的目的及原则 ·· 54
      二、城市基础设施防灾减灾韧性初始评价指标构建 ·· 55
   第二节　城市基础设施防灾减灾韧性评价指标体系优化过程 ································ 59
      一、基于专家访谈法的评价指标维度优化分析 ··· 59
      二、基于问卷调查法的评价指标体系初步优化 ··· 59
      三、基于因子分析法的评价指标体系合理性分析 ··· 63

第六章　城市基础设施防灾减灾韧性测评 ·· 67
   第一节　城市基础设施防灾减灾韧性评价及分析理论基础 ···································· 67
      一、评价方法的选择 ·· 67
      二、评价方法相关理论 ·· 68
      三、时空演化分析 ·· 72
   第二节　城市基础设施防灾减灾韧性评价模型构建 ··· 73
      一、获取及处理数据 ·· 73
      二、计算指标权重 ·· 74
      三、突变级数的确定 ·· 75

第七章　实证分析——我国西部区域城市基础设施防灾减灾韧性测评 ·················· 79
   第一节　城市基础设施防灾减灾韧性实证分析对象选择 ······································· 79
      一、我国西部区域城市基础设施现状 ·· 79
      二、我国西部区域城市基础设施面对的灾害情况 ··· 79
   第二节　我国西部区域城市基础设施防灾减灾韧性测评分析 ································ 81
      一、数据来源及处理 ·· 81
      二、指标权重的确定 ·· 97
      三、西部地区基础设施防灾减灾韧性突变值计算 ··· 104
      四、西部地区基础设施防灾减灾韧性评价等级划分 ····································· 106

第八章　实证分析——我国西部区域城市基础设施防灾减灾韧性时空演化分析 ··· 110
   第一节　城市基础设施防灾减灾韧性空间分布 ··· 110
      一、空间模型的构建 ·· 110
      二、韧性评价结果空间分布状况 ··· 110
      三、韧性评价维度等级空间分布状况 ··· 111
      四、韧性评价一级指标等级空间分布状况 ··· 112
   第二节　城市基础设施防灾减灾韧性空间相关性 ··· 113
      一、构建空间矩阵 ·· 113
      二、城市基础设施防灾减灾韧性空间全局相关性 ··· 113
      三、城市基础设施防灾减灾局部相关性 ·· 116

第三节　城市基础设施防灾减灾韧性的时间相关性 ·· 119
第九章　基于适灾韧性理念下城市基础设施建设优化策略 ·· 120
　第一节　基于适灾韧性的城市基础设施防灾减灾建设优化 ·· 120
　　一、灾后损失最小化到防灾减灾全程适灾化 ·· 120
　　二、基础设施防灾减灾空间优化策略 ·· 120
　　三、公共设施防灾减灾优化策略 ·· 123
　　四、防灾减灾智慧技术性优化 ·· 124
　第二节　基于适灾韧性理念的城市基础设施制度体系优化 ·· 125
　　一、防灾减灾规划体系优化：从二级结构到三级结构 ·· 125
　　二、防灾减灾规划与城市规划协调：从简略空泛到强化落实 ································ 126
　　三、防灾减灾法规体系优化：从"一事一法"到"一阶段一法" ·························· 127
　　四、基础设施管理机制优化策略 ·· 127
　第三节　基于适灾韧性理念的城市基础设施维护优化策略 ·· 128
　　一、加大基础设施维护资金投入 ·· 128
　　二、优化管理措施 ·· 129
　　三、使用信息化维护管理 ·· 129
　第四节　基于适灾韧性理念的城市基础设施防灾减灾参与主体优化策略 ···················· 129
　　一、防灾减灾参与主体单一化到主体多元化 ·· 129
　　二、基础设施多主体治理优化策略 ·· 130

附录 ·· 132
　附录A　城市基础设施防灾减灾韧性评价指标体系调查表 ·· 132
　附录B　城市基础设施防灾减灾韧性评价指标因子分析调查表 ···································· 134
　附录C　城市基础设施防灾减灾韧性评价指标相对重要性调查表 ································ 136
　附录D　2016—2018年西部各地区突变级数值 ·· 140

参考文献 ·· 176

第一章

我国城市发展过程中的防灾减灾现状

第一节 我国城市发展的基本状况

一、我国城市发展的阶段性状况

1. 我国城市的发展历程

我国关于城市发展的相关科学研究成果较为丰硕。地理环境、经济和科技水平、社会结构和传统文化等多元化因素共同作用,造就了我国三千多年的城市发展史[1]。自1949年以来,我国积极推进城镇化建设的进程,城市不断发展更新,内涵日益丰富,外延不断拓展,城市化发展呈现出不同的阶段性特征。

城市的聚集程度是考察城市发展的重要指标,从聚集程度视角对近代城市发展进行考量,大致可归纳为三个阶段:城市绝对集中发展阶段、城市相对分散发展阶段和城市区域协同发展阶段。根据城市发展的聚集程度,三个阶段的主要特征见表1-1。

表1-1 按城市的聚集程度划分我国城市发展的三个阶段及特征

发展阶段	城市发展阶段特征
绝对集中发展阶段	主要表现为农村人口大量转移至城镇,城镇交通由中心向外围扩展。城市发挥集中效应和规模经济效应,也造成交通困难、环境污染等一列城市问题
相对分散发展阶段	郊区人口增加;郊区人口增长超过城区
区域协同发展阶段	城际间快速、大运量交通条件成熟;区域内部城镇人口逐渐向郊区迁移;各级城市协同发展;形成巨型城市群或城市带

按照新中国成立前后的时间,城市发展被划分为近代中国城市发展阶段和新中国成立后城市发展阶段;新中国成立后的城市发展以改革开放为界,划分为改革开放前和改革开放后两个发展阶段。各阶段特征见表1-2。

表1-2 按新中国成立前后划分我国城市发展阶段及特征

发展阶段	城市发展阶段特征
近代中国城市	性质:半殖民地、半封建的城市 类型:资本主义工商业带动发展的城市、沿海和沿江商埠城市

(续)

发展阶段		城市发展阶段特征
新中国成立后的城市发展	改革开放以前	城市建设加快,主要类型为重点工业型、资源型、交通枢纽型城市
	改革开放以后	特征:城市建设高速发展,城市化进程加快,沿海城市率先发展 1. 大都市地区:京津冀、长江三角洲、珠江三角洲 2. 上海、北京、广州向国际化大都市迈进

随着城市规模逐渐扩大,城市经济水平不断提升,我国对城市大小的划分标准也在不断变化。2014年,国务院印发《关于调整城市规模划分标准的通知》,以城区常住人口为统计口径,将城市划分为五类七档,具体划分标准见表1-3。

表1-3 城市规模划分标准

城市规模	城区常住人口	备 注
小城市	50万以下	Ⅰ型:城区常住人口20万以上50万以下 Ⅱ型:城区常住人口20万以下
中等城市	50万以上100万以下	
大城市	100万以上500万以下	Ⅰ型:城区常住人口300万以上500万以下 Ⅱ型:城区常住人口100万以上300万以下
特大城市	500万以上1000万以下	10个特大城市:东莞、武汉、成都、杭州、南京、郑州、西安、济南、沈阳、青岛
超大城市	1000万以上	6个超大城市:上海、北京、重庆、广州、深圳和天津

注:标准中"以上"包括本数,"以下"不包括本数,数据来源于《2019年城市建设统计年鉴》。

城市的快速发展推动了城市群的建设,城市群是指在特定地域范围内,一般以1个以上特大城市为核心,由3个及以上大城市为单元形成的高度一体化的城市群体,其空间组织紧凑、经济联系紧密。

近年来,我国大力出台政策促进城市群建设,就目前我国的城市现状和城市发展环境而言,城市群是经济发展最具活力和潜力的地区[2]。我国在城市群建设上也取得了一些成就,如在2012年,长江三角洲城市群成为六大世界级城市群之一;2015年,珠江三角洲城市群成为世界上人口和面积最大的城市群。目前,我国形成了以京津冀城市群、长三角城市群、粤港澳大湾区、成渝城市群为重点,带动国家重大区域战略融合发展的模式。

2. 我国的城市化发展现状

城市化是一种发展过程和趋势,是现代社会高速发展下的必然进程[3]。随着城市化进程加快,我国的城市化水平也得到了快速提升,城市空间持续扩展,成为现代经济活动和社会活动的核心区域,聚集了大量人口、产业和财富[4]。

当前,我国城市化建设已进入发展转型的重要阶段,坚持走符合全球经济、社会、生态发展规律基本要求的现代城市化道路是缩减我国与发达国家经济水平差距的重要途径,也是加速我国现代化发展的重要选择。据联合国估计，2050年，世界发达国家的城市化率将达到86%，我国的城市化率也将达到71.2%，这必将引起深刻的社会变革，在中国发展进程中是一个重大的指标性信号[5]。

在不同的学术领域，对城市化的定义有所差异，城市化在社会学领域、人口学领域、经济学以及地理学的定义见表1-4。

表1-4　不同学术领域中城市化的含义

学术领域	城市化的含义
社会学	生活方式的城市性
人口学	人口职业的转变
经济学	城市化产业结构的转变
地理学	土地及地域空间的变化

在我国，城市化进程可以简单归纳为农村转化成城市的过程，在空间上表现为城市规模的扩大和城市数量的增加。目前，我国城市化的进程分为三个阶段，各阶段的人口比重及特点见表1-5。

表1-5　我国城市化进程的各阶段的人口比重及特点

阶段	城镇人口占总人口的比重	特点
初期阶段	30%以下	城市工业化水平较低，工业带来的就业机会少，农业剩余劳动力释放程度低，城市化速度缓慢
中期阶段	30%~70%	城市工业基础加强，经济实力显著增加，农业劳动生产率大幅度提高，农业人口大批转向工业，城市化速度加快
稳定阶段	70%~90%	农业人口转移趋于停止，城镇内部职业结构由第二产业向第三产业转变

根据我国城市化的发展历程，19世纪下半叶到20世纪中叶，受世界列强侵略和军阀割据影响，我国城市化发展极度不均衡。20世纪50年代中期以后，城乡二元分割社会结构使我国的城市化长期处于停滞状态，直到改革开放后，我国的城市化进程才明显加快[6]。

我国当前的城市化发展趋势正从速度城镇化向深度城镇化转变，城市基础设施建设和形成的承载力在此过程中面临多种挑战，资源成为制约城市进一步发展的主要问题。例如，城市中的供水困难、城市中人均住房水平低、城市交通量增长迅速导致交通拥堵、城市绿化覆盖率低等。基础设施方面，城市公共基础设施数量和水平与城市化发展不匹配，城市具备的防灾、减灾功能明显不足。因此，我国未来的城市化发展更应强调开放、均衡、绿色、创新等符合现代全球发展要求的理念。

二、我国城市发展中相关治理政策的分析

新中国成立70多年来，我国城市面貌日新月异。城市作为经济社会发展的主引擎，城市治理能力对推动城市化发展起着重要作用。城市政策是提升城市治理能力的重要保障。纵观我国城市治理的发展历程，我国的城市治理理念、治理政策随着时代发展的要求和趋势不断发展、创新。我国学术领域从20世纪90年代末才正式开始致力城市治理研究，随着社会环境和经济发展水平的变化，城市治理研究不断发展成熟[6]。伴随城市发展方向的不断变化，国家及地方政府根据不同时期城市发展的要求，不断调整治理政策、完善治理体系。城市治理政策的主要内容包括经济、社会、环境、应急治理等方面。

1. 城市经济治理政策

城市经济运行治理是由城市政府根据中央政府的经济调控目标，针对城市经济运行中出现的问题而展开的一项综合治理活动。城市经济运行治理主要包括四项任务，分别是确定适度的经济发展速度、形成合理的经济结构和空间布局、维护正常的市场经济秩序、夯实城市财政。我国的城市经济发展需要牢牢把握高质量发展的根本要求，建立健全、绿色、低碳循环发展的经济体系，制定合理有效的城市经济治理政策。我国城市经济治理政策的主要阶段见表1-6。

表1-6 我国城市经济治理政策的发展阶段

阶　　段	主要内容
1978—1992年	宏观经济思想：从"综合平衡"到"宏观调控" 宏观经济政策：主要表现为治理三次经济过热的实践
1993—1997年	宏观经济调控思想基本形成，并成功运用于经济"软着陆"
1998—2012年	中国特色宏观调控充分展现，突出表现为应对两次外部经济冲击
2013年至今	中国经济发展进入新常态 政策：供给侧结构性改革

在城市经济治理政策中，中国特色宏观调控最典型的特征是宏观调控范围涉及区域政策、产业政策、土地政策等方面。因此，供给侧结构性改革，成为中国特色宏观调控新的亮点。

城市治理水平直接影响我国现代城市经济的发展、事关我国能否赢得国际竞争的主动权、事关我国"两个一百年"奋斗目标的顺利实现，城市治理水平更是谋求中华民族永续发展现代化经济体系和生态文明建设的核心。因此，面对国内外风险挑战明显上升的复杂环境局面，优化城市经济治理政策建设，推动经济治理体系绿色低碳循环发展[7]，是强化系统性经济风险防范的基础，也是中国经济增长的"新风口"。

2. 城市社会治理政策

城市社会治理主要通过城市分配关系的调整与改善、城市治安的整顿与维护、城市社区组织的重构与创新等方式来减少城市社会问题。城市的空间布局、工业发展、技术革新和城市人口增长等都隐藏着风险，城市人口具有的大规模性和高流动性使得隐藏风险一旦发生便难以控制。社会层面，快速城市化将基层社会卷入的同时，也将原来分散于社会的各种矛盾集中于城市，城市成了潜在的风险积聚中心，受到资源限制、卫生环境问题、文化冲突、阶层冲突等多重风险的冲击。因此，为推进社会治理现代化，在2019年中国共产党第十九届中央委员会第四次全体会议上通过了《中共中央关于坚持和完善中国特色社会主义制度、推进国家治理体系和治理能力现代化若干重大问题的决定》，确定了"构建基层社会治理新格局"的战略目标[8]。

伴随着社会治理的诞生与发展，我国已经形成了一套体系化的政策。党的十四大以来历次全体会议的报告和决议中关于社会治理的相关内容见表1-7。

表1-7 党的十四大以来历次全体会议的报告和决议中关于社会治理的相关内容

会 议	社会治理的相关内容
党的十四大	搞好社会治安，扫除社会丑恶现象
党的十五大	维护安定团结，正确处理涉及群众切身利益的突出矛盾，搞好社会治安，加强政法工作
党的十六大	集中阐述了"维护社会稳定"的相关内容，明确提出了"改进社会管理"及具体要求
党的十七大	提出"四位一体"中国特色社会主义事业总体布局，加快推进以改善民生为重点的社会建设
党的十八大	构建中国特色社会主义社会管理体系，明确社会管理体制、公共服务体系、社会组织管理体制和社会管理机制
十八届三中全会	加快形成科学有效的社会治理体制，社会管理演变为社会治理
十八届四中全会	提高社会治理法治化水平
十八届五中全会	推进社会治理精细化
党的十九大	进一步提出"加强和创新社会治理"，明确"打造共建共治共享的社会治理格局"，提出2035年"现代社会治理格局基本形成"的发展目标和工作要求

2021年起实施的"十四五"规划仍然面临着一定程度的发展过程中不平衡、不协调问题，社会治理能力的现代化面对诸多挑战，我国城市社会治理发展处在新的转折关头[9]。

3. 城市环境治理

改革开放以来，我国城市化不断推进，城市建设和治理在取得显著成绩的同时也面临着日益严峻的环境挑战和压力。因此，为解决城市环境问题、满足城市居民对美好环境的诉求，我国加强了城市环境治理政策制定，完善了城市治理环境体系，不断优化城市环境精细化治理路径[10]。城市环境治理主要包括城市污染、城市公共交通等硬环境的治理和良好城市发展软环境的营造。表1-8所示为对我国环境治理四十年来的治理模式的形成背景进行的归纳和总结。

表1-8 我国城市治理的发展[11]

时 期	治 理 模 式	环境治理模式的形成背景
改革开放初期	应急开拓式	此时期的治理模式主要受到西方生态主义的影响，在1978年形成了《环境保护工作汇报要点》等相关文件
20世纪90年代	权宜性	明确中国特色社会主义市场经济理念和发展才是硬道理

(续)

时　　期	治理模式	环境治理模式的形成背景
党的十六大后	参与式	提出"科学发展观",城市环境治理的主动性提升,全社会积极参与环境治理
党的十八大召开前后	能动式	在科学发展观前提下推进"美丽中国"建设,"能动式治理"模式开始形成

在党的十九大提出的"构建政府为主导、企业为主体、社会组织和公众共同参与的环境治理体系"总体部署下,我国加快推进城市治理工作,城市治理进入新的阶段。国家积极出台相关政策和文件支持城市治理现代化工作,如《关于构建现代环境治理体系的指导意见》。除了国家或地方政策的支持,各社会主体也积极参与,共建"美丽中国"。

4. 城市应急治理

城市化快速发展的同时,城市安全风险也不断地聚集和增大。居住空间密度高,城市资源、基础设施、城市管理均面临着严峻的挑战;传统的城市结构与城市要素流动速度不平衡等一系列问题影响着城市的公共安全;高速工业经济发展与人口的高度聚集使环境污染更加严重。当前,我国正处于社会加速转型和城市化加速发展的关键时期,城市的应急管理能力较大地影响着我国城市可持续发展的推进。

城市应急治理是针对城市所发生的各种危及城市公共利益的灾害危机,采取及时有效的手段,防止危机发生或减轻危机损害程度,保护城市公共利益的一种治理方法。

新中国建立以来,我国的应急管理紧跟时代发展步伐,在现代化城市发展的进程中不断改进,从传统的防灾减灾演变成为现在的韧性治理。纵观我国70多年的应急治理历程,可将其分解为四个阶段,即新中国成立初至改革开放之前、改革开放至"非典"事件之前、"非典"事件至党的十八大前夕、党的十八大至今,具体内容见表1-9。

表1-9　应急治理的四个阶段[12]

阶　　段	主要内容
新中国成立初至改革开放之前	新中国成立初期,国家遭遇了严重的灾荒,颁布了《关于生产救灾的指示》等政策性文件,成立了中央救灾委员会等组织机构
改革开放至"非典"事件之前	应急管理的政治经济和社会环境发生变革,出台了《中华人民共和国减灾规划(1998—2010年)》等文件,城市、区域、社会、国际合作等领域的减灾体系初步成型
"非典"事件至党的十八大前夕	"非典"事件爆发成为中国应急管理改革的转折点,"一案三制"的应急管理体系逐步建立,颁布了《国家突发公共事件总体应急预案》(2006年)、《中华人民共和国突发事件应对法》(2007年)等法律法规和政策性文件
党的十八大至今	设立国家安全委员会和应急管理部,颁布了《生产安全事故应急条例》(2019年)文件

通过不断完善城市应急治理政策,优化应急管理机制,建立健全事故灾难调查和责任追究制度,应急管理条例等,有效保障了城市突发事件产生后及时、科学、高效地处置。

除以上方面,城市治理还可以细分到城市人口治理、基层社区治理、交通治理等。在推进城市治理的过程中，我国城市治理政策也随着城市的现代化发展不断地调整以适应城市发展水平。随着城市化、工业化进程的加快，促使更多的农民进城务工，各级地方政府开始科学思考如何提高城市承载能力。

为适应现代化城市的发展要求，我国的城市治理逐步向智慧化方向发展，智慧城市建设有助于提高城市治理能力和城市治理中的创新力，推进国家治理体系和治理能力现代化已上升为我国的重要发展战略。近年来，国家及地方陆续出台了一系列关于社会治理的政策文件，例如，中共中央、国务院印发《关于加强和完善城乡社区治理的意见》，江苏省出台《关于深化"三社联动"创新城乡社区治理的意见》等。城市的治理政策应当随着城市的发展变化不断更新改进，积极引进社会治理新理念，适应时代发展不断创新，协调推动社会治理现代化建设。

第二节 我国城市当前防灾减灾情况

一、城市发展中面临的灾害类型及产生根源

城市不仅是一个国家和地区的政治、经济、文化中心，也是人口、财富、信息的聚散地。进入21世纪，城市化进程持续加快，城市中存在的不确定因素和引发灾害产生的风险因素及诱发因子也随之增多，现代化城市的这种特征导致灾害一旦发生就会造成较大的灾难[13]。2001—2018年我国主要自然灾害受灾面积见表1-10。

表1-10 2001—2018年我国主要自然灾害受灾面积统计表[14]

区域	国土面积/万平方公里	县（个）	年均受灾面积占行政区域面积（％）					
			洪涝	旱灾	风雹	低温	台风	总和
全国	965.9	1636	8.252	16.449	3.468	3.518	1.724	33.411

1. 自然灾害和人为灾害

自然灾害和人为灾害是城市面临的常见灾害。自然灾害包括干旱、高温、洪涝、台风、冰雹、寒潮、暴雨、暴雪、雾霾、地震、海啸、泥石流、沙尘暴、火山喷发等，是指由于自然异常变化造成的人员伤亡、财产损失、社会失稳、资源破坏等给人类生存带来危害或损害人类生活环境的自然现象。自然灾害的形成必须具备两个条件：一是要有自然异变作为诱因；二是要有受到损害的人、财产、资源作为承受灾害的客体。自然灾害主要包括七大类，见表1-11。

表1-11 自然灾害的主要类型

自然灾害类型	内　　容
气象灾害	包括热带龙卷风、暴雨、寒潮、霜冻、干旱等
海洋灾害	包括海啸、赤潮、海水入侵、海平面上升、海水回灌等
洪水灾害	包括洪涝、江河泛滥等

（续）

自然灾害类型	内　容
地质灾害	包括崩塌、滑坡、泥石流、地面沉降、地裂缝、土地沙漠化、土地盐碱化、水土流失等
地震灾害	包括地震引起的各种灾害以及地震诱发的各种次生灾害，如沙土液化、喷沙冒水、城市大火、河流与水库决堤等
农业生物灾害	包括农作物病虫害、农业气象灾害、农业环境灾害等
森林灾害	包括森林病虫害、鼠害、森林火灾等

人为灾害主要是由于人类的不合理活动引起、人为因素诱发的灾害，主要包括自然资源衰竭灾害、环境污染灾害、火灾、交通灾害、人口过剩灾害及核灾害，具体见表 1-12。

表1-12　人为灾害的主要类型

类　型	内　容
自然资源衰竭灾害	森林资源衰竭灾害、物种资源衰竭灾害、沙漠化灾害、水土流失灾害、土壤盐碱化灾害、土地资源衰竭灾害、水资源衰竭灾害
环境污染灾害	大气污染灾害、土壤污染灾害、水体污染灾害、海洋污染灾害、城市环境污染灾害、能源利用引起的环境污染灾害
火灾	森林火灾、生产和生活火灾
交通灾害	陆地交通事故、空难、海难
人口过剩灾害	人口过剩对土地资源、水资源的压力，森林和物种资源、能源的压力，城市环境的压力
核灾害	核污染、核战争与核"冬天"

2. 现代城市发展中面临的灾害类型及产生根源

新中国成立以来，我国城镇发展迅速，改革开放后，我国城市快速迈入现代化发展行列。城市化进程加快、工业化水平提高，人类活动愈发频繁的同时，城市灾害的发生频率增加、破坏性加大，城市成为现代自然灾害中巨大而脆弱的承灾体。目前，我国的发展处在社会结构、社会体制转型不断深化的关键时期，分析城市灾害产生的原因，有助于城市制定应对灾害的措施，稳妥推进城市化进程和城市的现代化发展。我国城市面临的灾害常见的有城市地震灾害、城市气象灾害、城市海洋灾害等[13]。

（1）地震灾害

地震是对人类生命威胁最大的自然灾害之一，其产生根源主要有两个方面：一是我国所处的地理位置，我国地处亚欧板块边缘，太平洋板块、印度洋板块和亚欧板块的交界地带，板块运动相对活跃。因此，我国地震发生频繁，是世界上地震活动最强烈、地震灾害最严重的国家之一；二是地震灾害的大小与地震强度和地震震中与城市的距离相关，而损失大小还与城市规模、城市防灾减灾能力相关。因此城市在不断发展进步的同时，也为城市埋下了巨大的城市灾害隐患。

根据中国政府网发布的《国家防震减灾规划（2006—2020年)》可知，我国占全球陆地面积的7%，20世纪全球大陆35%的7.0级以上地震发生在我国。20世纪全球因地震死亡人数为120万人，我国占59万人，居世界各国之首。我国大陆大部分地区位于地震烈度Ⅵ度以上区域；50%的国土面积位于Ⅶ度以上的地震高烈度区域，包括23个省会城市和三分之二的百万人口以上的大城市。就目前防灾减灾现状看，我国的防灾能力与经济社会发展不匹配，例如，全国的地震监测系统不完善、监测能力相对较弱，对大多数地震灾害的发生不能准确预测。城市是防震减灾的工作重心，因此，城市防灾减灾体系建设是城市安全的重要保障。

（2）城市气象灾害和洪水灾害

随着气候变暖，极端天气发生频率增加、强度加大，当前我国城市面临多种气象灾害，主要包括暴雨洪涝、台风、高温干旱、冰雪等。造成气候异常最直接的原因是水循环发生了变化、大气环流出现了异常，这些异常现象使原有的气象规律被打乱。除了气象原因，城市工业发展也放大了气候灾害的作用，例如，当四五级的风穿过城市时，由于城市内部高层建筑繁多，产生"狭管效应"造成局地风速增加，容易使城市遭受风灾。此外，城市下垫面（指与大气下层直接接触的地球表面）、地貌、生态环境等受到人类活动的影响而发生了改变，造成城市热岛、干岛、雨岛等效应。

此外，暴雨洪涝是城市面临的主要气象灾害之一。在城市中，暴雨洪涝的产生与气象变化、热岛环流均有密切关系。一方面，城市高层建筑聚集，城市热岛环流效应促进了热对流的发展，增加了暴雨的可能性。另一方面，城市上空污染物的排放，促进凝结核的形成，使城区降水量比郊区多。

（3）城市海洋灾害

城市海洋灾害主要包括风暴潮、海啸、赤潮等，沿海城市受到海洋灾害的影响最大[15]。我国海岸线漫长，造就了我国沿海城市和沿海城市群数量多、沿海经济发达的特点，但是面临的海洋灾害问题也随之而来，严重影响我国海洋开发和海洋经济的发展，进而导致沿海城市受到巨大的经济损失。因此，沿海城市所面临的海洋灾害及产生的主要原因对制定灾害应对措施、构建防灾减灾体系具有十分重要的意义。

海洋灾害的诱因主要包括大气的强烈扰动、海洋水体本身的扰动或状态骤变、全球气候变暖引起冰川融化；除此之外，沿海城市人口聚集，活动频繁，自然环境的变化加上频繁的人类活动，进一步加剧海洋灾害发生的可能性。海洋自然灾害的发生不仅危及海岸和海上安全，还严重威胁沿岸经济和生命财产安全。海洋灾害还会使受灾地区发生多次生灾害和衍生灾害，例如，风暴潮引起海岸侵蚀、土地盐碱化，造成农业减产，破坏生态环境等。

二、城市发展中灾害的应急管理现状

1. 国际上灾害应急管理的演变

在城市灾害防灾减灾的管理和应对过程中，联合国起着极大的主导作用。联合国自成立以来，应急管理策略不断发展变化，主要从防灾减灾战略和组织机构构建两方面进行了改善和推进。联合国国际减灾战略从以前的注重灾后救援发展到现在的注重防灾减灾问题。联合国近三十年的减灾战略之路，使减灾思路从救灾发展到灾害管理，再到灾害风险管理，其战略演变如图 1-1 所示。

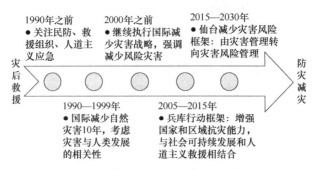

图 1-1 联合国减灾 30 年来的战略演变

1989 年，联合国提出国际减灾十年计划（IDNDR），十年计划的实施极大地提升了各国的减灾意识。1999 年，联合国确定了国际减灾十年计划的后续行动，并成立了"联合国国际减灾战略"机构。2001 年，联合国减灾战略秘书处成为联合国系统的联络机构，负责协调各组织机构减轻灾害风险、处理人道主义事务及社会经济等领域的活动。2005 年，第二届世界减灾会议召开，出台了《兵库宣言》和《兵库行动框架》，明确了 2005—2015 年联合国减灾工作的战略目标和行动指南。2015 年，第三届世界减灾大会通过了《2015—2030 年仙台减灾框架》，明确了国际社会减灾行动中推进灾害教育、国际合作和风险管理等新要素的要求。

在组织机构体系建设方面，应急协调体系逐步健全，涉及灾害管理和灾害风险管理的各个环节。联合国人道主义事务协调办公室成为灾害管理的对应协调机构，主要负责灾害发生后人道主义援助和应急行动，重点在救灾。灾害风险管理由联合国减灾署负责，重点是风险管控[16]。

2. 我国灾害的应急管理演变及现状

我国城市发展日新月异，但是城市灾害防范措施、防灾减灾体系与现有的城市发展水平之间存在一定的差距，使我国许多城市长期处于潜在的灾害风险环境中。城市发展和人类活动的结合增大了城市灾害发生的可能性，因此，研究我国城市现有的灾害应急管理现状对提高城市防灾减灾能力、完善城市灾害防范措施具有重要意义[17]。

受联合国防灾减灾行动的影响，我国的灾害应急管理思想及体系也在城市化发展中不断演进。我国的灾害应急管理发展阶段及政策见表 1-13。

表 1-13 我国的灾害应急管理发展阶段及政策[18]

阶 段	特 征	主要政策及策略
1949—1978 年	灾害应对模式	经济和保障体系逐步建立。例如：建立专业性防灾减灾部门 应急管理工作的特点：停留在灾害应对行动上
1978—2003 年	单灾种被动抗灾应急管理	应急管理以部门应对为主，由专门部门进行单灾种应对 成立多个议事协调机构，合理应对灾害突发事件
2004—2017 年	应急管理模式具有综合性	"一案三制"制度化：预案、体制、机制、法制 灾害应急管理具有全面性、全风险性和全过程性

第一章 我国城市发展过程中的防灾减灾现状

（续）

阶　　段	特　　征	主要政策及策略
2018年至今	全维联动	应急管理部成立 强调全灾害管理、全过程管理 全面优化新时代应急管理运行机制（准备、预防、减缓、响应和恢复五个环节） 加强综合应急管理队伍建设

近年来，我国城市灾害应急管理发展速度加快，尤其是汶川地震后，相应的应急管理工作得到了进一步加强。十八大以来，着眼当前发展现状，我国全面部署推进新时代应急管理工作，强调坚持底线思维，着力防范化解重大风险；坚持以防为主、防抗救相结合；坚持常态减灾和非常态救灾相统一，努力实现从注重灾后救助向注重灾前预防转变，从应对单一灾种向综合减灾转变，从减少灾害损失向减轻灾害风险转变；确立了灾害风险管理理念、综合减灾理念和自然灾害防治理念；牢固树立发展决不能以牺牲人的生命为代价的安全发展理念；落实政府在灾害应对中的主体作用和责任，建立健全安全生产责任体系。

近些年，我国城市灾害应急管理取得了一些成效，城市灾害应急管理事业迈入新的历史发展阶段。首先，我国城市的灾害管理体系更加完善，自2008年汶川地震以来，在原有的基础上继续推进"一案三制"建设工作[19]，灾害应急管理标准、组织、责任等进一步完善落实。各地城市事故灾害风险预防控制标准更加明确；针对气象灾害、地震灾害、水旱灾害等自然灾害的省、市、县三级响应标准不断完善并出台实施。城市应急管理组织体系更加立体化、更具全方位性；各部门在应对各类突发事件中的工作责任更加明确和细化、协调性增强，灾害应急管理水平得到极大的提升。

其次，基层组织灾害管理工作不断落实，应急能力显著提升。自党的十九大提出"社会治理重心向基层下移"以来，各地高度重视城市社区治理体系建设，着重提升城市社区灾害应急管理能力。城市灾害的紧急性和破坏性，使城市基层成为城市灾害预防的主要承担者，因此，各基层组织应加强应急管理和应急设施建设，加快推进城市灾害应急示范社区建设，不断建立健全城市社区应急管理组织机构和应急管理制度、机制。例如，成都市天府新区积极响应国家号召，全方位落实应急建设，积极推进应急示范社区建设，从2015—2018年，共建成62个应急示范社区。

再次，不断进步的科学技术对灾害应急管理能力的支撑作用不断加强，城市灾害应急保障能力进一步提高。先进的应急管理设备有助于提高城市突发灾害应急预测能力和预防能力，因此，我国高度重视应急管理装备发展，制定了一系列支持科技推动应急管理能力提升的发展政策，如《国家中长期科学和技术发展规划纲要（2006—2020年）》，该"纲要"的出台促使我国对应急管理领域的科研投入加大，我国在核心技术自主研发方面也取得了显著的成就。与以往相比较，我国城市的灾害预防能力、监测预警能力等得到有效提升，但是由于与应急相关的产业起步晚，应急产业发展面临着一定的问题：一是大部分应急装备产品技术含量低、自主创新能力不强，某些核心部件、设备等落后于国际先进水平；二是针对灾害发生前的预防装备较少、技术相对薄弱；三是国内的应急装备检验标准有待完善，应急装备可靠性与环境适应性有待提升[20]。

最后，我国城市灾害应急管理的队伍不断壮大，各个社会主体积极参与，多元主体协同参与的格局更加稳固。近年来，各地高度重视群众自身应急能力的培养和提升，从政府到社区基层，各单位高度重视基础管理部门、基层应急队伍和志愿者队伍建设，不断推进我国城市基层群众自身应急处置能力和防灾防险意识的提升。

整体而言，世界各国应对灾害产生的应急管理的发展面临着前所未有的挑战，在城市危机不断变化的背景下，我国应急管理体系应随着社会进步和现代化水平的提高不断完善。近年我国城市灾害应急管理体系取得显著成就的同时也存在着一些问题，例如，风险防范意识不强，灾害应急准备能力有待提升，应急管理法律法规、应急指挥协调机制需要进一步完善，公众应急科普宣教工作亟待加强，部分应急物资日常储备和产能储备不足等。各城市应当因地制宜，加强应急管理能力，提高城市防灾减灾救灾水平，提高城市安全系数。

第二章

城市发展过程中基础设施建设及适灾状况分析

第一节 城市发展中的基础设施建设

一、城市发展中的基础设施内容及作用

1. 城市发展中的基础设施内容

城市基础设施是城市生存、发展以及顺利进行各种经济活动和其他社会活动所必须具备的工程性基础设施和社会性基础设施的总称,是生产单位达到经济效益、环境效益和社会效益的必要条件之一。城市基础设施具有生产性、公用性、公益性和系统性等特点。

由于各国的政策及制度不同,城市基础设施的定义和分类有所差异,总体而言,国外对城市基础设施的定义和分类大致可以归纳为两类。一类是生产性基础设施。生产性基础设施为物质生产过程提供服务,是物质生产过程必要的物质技术基础。另一类是社会性基础设施。社会性基础设施为居民生活和文化提供服务,通过保证劳动力生产的物质文化和生活条件,间接影响生产过程。以美国为例,美国的城市基础设施主要是指公共基础设施,公共基础设施分为公共服务性的基础设施和生产性基础设施两类,具体见表2-1。

表2-1 美国城市基础设施的概念和分类

城市基础设施	分 类	内 容
公共服务性	教育、保健、交通运输、司法、休息设施	公共图书馆、医院、铁路、监狱、社区休憩设施等
生产性	能源、防火、固体废物、电信、废水、给水	动(电)力设施、各种消防设施、处理厂、电缆电视、污水处理系统、给水系统

随着城市化建设进程的加快,城市基础设施种类更加丰富,分类方式也呈现出多样性。目前我国城市基础设施建设的项目主要包括:办公商用建筑项目、能源动力项目、交通运输项目、环保水利项目、邮电通信项目等。

根据《城市基础设施工程规划全书》[29]对城市基础设施的归纳总结,我国将城市基础设施分为广义城市基础设施和狭义城市基础设施两大类,具体内容见表2-2。

表 2-2　我国城市基础设施的分类

分类	概　念
广义	为物质生产和人民生活提供一般条件的公共设施 分类：城市技术性（工程性）基础设施和社会性基础设施
狭义	为城市人民提供生产、生活所必需的最基本的设施，以城市技术性基础设施为主体

从城市基础设施自身具有的性质方面，我国广义的城市基础设施分为城市技术性（工程性）基础设施和城市社会性基础设施两类，见表 2-3。一般来讲，我国的城市基础设施多指技术性（工程性）基础设施，主要包括六大系统，见表 2-3。

表 2-3　我国广义的城市基础设施主要类型

分类	内　容
城市技术性（工程性）	能源供给系统、水资源与给水排水系统、道路交通系统、通信系统、环境卫生系统、城市防灾系统
城市社会性	行政管理、金融保险、商业服务、文化娱乐、体育运动、医疗卫生、教育科研、社会福利、宗教信仰、大众住房

当前我国所提倡的城市基础设施韧性建设，主要针对狭义的城市基础设施（即城市技术性基础设施或城市工程性基础设施），城市基础设施的韧性建设主要涉及六个类别，见表 2-4。

表 2-4　我国狭义的城市基础设施主要类型[21]

	主要类型	具体内容
城市基础设施	能源供给系统	电力、煤气、天然气、液化石油气和暖气等
	水资源与给水排水系统	水资源保护、自来水厂、供水管网、排水和污水处理
	道路交通系统	1. 对外交通设施，包括航空、铁路、航运、长途汽车和高速公路 2. 对内交通设施，包括道路、桥梁、隧道、地铁、轻轨高架、公共交通、出租汽车、停车场、轮渡等
	通信系统	如邮政、电报、固定电话、移动电话、互联网、广播电视等
	环境卫生系统	如园林绿化、垃圾收集与处理、污染治理等
	城市防灾系统	如消防、防汛、防震、防台风、防风沙、防地面沉降、防空等

除上述分类外，城市基础设施还可以按照服务性质分为生产基础设施、社会基础设施和制度保障机构三类，见表 2-5。

表 2-5　按服务性质分类的城市基础设施

	主要类型	具体内容
城市基础设施	生产基础设施	服务于生产部门的设施，如供水、供电、交通、排污、绿化等设施，以及环境保护和灾害防治设施
	社会基础设施	服务于居民的各种机构和设施，如商业、住宅、公共交通、教育、文化、社会福利和体育等设施
	制度保障机构	如公安、政法和城市建设规划与管理部门等

在不同时期，城市基础设施被赋予不同的要求和标准。城市基础设施是在原有自然附属物土地、水体等的基础上，经过人工改造而建立起来的，大都是永久性的建筑，受自然制约，因此，城市基础设施建设和改造时，必须合理利用自然资源，保护生态环境。此外，随着经济和技术的发展，城市基础设施的水平应不断提高，种类不断增多，服务更加完善。

2. 城市基础设施的作用

城市聚集和社会化推进城市高效益发展，城市基础设施建设在城市发展中发挥着不可忽视的作用。一方面，城市基础设施是城市发展和生存的重要保障，完善城市基础设施有助于解决城市聚集带来的各种社会问题。另一方面，城市基础设施建设是城市化进程的物质保证。城市基础设施建设对实现国家和区域经济、社会、环境效益具有重要作用，主要表现在以下几个方面：

1）城市基础设施是城市社会经济活动正常运行的基础和保障。

2）城市基础设施是城市社会经济现代化的重要标志。基础设施是生产力要素的一种体现，它能反映现代化社会物质生活的丰富程度。

3）城市基础设施是城市经济布局合理化的前提。

4）城市基础设施能有效推动城市经济增长。

二、我国城市发展中基础设施建设发展状况

1. 我国城市基础设施发展情况

城市基础设施是城市政治、经济和文化活动中人员、物流、交通流和信息流的重要运输者，是城市社会经济活动的载体。在城市建设发展过程中，基础设施作为城市生存和经济发展的重要组成部分，与城市化进程相互制约，相互促进。城市的发展状况、城市化水平是国家经济的重要表现。随着我国经济的发展，人民对生活质量和居住环境质量的要求提高，国家对城市基础设施建设的重视度也不断提升。近20年来，我国进行了大量的城市基础设施建设，但是由于城市化发展速度较快，基础设施建设进度难以跟上城市化发展进程，导致基础设施建设与城市发展不平衡，城市抵抗自然灾害的能力和城市运行能力严重不足。自新中国成立以来，我国紧跟时代步伐，积极出台相应政策和文件以推动我国城市基础设施建设和发展。整体而言，我国的城市基础设施建设发展分为三个阶段：第一阶段是新中国成立到改革开放前；第二阶段是改革开放至20世纪90年代；第三阶段是世纪之交至今。基础设施三个阶段体现形式见表2-6，基础设施三个阶段建设模式见表2-7。

表2-6 我国基础设施三个阶段体现形式

阶　　段	体　现　形　式
第一阶段	城市建设的起步阶段，我国的城市化水平低，工业化基础薄弱，基础设施发展水平较低
第二阶段	社会主义市场经济体制改革目标确立，我国的工业化转变速度加快，城市化步伐大幅度加快，基础设施需求增加
第三阶段	城市化快速发展阶段，多种投融资方式加快推进基础设施建设

表 2-7 我国基础设施三个阶段建设模式

阶段	建设模式	基础设施建设资金的来源
第一阶段	计划经济体制下财政主导型融资方式	中央统筹资金、国家对地方政府的基建补助和地方基建拨款
第二阶段	基础设施的需求增加，基础设施发展水平有了较高提升	国家投入的增加、管理体制改革，投融资机制开始多元化，不再局限为仅由国家投资
第三阶段	城市基础设施市场化，基础设施投资增长速度加快。	1. 政府引导、社会参与、市场化运作局面初步形成 2. 融资形式：商业融资、证券融资和国际融资等 3. 融资方式：商业银行信贷、发行国际债券、经营土地、特许权经营等多种方式并存

根据国家统计数据，《新中国成立60周年经济社会发展成就系列报告之七：基础产业和基础设施建设取得辉煌成就》显示：

自新中国成立以来到2008年，我国高度重视基础产业和基础设施的建设，投资规模逐步加大。1954—1977年，我国对基础产业和基础设施建设的投资为2996亿元；1979—1989年，我国累计投资额5479亿元；1990—2002年，城市化发展加快，现代化发展对基础产业和基础设施提出了更高的需求，国家对其投资加大，达到80249亿元；2003—2008年，相比上一阶段，我国城市化、工业化和现代化水平有了显著的提升，基础产业和基础设施建设需要与城市发展水平相协调，此阶段我国对其投资的力度进一步加大，达到246770亿元。

根据国家统计局数据，在2014—2019年期间，我国基础设施建设投资额不断增加，2017年基建投资完成额17.3万亿元，自2018年起基础设施投资额增速有所减缓。2019年基建投资同比增速回落至3.3%，投资总额约为18.5万亿元，总体平稳，比上年增长3.8%，增速与2018年持平。2020年，基础设施投资比上年增长0.9%。

国家对城市基础产业及设施建设的高度重视，极大地促进了城市化的发展。我国基础设施建设投资规模如图2-1所示。

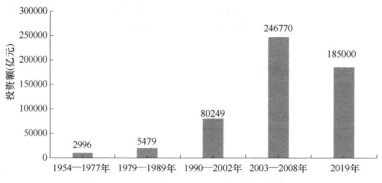

图 2-1 我国基础设施建设投资规模

2. 我国城市基础设施建设变化原因及作用分析

新中国成立以来，我国城市发展迈上新台阶，国家对基础设施和基础产业进行了大规模的建设投资，城市基础设施逐步完善，国民经济发展和人民生活水平得到了进一步提高。

几十年来，我国在不断探索中逐步完善和加强城市基础设施的建设。2009年，国家统计局对新中国成立60年以来的基础产业和基础设施建设取得的辉煌成就进行了总结，将新中国成立以来，基础产业和基础设施的建设和发展分为四个阶段：第一阶段是改革开放以前的缓慢发展阶段，此阶段工业投资增长相对较快；第二阶段是1978—1989年的迅速发展前的起步阶段，此阶段重点行业投入增加；第三阶段是1990—2002年的快速发展阶段，此阶段国债投资极大地促进了基础产业和基础设施建设；第四阶段是2003—2008年的全面快速发展阶段，此阶段资金来源广泛，能源和基础原材料工业的投资增速较快，国家对中西部地区投资加大。

（1）改革开放以前，缓慢发展阶段

新中国成立以来，我国对基础产业和基础设施的建设投资逐步增加，四个发展阶段的投资额见表2-8。

表2-8 我国基础产业和基础设施建设各阶段的投资额

时　期	投　资　额
改革开放以前	2996亿元
1978—1989年	5479亿元
1990—2002年	80249亿元
2003—2008年	246770亿元

自第一个"五年计划"颁布实施开始，我国以基础产业和基础设施建设为主，加大经济建设力度。1954—1977年，全国基础产业和基础设施基本建设投资达到2996亿元，年均增长8.7%。这一时期，我国建成了很多重大项目，主要涉及煤炭、石油、电力等行业，见表2-9。

表2-9 改革开放前建成的典型的重大项目

	第一个"五年计划"时期
典型的重大项目	1. 阜新、抚顺、鹤岗等25个煤炭项目 2. 辽宁抚顺第二制油厂、甘肃兰州炼油厂2个石油项目 3. 河南三门峡水利枢纽、吉林丰满水电站、甘肃兰州热电站等25个电力项目
	第二个"五年计划"时期
	1. 北京市"十大"建筑工程 2. 天津北大港、河北唐山陡河和内蒙古元宝山3个电厂 3. 新建、扩建了甘肃玉门、新疆克拉玛依、黑龙江大庆等油田 4. 建成并交付运营了兰新线、成昆线、包兰线等铁路 5. 天津、连云港、大连、上海等港口建成使用

（2）1978—1989年，迅速发展前的起步阶段

到改革开放以前，我国的基础产业和基础设施仍然十分薄弱，投资建设规模较小，为改善这一状况，1979—1989年的11年间，我国加大对重点行业的投资额，基础产业和基础设施基本建设累计完成投资达到5479亿元，年均增长10.7%。这一时期，国家集中力量建设

了一批能源、交通等国家重点项目，如大秦电气化铁路一期工程、秦皇岛煤码头三期工程、北京—武汉—广州同轴电缆载波工程、上海—嘉定高速公路等125个重点交通运输和邮电通信项目。除此之外，这一时期教育、文化、卫生、体育也得到了快速的发展，1979—1989年，教育、文化、卫生、体育基本建设累计投资额839亿元，年均增长25.8%。

（3）1990—2002年，快速发展阶段

1990—2002年，我国基础产业和基础设施基本建设累计投资额80249亿元，年均增长26%。这一时期，社会资本投入增加，基础设施投资额大幅度提升，我国基础产业和基础设施建设成就显著，一大批重大基础产业和基础设施建设项目建成投产并发挥效益，见表2-10。

表2-10 我国1990—2002年建成的主要基础设施项目

基础设施子系统	主要基础设施项目
能源系统	新疆塔里木油田、大亚湾核电站、二滩水电站等
交通系统	京九铁路、北京西客站、广州白云新机场等
防灾系统	长江、黄河等主要干流、湖泊的防洪堤，三峡水利枢纽工程等

（4）2003—2008年，全面快速发展阶段

2003—2008年，我国对基础产业和基础设施的投入资金主要有两个来源：一是政府投资；二是引进外资、民营资本。这6年间，基础产业和基础设施建设投资总额达到246770亿元，年均增长24.5%，其中，中西部地区的基础产业和基础设施施工项目达到509758个，占全国的66.2%，比2002年提高5.9个百分点。这一时期，我国的城市基础设施水平显著提高，人居环境得到明显改善。基础产业和基础设施全面快速发展，主要体现在能源和基础原材料投资增速快、中西部投资加大、投资主体和资金来源渠道开始多样化、一批重点项目建成。主要基础设施项目见表2-11。

表2-11 全面快速发展阶段建成的主要基础设施项目

基础设施子系统	主要基础设施项目
能源供给系统	贵州黔西电厂，西气东输管道基建项目，西电东送工程等项目
交通系统	陕西黄延高速公路，广州地铁二号线工程，广州白云机场迁建工程等
防灾系统	长江、黄河等主要干流、湖泊的防洪堤等

这一时期，国家及社会加大对基础设施建设资金的投入，尤其重视西部地区建设发展。在经济上，中西部地区基础设施建设资金紧张问题有所缓解；民生方面，一大批产业和基础设施项目的建成，促使西部地区的城市面貌和生活水平得到了改善，缩小了东西部地区的贫富差距。

（5）2009年至今，基础设施建设基本完善、新基建加快

随着我国城市化进程的加快，国家高度重视对基础产业和基础设施的投资，基础产业地位不断巩固，能源供给能力稳步提升，基础设施加快建设，为经济社会持续发展提供了坚实保障。到新中国成立70周年之际，我国交通基础设施基本完善，服务保障能力大幅提升。

2018年末，我国铁路里程达到13.1万公里，比1949年末增长5倍；公路里程485万公里，增长59倍；内河航道里程12.7万公里，增长72.7%；定期航班航线里程838万公里，比1950年末增长734倍。能源供给能力明显增强，2018年我国能源生产达到37.7亿吨标准煤，比1949年增长158倍。2018年末，全国发电装机容量19亿千瓦，比1978年末增长32.3倍；天然气等清洁能源生产比重从2012年的15.3%上升为2018年的23.5%。当前，我国经济已经进入高质量发展阶段，在党中央的领导下，2018年，我国以新发展理念为引领，提出"新基建"概念，大力推动新型基础设施建设。2018年中央经济工作会议、2019年政府工作报告、2019年中央政治局会议、2019年中央经济工作会议均提出加快5G商用步伐，加强人工智能、互联网、物联网等新型基础设施建设。

第二节 当前城市基础设施适灾能力分析

一、城市基础设施面临的灾害类型及带来的影响

在城市现代化水平不断提高的同时，面对的自然灾害发生频率增加，城市现代化发展给全球生态问题带来了一系列考验。自然灾害一旦发生，则产生连锁效应，造成的巨大损害和损失，对城市社会经济造成巨大影响。城市基础设施作为城市的主要部分，首先就会受到自然灾害的破坏[22]。

近年来，我国提出统筹城乡区域发展、持续推进新型城镇化、大力实施乡村振兴等战略，这些城乡发展战略的实行使城乡差距不断缩小、城镇化率不断提高。到2019年末，我国常住人口城镇化率达到60.60%，相比上年末提高了1.02个百分点[23]。

随着城市化率的提高，城市安全也面临更大的威胁。近年来，我国城市遭遇灾害冲击所导致的损失逐年加重。城市基础设施作为城市的重要组成部分，其建设、发展情况与城市抵御灾害的能力息息相关。纵观我国七十多年的基础设施建设历程，以往我国城市基础设施建设的重点集中在能带来直接经济效益的项目上，以城市基础设施六大系统中的交通系统和能源供给系统为主要建设对象，如交通系统中的道路建设、能源供应系统中的原材料供应项目等。相比而言，城市防灾系统的建设未受到足够的重视，导致我国城市防灾系统存在很多的不足，城市防灾、抗灾能力不强。随着城市规模和容纳人口的增加，城市聚集性的特点更加突出，城市基础设施供给严重不足。因此，现代化的城市需要具备更加完整的城市基础设施系统与之匹配，尤其是在灾害频发的环境下，城市安全对基础设施防灾减灾水平提出了更高的要求。在我国，城市防灾基础设施主要包括城市抗震、防震设施，城市防洪、排涝等防汛设施，城市消防设施，城市人防（战备）设施等[24]。

灾害诱发因子随着现代化城市的发展不断增多。在城市系统中，城市基础设施面对的灾害主要包括地震、洪涝、火灾等。下面介绍城市洪涝灾害和地震灾害。

1. 洪涝灾害

洪涝灾害分为"洪灾"和"涝灾"。"洪灾"指大雨、暴雨引起山洪暴发、河水泛滥、农田淹没等，并造成各类设施破坏的灾害。"涝灾"指水过多、过于集中、返浆水过多造成的积水灾害。灾害发生与自然因素、社会因素密切相关，我国洪涝灾害的主要地理背景见表2-12，洪涝灾害类型见表2-13。

表 2-12　我国洪涝灾害的主要地理背景

地理位置	我国处在欧亚大陆的东岸和太平洋的西岸，西部有青藏高原
地势	地势西高东低，大山、高原、盆地、丘陵和平原分布错落有序，促进暴雨分布产生
气候条件	东北地区为季风气候；西北内陆腹地为干燥的大陆性气候；东南沿海为海洋性气候。气候变动、降雨量年际变化大，雨量变化不稳定
河道的历史变迁	河流多沙，江湖水系演变影响洪涝灾害的发生

表 2-13　我国洪涝灾害类型

类　　型	定义及特点
暴雨洪水	最常见、威胁最大的洪水，由强降雨引起的灾害，又称雨洪
山洪	强降雨后，山区溪沟中发生暴涨、暴落的洪水 特点：突发性、雨量集中、破坏力强 次生灾害：泥石流、山体滑坡、塌方等
融雪洪水	主要发生在高纬度积雪地区或高山积雪地区
冰凌洪水	冰川或河道积冰融化形成的洪水 常发生在黄河、松花江等北方江河中
溃坝洪水	大坝或水库突然决堤、溃塌而造成的洪水

除此以外，涝灾又分为"内涝"和"关门涝"。"内涝"是指强降水或连续性降水超过城市排水能力致使城市内产生积水灾害的现象。"关门涝"指河水居高不下，致使下游湖泊、洼地无法排出积水形成的灾害。

洪涝灾害是我国城市基础设施面对的主要灾害之一，也是联合国定义的十大自然灾害之一。洪涝灾害的发生对城市的影响巨大，包括人员伤亡、城市固定资产损失、城市基础设施系统损坏等。在我国，造成城市遭遇洪涝灾害原因有很多，主要成因如下：

1）受季风气候影响，暴雨洪水集中、洪涝灾害严重。
2）降水量较大，夏季易出现集中降雨和暴雨。
3）城市化进程的加快，使人类与生态环境之间的平衡受到了一定程度的冲击。

在城镇化的推进过程产生了很多可能诱发洪涝灾害的因素，见表 2-14。

表 2-14　城镇化进程中洪涝灾害的诱发因素[25]

序号	诱　发　因　素
1	城市扩张使得不透水区域面积快速增加。例如：房屋建筑增加，水泥或者沥青路面增多
2	"热岛效应"使城市及周边的温度及环流发生变化，雨水量增大，洪灾发生的可能性增加
3	城市地下空间（如地铁、地下车库）开发使城市各公共设施的地理位置降低，洪灾发生所造成的损失加剧
4	城市人口增加导致人们对供水需求相应增加，供需关系发生改变，城市供水安全受到影响。此外，地下水被超额采用，地面沉降现象加剧，城市排涝能力下降，洪灾发生概率增大
5	城市生活污水和工业废水排放增加，水环境受到破坏

第二章 城市发展过程中基础设施建设及适灾状况分析

随着城市面积规模不断扩大，城市基础设施防灾系统建设水平与城市规模之间的不匹配问题逐渐呈现。当灾害来临时，城市不具备足够的抵御灾害的能力，造成巨大的生命财产和经济损失。以洪涝为例，当暴雨量超过城市泄洪能力时，就会出现洪涝灾害，造成的人员伤亡是无法衡量和弥补的，损失也是无法估计的。城市基础设施项目，如公共设施、商业建筑、交通工具等，在洪灾发生时，难以转移，一旦发生洪灾，必然会受到不同程度的损失。另外，城市的交通系统、通信系统、能源供给系统等城市命脉系统一旦受到洪涝冲击受到损害，必然会影响城市居民的正常生活和各个产业的正常运行，而造成的间接损失更是无法估量。

2. 地震灾害

地震灾害是指地球表层的快速振动，引起地面裂缝和变形，造成各类建（构）筑物倒塌和损坏，设备和设施损坏等，并可能引起次生灾害，造成生命财产损失的灾害。

二、国外典型城市基础设施防灾减灾现状分析

21世纪，在自然、社会、经济挑战等不断影响城市建设的背景下，研究者提出了一种更为适合现代化城市防灾减灾的策略，即"韧性"建设理念。加快城市基础设施韧性建设的步伐，是目前各城市快速提升自身灾害风险抵御能力的有效途径。目前，国际社会及各国积极响应，加入韧性城市基础设施建设队伍。为推进韧性建设，2013年5月，美国洛克菲勒基金会提出"全球100韧性城市"项目，入选这一项目的城市有巴黎、伦敦、纽约等国际大都市，我国有浙江省义乌市、四川省德阳市、浙江省海盐县、湖北省黄石市四座城市成功入选，这意味着我国已经积极参与到全球韧性建设的行列中。入选"全球100韧性城市"的韧性城市案例及特征[26]见表2-15。

表2-15 洛克菲勒基金会韧性城市案例及特征

城市	干扰、冲击	韧性行动	韧性特征
印度苏拉特	洪水疫情 社会动荡	1. 洪水：跨部门的地方性委员会、提升排水设施 2. 疫情：家庭层面监控，脆弱地区设健康中心	多中心性分布式
美国新奥尔良	飓风	社区成立发展社团，提供社会服务、健康支持和生计培训	多中心性分布式
哥伦比亚卡利	洪水	基层组织：制定社区引导策略，提供培训、小额信贷和情感支持	多中心性分布式
智利康赛普西翁	地震	建立高效社交网络，促进居民交流	内稳态 连通性
印度尼西亚三宝垄	洪水滑坡	转变生计：培育其他的渔业品种	多样性
南非开普敦	极端天气	1. 入选"全球100韧性城市"项目 2. 基于五大支柱的韧性发展策略：建设"富有同情心、全面健康的城市""互联的、适应气候的城市""可创造就业的城市""准备好面对自然冲击的城市""协作、有前瞻性的城市" 3. 目标：制定实施纲领明确能够抵抗的灾害种类、实施的年期等	多样性

1. 美国纽约城市基础设施韧性建设策略及实例

随着城市规模扩大、科学技术不断发展，城市基础设施对城市的支撑作用愈发明显，基础设施建设影响着城市的正常运行，因此，城市基础设施迫切需要提高自身抵御灾害和风险事件发生的能力。

纽约作为现代大都市，其城市基础设施基本建成时间较早，但近几十年来纽约遭遇多次重大灾害，尤其是2012年美国遭遇桑迪（Sandy）飓风后，纽约城市基础设施存在的问题更加突出，城市基础设施建设及更新迫在眉睫。飓风不仅引发了暴雨、洪水、火灾等，还导致水、电、交通、通信等中断。在此次飓风中，纽约受灾最为严重，机场、铁路等公共交通系统关闭，并遭受严重破坏，此外，飓风造成113人死亡，数十万人无家可归，建筑大量损毁，损失估计达到500亿美元。此次飓风灾害的发生推动了纽约市城市适应性规划的出台。纽约作为一个海岸城市，随着全球气候变暖，城市面临着海平面上升、洪涝不断、热带风暴频繁等多种严峻问题。更有气象专家研究预计称，在2030—2045年期间，纽约每五年将遭遇一次大面积洪灾[27]。为抵御洪灾，纽约加大城市基础设施的韧性的建设力度：一方面，改造升级基础设施系统，提升基础设施韧性和适应性；另一方面，加大政策支持力度，通过科学研究和实验制定相关法律，鼓励政府通过合作共同改善基础设施建设，提升基础设施的可恢复性[28]。

针对城市韧性建设，纽约政府出台了一系列政策并提供资金保障，拟建设一个更加具有韧性的海岸城市，这也是保障纽约城市韧性建设和提升纽约城市韧性的重要前提和关键力量。出台主要的政策性文件见表2-16。

表2-16 纽约关于韧性建设的政策性文件

时间	政策文件名称、文件主要内容
2007年	*A Greener, Greater New York*，提出韧性城市理念、纽约城市韧性建设和气候适应项目
	相关政策文件及跟进项目： 《可持续暴雨管理计划》（2008、2012），纽约城市湿地战略（2009、2012），《面向2020年纽约城市综合滨水规划》（2011），纽约绿色基础设施规划（2011—2012）
2013年	*A Stronger, More Resilient New York 2013*，弹性城市建设全面展开，以应对气候变化为核心的韧性城市建设
	相关政策文件及跟进项目： 《重建计划》（2013），《桑迪飓风商业贷款和赠款项目》（2013），《国家洪水保障计划》（2013）
2014年	*One city, rebuilding together, 2014*，针对2012年桑迪飓风后的灾后重建倡议，让纽约更具韧性
	相关政策文件及跟进项目： 《纽约海岸绿色建筑研究计划》（2014）
2015年	*One New York, The Plan for a Strong and Just City, 2015*，韧性城市建设升级
	相关政策文件及跟进项目： 《构建气候弹性知识库》（2015），修改《国家洪水保障计划》（2015），弹性城市项目进度报告《一个纽约2016年进度报告》

基于纽约海岸城市的特性，纽约政府提出了以景观整合的方式实现城市的防洪、风暴潮

防护等防灾减灾基础设施韧性建设策略。在此策略指导下纽约建成了一系列具有防灾减灾韧性的基础设施,如曼哈顿岛弹性防洪的 U 型保护系统、纽约布鲁克林大桥公园弹性水岸、弗莱士河"新生命公园"(LIFESCAPE) 等。

曼哈顿岛弹性防洪 U 型保护系统这一设计方案为低洼地带提供活力保护带。在城市防灾减灾方面,该保护系统采用物理防护的方式将社区包围在其中,使其免遭洪水和暴风雨的破坏和侵害。在生态韧性方面,该系统因地制宜地对社区和环境进行了改造。这个以景观整合方式构建防洪保护系统的方案,一方面,可以抵御洪水,有效维护城市经济和安全,降低城市受灾损失;另一方面,可以改善公共区域的景观环境,改变了传统防洪防灾系统的建设观念,使城市绿化景观建设和防洪系统构建为一体,提高城市基础设施韧性的同时改善了城市的生活环境,使纽约这座城市更加多元化。

基于可持续发展的理念和景观结合的建设策略,弹性水岸——纽约布鲁克林大桥公园韧性基础设施建成。设计上,基于工业海滨特点,纽约布鲁克林大桥公园重新采用自我维持的生态系统,增加投资新的社会场所和娱乐场所的可能性;韧性建设方面,结合纽约水岸建设变迁情况,研究公园设计方案和运营维护模式提出气候变化背景下弹性水岸公园的防洪策略。该公园利用建筑物、草坪、种植区来收集过量的暴雨水,输送到地下管道,然后通过雨水花园进行循环和清洗,为花园种植提供了大量水资源。纽约布鲁克林大桥公园弹性水岸的建设,在提高防灾减灾韧性的同时还保护了生态系统,也增强了城市抵御灾害的能力。

2. 英国曼彻斯特市基础设施韧性建设的策略及实例

英国作为一个城市更新和重建较早的国家,其更新机制、重建经验较为丰富,在城市更新和重建过程中,注重城市的可持续发展。2007 年英国"政府间气候变化专门委员会"第四次评估报告出台,将"韧性城市"推上了英国城市规划的日程并成为规划的重点。在国家层面,英国制定了应对灾害的框架,即国家安全策略,并指出政府最重要的任务之一是提升基础设施韧性,确保国家在受到攻击、破坏或灾害等突发事件时能正常运转。

曼彻斯特市的更新重建是英国城市基础设施韧性建设的典范。1996 年的恐怖袭击导致曼彻斯特市中心 220 人受伤,近 11 万平方米商业、办公楼建筑被毁,经济损失高达 50 亿英镑。此次事件后,政府重新规划和建设整个城市中心,结合韧性理念,对城市基础设施进行了大胆的规划设计。在基础设施的重建和更新上更加注重设计质量和环境的改善,例如在重建规划的交通运输基础设施上,政府重新整合曼彻斯特市中心的交通基础设施,重建后的交通基础设施使各类交通方式更加方便快捷,交通流线互不干扰[29]。

3. 日本基础设施韧性建设的策略及实例

日本作为一个灾害频发的国家,其防灾减灾理念和实践都较为领先,"韧性"问题在日本也得到了快速的发展和实践。日本的韧性理念的发展大致有三个阶段[30],见表 2-17。

表 2-17　日本的韧性理念三个发展阶段

阶　　段	韧　性　行　动
第一阶段	20 世纪 40 年代到 20 世纪 50 年代 灾害类型:台风、地震 政策、文件:灾后应急和复兴法制建设,出台《灾害救助法》《建筑基准法》等

(续)

阶　段	韧性行动
第二阶段	20世纪60年代到20世纪80年代 该时期主要针对暴雪、地震、火山喷发等进行灾害预防体制的建设和防灾计划的制定，出台了《灾害对策基本法》《暴雪地带对策特别措施》等政策
第三阶段	20世纪90年代至今 全面提升城市韧性阶段。完善防灾体系，建设韧性社区，修改防灾基本计划，出台地震防灾战略等政策文件

在2011年东京大地震后，日本灾害风险应对战略发生了深刻转变。2012年，日本确立了"国土强韧化计划"，并出台了《国土强韧化基本法》《国土强韧化规划》，要求以灾害地域与灾种类型为依据，因地制宜地制定防灾对策。2013年，日本出台了《国土强韧化基本计划》，用以巩固防灾措施，到目前，日本所有的县（相当于我国的省级），全部编制完成了《国土强韧化基本计划》，现已由县一级向下面一级推进。

日本的城市基础设施韧性建设中，神户六甲道车站北地区灾后重建是日本韧性建设的典范。1995年，日本发生7.3级阪神大地震，造成6434人遇难，25万栋房屋被毁，约2.7万人受伤，30万人无家可归，经济损失达到一千多亿美元。灾害发生不仅造成经济损失和人员伤亡，还使当时的日本的经济陷入泡沫经济破裂的泥潭中。阪神大地震直接推动了日本地震防灾减灾和韧性建设的发展。在阪神大地震前，六甲道车站北地区道路狭窄、公园等开放空间不足，为应对该地区未来可能发生的各类灾害，六甲道车站北地区将灾后重建的核心和重点放在完善城市基础设施、创造防灾空间、提升社区自救能力上。进行灾后重建时，日本政府对该地区的土地进行了重新规划，对道路进行拓宽处理、城市道路和步行专用道路分类建设，增加公园的建设面积。森后公园、六甲町公园和六甲道北公园等公共基础设施的重建，为该地区提供了更多的休闲娱乐区域和防灾应急避难场所。除了增加公园面积，政府还对该区域内的硬件抗灾建设和灾后恢复能力建设进行了系统规划。例如，六甲道北公园不仅配套了休闲娱乐设施为居民提供休闲娱乐场所，还配置了防火水槽（水量100吨），紧急情况下作为临时避难场所。

4. 新西兰基督城基础设施韧性建设的策略及实例

新西兰基督城位于新西兰南岛东岸，2010年9月基督城发生了新西兰80年来最具破坏性的地震（7.1级），此次地震虽然无人员死亡，但10万栋房屋损毁，严重削弱了基督城诸多建筑物的地基。2011年2月，新西兰基督城再次遭遇地震（6.3级），此次地震导致高层建筑倒塌、车祸等，这次地震成为新西兰80年来死伤最为惨重的地震，堪称是新西兰最严重的自然灾害之一。连续的自然灾害冲击推动了基督城的基础设施韧性建设。2016年9月，政府发布的《韧性的大基督城》提出了4个目标和11个行动计划，并且针对各个目标和计划提出了切实可行的分布计划和详细措施[31]，其中，针对城市基础设施建设所提出的行动计划更加强调要建设适应性更强、防灾减灾能力的场所。《韧性的大基督城》中提出改善住房质量、增强可选择性和可承担性，采用新型施工技术和资源节约型材料等策略，契合可持续发展和韧性基础设施韧性建设的要求。在生态韧性上，重新评估自然环境特别是河流的维护计划，以恢复其生态功能，建设更多的社区花园，并将其作为社会中心。基于韧性理念，基督城的灾后重建让这个城市变成了一个全新的城市，更能适应未来的发展[32]。

除了上述城市外,很多城市也都积极参与到城市基础设施韧性建设中,例如,墨西哥的墨西哥城已规划并设计了多个"冰上公园",这些滑冰公园,在洪水泛滥的情况下可充当蓄水池。在韧性城市理论指导下,美国新奥尔良因地制宜地制定了《韧性的新奥尔良》,并提出了"适应发展、改变体系"的目标,旨在把新奥尔良建设成为一个能够适应环境变化、充满活力、随机应变的城市[33]。

三、我国城市基础设施防灾减灾现状分析

伴随城市快速发展而来的是不确定因素的增加和灾害破坏性的加大。21世纪以来,许多城市都遭遇了不同程度的灾害,例如:2008年汶川8.0级地震、2012年北京"7·21"特大暴雨,这些灾害对城市安全、经济、生活等带来了极大的冲击,同时也加快推进了城市基础设施韧性建设的进程。2016年,国务院办公厅发布《国家综合防灾减灾规划(2016—2020年)》,指出防灾减灾救灾与人民生命财产安全、社会稳定、国家发展息息相关,着力提高全社会综合防灾减灾能力,为全面建成小康社会打下坚实基础。

在制度上,国家不断地发展和完善防灾减灾制度建设,为我国防灾减灾工作提供制度保障。2007年国务院办公厅颁布了《国家综合减灾"十一五"规划》;2014年,"依法治国"的提出加快了防灾减灾法制建设的进程;2015年,国务院办公厅发布了《国务院办公厅关于推进海绵城市建设的指导意见》,该"意见"指出了关于海绵城市建设的十项具体措施,具体见表2-18。

表2-18 海绵城市建设十项具体措施

措 施	主 要 内 容
科学编制规划	要将雨水年径流总量控制率作为刚性控制指标,建立区域雨水排放管理制度
严格实施规划	以海绵城市建设为基础,严格审查施工图、施工许可、竣工验收等
完善标准规范	修订、完善与海绵城市建设相关的标准规范,突出海绵城市建设的关键性内容和技术性要求
统筹推进新老城区海绵城市建设	1. 新城区:全面落实海绵城市建设要求 2. 老城区:结合城镇棚户区和城乡危房改造、老旧小区有机更新等,以解决城市内涝、雨水收集利用、黑臭水体治理为突破口,推进区域整体治理 3. 建立海绵城市建设工程项目储备制度,避免大拆大建
推进海绵型建筑和相关基础设施建设	建设海绵型建筑与小区、海绵型道路与广场,建设城市排水防涝设施,改造和消除城市易涝点,雨污分流,科学布局建设雨水调蓄设施
推进公园绿地建设和自然生态修复	加强城市坑塘、河湖、湿地等水体自然形态的保护和恢复
创新建设运营机制	1. 鼓励社会资本参与海绵城市投资建设和运营管理 2. 采用总承包等方式,推动技术企业与金融资本结合
加大政府投入	中央财政积极引导海绵城市建设;地方政府加大海绵城市建设资金投入
完善融资支持	鼓励相关金融机构加大信贷支持力度,将海绵城市建设项目列入专项建设基金支持范围,支持符合条件的企业发行债券等
抓好组织落实	发挥政府的主体作用,住房和城乡建设部会同发展改革委、财政部等指导督促各地做好海绵城市建设工作

2016年，根据我国防灾减灾经验及我国防灾减灾工作中存在的问题，国务院发布了《中共中央国务院关于推进防灾减灾救灾体制机制改革的意见》和《国家综合防灾减灾规划（2016—2020年）》两个政策性文件，突出了当代以防为主、综合减灾的防灾理念，为我国防灾减灾制度体系建设提供了方向[34]。国家行政法规层面，我国制定了《破坏性地震应急条例》《地震预报管理条例》和《地质灾害防治条例》等。全国各地政府及相关管理部门还制定了一系列与之配套的地方性法规、行政规章、应急预案。法律层面，我国为防灾减灾工作提供了有力保障，先后制定了《防洪法》《防沙治沙法》《防震减灾法》《气象法》《环境保护法》《消防法》等。目前，针对大多数重要而常见的灾害，我国都已经有了相应的立法[35]。城乡社区作为国家基层组织的重要部分，其综合减灾体系建设影响着国家应急管理体系建设，因此，国家减灾委员会、民政部高度重视城乡社区防灾减灾能力提升问题，大力支持创建全国综合减灾示范社区，增强社区韧性。此外，社区资源极大地影响着韧性社区的构建，国家因此加大对社区物质的投入。地方政府层面，全国各地政府积极开展防灾减灾救灾制度建设工作，出台相关政策和文件，开展相关会议，为城市未来防灾减灾建设与规划提出明确的目标，推进城市防灾减灾建设变革和更新。例如，河南省政府发布《河南省综合防灾减灾规划（2016—2020年）》，对实际工作开展提出了新的可行策略，着力推进风险预测工作，提升风险识别、评估水平，编制社区灾害风险图、应急预案，加强应急演练；大力推进基层综合减灾示范社区、街道（乡镇）和全国综合减灾示范县（市、区）的创建工作。

在防灾减灾组织机构构建上，我国也取得了较好的成果。近年来，国家高度重视城市灾害问题，积极推进防灾减灾组织机构构建。全国各地政府积极响应国家要求，大力开展城市防灾减灾组织机构部署工作，根据各省情况，推进省应急管理厅建设工作，完善各省应急管理厅管理制度与管理体系，对防灾减灾工作进行了明确的职责划分，根据灾害类型，在应急管理厅设置灾害管理部门。例如，2018年云南省新建应急管理厅，其下设置了火灾救援管理处、水旱灾害应急救援管理处、风险监测和综合减灾处等部门。此外，社会上其他组织与力量也是城市防灾减灾救灾组织体系不可或缺的部分，如志愿者队伍是应对社会发展的重要产物，加强志愿者队伍的建设，让社会力量不断参与到城市防灾减灾救灾中，能在很大程度上减少灾害带来的人员伤亡和经济财产损失[36]。

随着全球可持续发展理念深入推进，防灾减灾韧性建设理念的提出为城市应对灾害风险提供了更为符合当代全球发展要求的新对策。我国始终秉承人类命运共同体的理念，坚定不移地贯彻新发展理念，在防灾减灾问题上，正确处理防灾减灾救灾和经济社会发展的关系，责任明确、资源整合、统筹力量，为建成更高安全系数的小康社会提供保障。

在防灾减灾意识提升上，国家高度重视全民防灾减灾意识提升问题，积极开展防灾减灾救灾宣传活动。2008年汶川地震的发生推动了我国"防灾减灾日"的设立。数十年来，全国各地积极开展宣传活动，提高了民众的防灾减灾意识和自救能力。如2019年第11个全国防灾减灾日以"提高灾害防治能力，构筑生命安全防线"为主题，在防灾减灾宣传周期间，全国各地积极开展防灾减灾宣传活动，普及防灾减灾知识，鼓励人们加入应急事业行列。此外，各地也积极开展防灾减灾宣传活动，如河北省在国家减灾办的指导下开展2019年抗洪抢险应急救援演练；北京市开展了应急救援进校园活动、防灾减灾主题知识展、VR地震互动体验等活动，类似的主题见表2-19。

第二章 城市发展过程中基础设施建设及适灾状况分析

表2-19 "防灾减灾日"主题

年份	"防灾减灾日"主题
2009年	主题：首个"防灾减灾日" 活动要求：1. 开展防灾减灾专题活动、教育活动 　　　　　2. 开展防灾减灾演练 　　　　　3. 开展"防灾减灾日"集中宣传活动
2010年	主题："减灾从社区做起" 内容：公布了"防灾减灾日"图标
2011年	主题："防灾减灾从我做起"
2012年	主题："弘扬防灾减灾文化，提高防灾减灾意识" 主要事项：1. 防灾减灾文化宣传、知识和技能普及、开展演练活动 　　　　　2. 灾害风险隐患排查治理 　　　　　3. 创建减灾示范社区
2013年	主题："识别灾害风险，掌握减灾技能"
2014年	主题："城镇化与减灾" 主要事项：结合主题，开展防灾减灾活动；普及防灾减灾知识技能
2015年	主题："科学减灾 依法应对" 主要事项：1. 结合主题，普及防灾减灾知识和技能，开展演练活动 　　　　　2. 排查灾害风险隐患，加大集中整治力度 　　　　　3. 修订完善应急预案
2016年	主题："减少灾害风险 建设安全城市"
2017年	主题："减轻社区灾害风险，提升基层减灾能力"
2018年	主题："行动起来，减轻身边的灾害风险"
2019年	主题："提高灾害防治能力，构筑生命安全防线"

在工业化发展和城市化发展的背景下，城市人口密度不断增加，基础设施承载负荷不断加大，各类灾害风险明显增多，城市安全设防问题日益突出。社会及各地政府高度重视城市安全问题，对城镇化给防灾减灾工作带来的新挑战有了充分地认识，将防灾减灾引入城市社区和学校，积极开展应急知识教育和技能普及，推进意识建设工作；社区层面，整合基层资源，有效整合各类基层减灾资源，制定实施综合防灾减灾措施，不断增强居民灾害防范意识和自救能力，提升社区防灾减灾韧性。

四、我国城市防灾减灾基础设施建设情况及案例

在城市系统中，基础设施不仅影响着城市的社会经济发展，更与城市的防灾减灾能力息息相关。灾害一旦发生，基础设施损毁所带来的直接经济损失和间接经济损失巨大，灾害损失的乘数放大效应非常显著。强化基础设施抗灾能力是提升地区或城市防灾减灾和救灾能力的有效途径，也是新时代构建区域灾害风险防范体系的内在要求[37]。

近年来，我国积极响应国际社会的防灾减灾建设理念，大力开展城市基础设施韧性建设工作。目前，我国浙江义乌、四川德阳、浙江海盐、湖北黄石四座城市已成功入选"全球

100韧性城市"项目。

1. 四川德阳城市基础设施韧性建设情况

从自然地理分析,德阳市位于成都平原东北,与省会成都相邻,地处丝绸之路经济带和长江经济带的交接处,交通发达,市区到各县形成了半小时经济圈,区位优势突显。气候条件方面,德阳市处于中纬度地区,属亚热带湿润季风区,气候温和,四季分明,降水充沛。气候条件见表2-20。

表2-20 四川德阳气候条件

年平均气温	年平均气温15~17℃ 年平均日照时数1000~1300小时,日平均气温终年高于0℃
年降水量	年总降水量900~950毫米,自西北向东南降水量逐渐减少
年平均无霜期	年平均无霜期270~290天

根据2018年德阳市国民经济和社会发展统计公报显示:2014—2018年德阳城镇化率逐年上升,2018年城镇化率达到52.4%(图2-2),地区全年生产总值(GDP)达到2213.9亿元,较上年增长9.0%,经济总量超过2000亿元(图2-3)。其中,第一产业增加值243.3亿元,增长3.7%;第二产业增加值1071.1亿元,增长9.4%;第三产业增加值899.5亿元,增长10.0%。

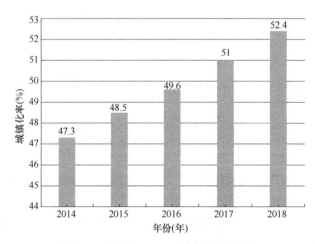

图2-2 德阳市2014—2018年城镇化率

2014年,德阳跻身"全球100韧性城市"行列。2019年,德阳政府正式发布《德阳韧性战略行动计划》,并将其作为德阳城市韧性建设的指南。在韧性城市建设上,德阳借力"全球100韧性城市"平台,加快推动城市发展方式转变,加强生态建设和环境治理,不断提升城市应急处置和抵御自然灾害能力。在韧性城市建设中,基础设施建设尤为重要,在管理制度、行动方案和城市规划上,德阳发布了《德阳市城镇污水处理设施建设三年推进方案》《德阳市基础设施建设扶贫专项方案》等文件[38]。在开展韧性建设工作时,德阳结合当地最主要的洪水和地震等灾害状况,连带可能遭遇山体滑坡、环境污染等威胁,加快城市基础设施建设,将韧性理念合理地运用到城市基础设施建设中,其中针对洪涝灾害所开展的

第二章　城市发展过程中基础设施建设及适灾状况分析

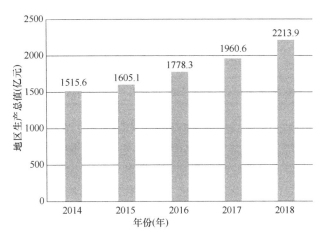

图 2-3　德阳市 2014—2018 年地区生产总值

海绵城市建设尤为突出。中国共产党第十八次全国代表大会的报告明确提出要树立生态文明理念，把生态文明建设放在突出地位。德阳着眼于本地区的水环境、水资源及水安全问题（表 2-21），推进城市海绵城市建设。

表 2-21　德阳的水环境、水资源及水安全主要问题

序号	主要问题
1	下垫面透水能力较差，地表径流量较大。雨水管道系统排水能力不足、部分渠道建设标准较低，水系局部被切断，雨水排放出路不畅，增大了城市内涝风险
2	地表水水源受周边污染影响；城市地下水可开采量降低、水质降低；旧城区部分供水管网老化，管网漏损率较大
3	生活污染排放量大，部分污水管错接入城市雨水管，污水直接排入水体，对城市水环境造成污染；降雨径流污染对城市水体水质影响凸显

2015 年，德阳市拟选取典型试点片区，进行海绵城市实施方案设计。开展海绵城市试点建设方案的区域面积达到 20.7 平方公里，人口达到 25 万人，分为旧城片区（旧城改造研究）和城北片区（新城建设研究）。在海绵城市的规划中，政府加强完善制度机制、能力建设、组织保障等设计，为海绵城市方案实施提供保障；此外，对经过海绵城市措施改造的试点片区进行降雨模拟，分析海绵城市设施对城市内涝、环境的改善，并从经济投入及收益角度评估其经济效益。其海绵城市规划和特色见表 2-22。

表 2-22　德阳海绵城市规划和建设的特色

序号	规划和建设特色
1	以排水防涝规划为基础，结合已有的供水专项规划、污水专项规划、绿地专项规划以及防洪规划等，开展海绵城市建设研究，确保实施规划的系统性
2	梳理旧城片区与新城片区现状特点、建设要求及建设可实施性，采用不同思路进行方案设计。探索旧城存量改造中海绵城市实施的要求和限制、新城建设中如何建设海绵城市，为新区建设提供范本

(续)

序号	规划和建设特色
3	结合模型开发雨水系统、城市雨水管渠系统及超标雨水径流排放系统
4	定量化的效益分析：评估污染物减排、水资源利用、城市内涝控制等方面的效益

德阳海绵城市以及城市韧性基础设施建设的开展取得了较好的成效，并成功应对"8·13"清平特大山洪泥石流、"7·11"特大暴雨洪灾等自然灾害，韧性城市建设的优势逐步显现。

目前，信息建设成为了当代城市发展和变革中的重点，德阳在韧性城市基础设施建设的过程中也十分重视城市信息化建设。一方面，德阳住房和城乡建设局城乡规划管理中心拟建设一个独具特色的数字园林系统，将西南片区设置为该规划的第一个试点区域。另一方面，德阳为加快智慧城市建设，发布了《德阳市加快智慧城市建设2015—2016年行动计划》，用以指导德阳市的智慧城市建设，推动城乡基础设施建设和智能小区建设。行动计划实施重点见表2-23。

表2-23 德阳市加快智慧城市建设2015—2016年行动计划实施重点

工作方向	主要内容
城乡基础网络	1. 建设智能小区，全面完成光纤入户工程 2. 全面完成宽带乡村工程，为农村信息化建设提供网络基础 3. 强化基站资源整合和共建共享，探索多形式基站建设方式 4. 加大三网融合投资力度，加快有线电视数字化和双向传输改造
云计算中心建设	1. 研究云计算中心在市智慧城市建设工作中的地位和作用 2. 编制项目规划，拟定技术方案、资金筹措方案和实施方案 3. 以政府购买服务的方式建设政务云平台，采购云计算服务
金融IC卡应用与市民卡工程	1. 推动金融IC卡在生活中的应用（水电气缴费、出租车、停车收费等） 2. 探索一卡多用和卡卡通用的融合建设模式
公共信息服务平台	1. 以政府网站为载体，加强政府信息和办事程序公开 2. 窗口和网上办公同步 3. 通过网络将机关服务延伸到社区、村组 4. 利用互联网平台、微博、微信等工具收集社情民意、宣传政策
教育信息化	1. 进一步完善教育城域网基础设施建设 2. 加强教师信息化应用能力培训，推进信息技术与教育教学融合
智慧医疗	1. 大力推进居民健康卡建设 2. 建设市级区域卫生信息平台，两年内完成信息平台一期工程建设
数字城管	1. 完善平台功能，将系统延伸到城市管理的相关单位 2. 共享公共监控资源，适当增加城市管理和行政执法重要点位、重要设施的监控设备，扩大城市管理监控范围 3. 指导各地数字城管项目建设，建立城管区域联动机制

(续)

工作方向	主要内容
平安城市和公检法信息化建设	1. 加强公安人员单兵智能化设备配备和后台支撑能力建设 2. 加强检察院基础网络建设和业务工作信息化水平 3. 加强全市法院系统信息化能力建设 4. 加强公安交警信息化建设力度
空间信息与产权管理服务平台	1. 完善全市空间信息平台建设,为公安、城管、消防等部门提供遥感影像等基础地理信息 2. 建立空间信息和产权登记系统数据更新和信息共享机制
智慧城建	1. 继续申报国家智慧城市试点,争取获得国、省政策支持 2. 推动新型城镇化发展战略实施工作,推动基础设施智能化发展 3. 推动城市地下管网三维信息系统在各管线单位的应用

2. 湖北黄石城市防灾减灾基础设施建设情况

湖北省黄石市国土总面积4583平方公里,东北临长江,地形总趋势西南高,东北低,由西南向东北倾斜。地理区位优越,城区中心地段海拔一般在20米左右。黄石处于京广、京九两条铁路大动脉与京珠、沪蓉、大广、杭瑞四条高速公路和长江黄金水道的交汇地带,是承东启西、贯南通北之地。

黄石地处中纬度,太阳辐射季节性差别大,远离海洋,陆面多为矿山群,春夏季下垫面粗糙且增湿快,对流强,加之受东亚季风环流影响,气候冬冷夏热、光照充足,热能丰富,雨量充沛,为典型的亚热带大陆性季风气候。气候条件见表2-24。

表2-24 湖北黄石气候条件

年平均气温	年平均气温17℃。
	全年日照1666.4~2280.9小时
年降水量	年平均降水量1382.6毫米,年平均降雨日132天左右
年平均无霜期	年平均无霜期264天

黄石作为一座历史悠久的名城和颇具现代化的工业城市,城市本身具有很大的发展空间,自2014年入选"全国韧性100城市"项目以来,率先开展了城市韧性建设工作,其开展情况见表2-25。

表2-25 2015—2019年黄石韧性建设工作开展情况

时间	主要内容
2015年	9月:"全球100韧性城市国际研讨会(中国·黄石)"召开 10月:黄石市联合韧性城市建设专家组全体成员召开了第一次会议;成功加入"10%韧性承诺"计划 11月:黄石市代表出席全球"首席韧性官峰会"
2016年	《黄石市韧性建设初步评估报告》完成,确定黄石市韧性城市建设的重点领域(韧性建设水系统、韧性建设经济系统、韧性建设生态宜居系统)

(续)

时间	主要内容
2017年	2月：黄石市召开韧性城市建设战略合作研讨会，与清华大学未来城镇与基础设施研究院正式签订了战略合作框架协议，构建了产学研联盟的创新体系 7月：黄石市参加国际城市可持续发展论坛
2019年	5月：黄石市在"气候创新——企业社会责任论坛"上正式推出了首个城市韧性战略，即"韧性黄石"战略[39]

注："10%韧性承诺"计划即城市承诺把每年全市预算的10%用来支持已制定的韧性建设目标和活动，并获得了"全球100韧性城市"总部无偿支持的价值500万美元的物资和服务，主要用于韧性城市规划、项目建设、人才培训和技术援助等方面。

"韧性黄石"这一战略立足于黄石城市的历史背景，旨在保护城市丰富的资源以利万世，打造宜居环境，切实促进城市发展动态转型。此战略旨在应对城市资源枯竭、生态脆弱及基础设施陈旧等问题带来的挑战，具体内容见表2-26。

表2-26 "韧性黄石"战略内容

关键词	主题	主要内容
繁荣	经济转型与多元发展	1. 建设创新、开放的港口城市，推动经济多元化发展 2. 实现资源依赖型到创新驱动型的转变，优化产业价值链并实现经济增长
清洁	水体修复与环境改善	1. 保护水体，升级防洪设施，提升清洁饮用水可靠供应，提升城市的洪灾应对能力 2. 升级现有污水收集、处理及生态恢复流程
活力	品质重塑与生活宜居	1. 优化居住环境，促进社会和谐 2. 通过提高居民生活质量，改善社区关系、增加社会韧性

"韧性黄石"战略从生态韧性、经济韧性方面保障黄石城市建设远景规划的实现。2015年启动的《黄石2049远景规划》和《黄石市城市总体规划（2001—2020年）》（2017年修订）对黄石的城市建设和规划勾勒出了一个清晰的轮廓，为城市发展明确了方向。

针对基础设施韧性建设，《黄石市城市总体规划（2001—2020年）》（2017年修订）对黄石市的发展方向、韧性建设以及基础设施建设等有了一个相对明确的定位。

（1）利用区位优势，建设区域性交通运输中心

地理位置上，黄石位于湖北东部，处在湖北、江西、安徽三省交界处，是将湖北与江西、安徽联系起来的重要窗口。交通流线上，黄石处于京广、京九铁路这两条联通南北向交通流线上；东西向，黄石处于沿长江通道上，是我国南北向和东西向两条交通的交会点，与京津冀、珠三角城市群以及成都—重庆、长三角密切联系。但是，黄石市在交通基础设施上存在较多问题，如交通相对落后、设施等级低、交通运输体系发展不平衡、市域交通格局不尽合理等。《黄石市城市总体规划（2001—2020年）》（2017年修订）的获批为黄石未来建设区域性交通运输中心指明了方向。

在黄石市提出的规划目标中，拟将黄石的交通打造为与城市用地布局相协调、以公共交通为主体，多种交通方式间便捷转换，结构合理、各种交通服务和管理设施完善的综合体系。到 2020 年，黄石规划中心城区主、次干路总长达到 431 公里，干路网密度达到 2.3 公里/平方公里，次干路及支路规模占总体路网规模的 70%以上，次干路及支路网密度提高，道路网络级配得到优化。此外，提倡公交优先战略，逐步建立以快速公共交通为主体，出租车和其他方式为补充的绿色公共交通体系，实现城乡公交一体化。

按照规划，黄石将逐步实现区域交通一体化，加快对外通道以及区域性交通基础设施建设，强化中心城区与鄂州乃至武汉的快速交通对接，实现与黄冈的交通设施跨江缝合，推进与大冶城区的同城化交通网络衔接，促进区域交通一体化。

（2）改善人居环境，向生态宜居之城迈进

黄石市聚集了大量人口和产业，经济发展快速，人地关系复杂，《黄石 2049 远景规划》从山水底线管控、蓝绿资源活化、宜居社区建设和环境品质提升四个角度进行系统研究，拟从改善生态韧性的角度提升城市韧性。根据黄石本身的山水基底，黄石生态空间利用"绿心—绿廊—绿楔"的生态框架模式，打造"三湖一江，青山碧水；六楔渗城，两廊通脉"的黄石生态空间结构。根据区域生态安全格局，对市域 7 个风景名胜区、5 处湿地、水源保护区、基本农田、地下矿产保护区等生态资源进行空间管制划定；实施公园化策略，用公园化的理念来统筹城乡规划建设，变"在城市里面建公园"为"在公园里面建城乡"，打造黄石的生态大花园和优质生态生活圈，促进工业文明和生态文明融合发展，建设宜居城乡。此外，黄石市还申报了国家"海绵城市"试点项目，将城市河流、湖泊和地下水系统的污染防治与生态修复结合起来，防止出现城市内涝。

自 2014 年以来，黄石市积极开展、参与一系列关于城市防灾减灾韧性建设的研讨会，为全国韧性城市建设规划起了带头作用。黄石市在韧性建设方面取得的成果获得了"全球 100 韧性城市"总部及国家有关部门的充分肯定，极大地提升了黄石市的国际影响力[40]。

3. 国内其他城市防灾减灾建设情况

除了四川省德阳市和湖北省黄石市外，国内各个地区积极开展城市基础设施韧性建设。例如，香港特别行政区优先开展安全社区建设，2018 年香港理工大学举办"5·12 汶川大地震十周年——由灾害管理到防灾减灾"论坛，共同探讨防灾减灾问题。2012 年，青海省政府发布《2012 年地质灾害防灾预案》，推动全省各地完善灾害应急管理机制，加强防灾减灾基础设施和救灾应急指挥系统建设[41]。机制建设上，青海省建立以减灾委员会为主体，政府统一领导，部门分工负责、分类分级管理，属地管理为主的灾害管理体制。法规制度方面，陆续出台了《青海省自然灾害灾情会商及发布办法》等一系列指导性文件；制定、修编了《青海省重大气象灾害应急预案》《青海省地质灾害防灾预案》等预案。为推进城市防灾减灾基础设施建设工作，北京市启动了地震安全韧性城市建设项目，使北京抵御灾害的方式由工程抗御变为城市系统抗御，将北京的未来规划考虑其中，从而构建一个有韧性、有活力的现代化城市。

五、我国城市防灾减灾建设存在的问题及建议

1. 我国城市防灾减灾建设体系上存在的问题

在防灾减灾系统建构上，我国在气象、海洋、地震、水文等方面的检测系统较为完善，

但在城市防灾减灾体系方面,仍然存在一些问题:

1)灾害预警体系不完善。例如,灾前预测不完善,灾后应急预案不及时,城市基础设施灾害抵御能力低等。

2)危机信息管理混乱。灾害发生后,相关职能部门信息发布不统一、不及时,信息不能有效传递。

3)灾害管理体制缺乏统一协调。我国长期以来的灾害管理模式单一且独立,各灾种之间的协调性不够,缺乏统一指挥应急管理的部门及组织协调合力应对灾害。

2. 我国城市防灾减灾建设基础设施存在的问题

我国城市防灾减灾建设中,基础设施建设情况直接影响灾害发生后所带来的损失。目前,虽然我国城市基础设施防灾等级逐步提高,但是依然存在抵御灾害能力弱的问题。当灾害发生时,基础设施本身的损毁对人民生命、财产构成巨大的威胁,进而直接影响社会经济发展。例如,在2008年汶川地震中,大部分人员伤亡是建筑物倒塌造成的,70%以上的损失是房屋倒塌、道路桥梁和其他城市基础设施损坏造成的。因此,我国土木工程及基础设施抵御风险能力有待进一步提高。

3. 对我国城市防灾减灾建设的对策建议

(1)加快提升我国城市防灾减灾建设综合能力

1)完善防灾减灾体制机制和应急工作机制。在城市内部建立健全防灾减灾综合协调机构,进一步落实减灾救灾工作政策法规,形成较为完善的综合防灾减灾决策机制和工作运行机制;进一步完善防灾减灾应急预案,做好预案的编制、修订工作,提高防灾减灾工作的规范化和标准化水平。形成政府主导、社会积极参与的防灾减灾联动机制。

2)构建多元立体的救灾应急指挥、信息报送体系。运用互联网技术,建立国家、省、市、县互联互通的救灾应急指挥平台,充分利用各类观测手段,提高城市的立体监测能力和业务运行水平。加强救灾物资储备体系、救灾物资储备中心工程建设,切实加强城市减灾能力,推进防灾减灾救灾物资储备库建设,加快实现防灾救灾信息网络化管理。

3)加强灾害监测预报预警体系建设。一是要加强现代化专业监测、灾害监测预报网络建设,加强灾害空间数据库和信息系统建设,最大限度减轻灾害造成的人员伤亡和财产损失;二是要加强自然灾害风险评估能力,全面展开灾害信息管理、灾害损失评估等工作,建立城市综合灾害风险评价指标体系和评估制度,开展综合风险评估试点和示范工作,提升综合救援能力;三是要经常开展应急救援培训与演练,结合各地区(部门)实际和灾害特点,制定专项应对方案,切实提高政府抗灾救灾指挥和社会公众应急避险、自救互救的能力。

4)推进城市既有建筑抗震加固工作。组织和协调各城镇既有建筑抗震加固工作的实施,逐步清理达不到抗灾设防要求和存在安全隐患的建筑设施。

(2)加强我国城市防灾减灾建设的社会力量

大力支持"全国综合减灾示范社区"创建工作,指导社区制定灾害应急预案并定期演练,开展减灾宣传教育、知识普及活动,提高社区居民的防灾减灾意识。拓宽防灾减灾社会参与渠道,鼓励社会组织、志愿者等参与防灾减灾工作,完善自然灾害社会捐赠管理机制。实施人才引进计划,引进一批拥有防灾减灾项目的带头人、产业化领军人物和团队,强化科技减灾,引进防灾减灾高层次科技人才及团队。

加强灾害信息员和志愿者队伍建设。加大灾害信息员的业务指导和设备应用培训,开展多种形式的演练活动。充分发挥社会组织、基层组织等志愿者在灾前防御、灾后救援等方面的作用。建立完善的减灾救灾志愿者专业培训、行动规范、权益保障等制度,为志愿者开展服务提供联系、协调、保障等支持措施。积极开展防灾减灾宣传教育和应急救护知识技能普及活动,提高群众自救互救能力。

第三章

城市基础设施防灾减灾韧性的提出及研究现状

第一节 韧性理念的提出与防灾减灾

一、韧性概念的提出与演变

城市化快速发展使城市内部各个系统之间的联系更加紧密和复杂,城市所面临的不确定性因素和未知风险呈现出多样性,灾害一旦发生,城市受其影响所造成的后果也愈加明显。2012 年,联合国国际减灾战略署发起"让城市更具韧性行动",并确立了韧性行动十大准则,城市的韧性问题在国内外引起了高度关注。

1. 韧性理念的提出

韧性,源于拉丁语"resilio",是指系统受扰动后的恢复能力。英文中用"Resilience"表示韧性,解释为事物受干扰后恢复、弹回到初始状态的能力。由此可见,韧性兼有两种内涵,一是弹性,二是恢复力。在这两种内涵的基础上,韧性还强调了一种适应力、学习力和创新性。

"韧性"概念从提出到现在,经历了漫长的演变过程,研学者在不断地改进和完善中得到一个较为准确的定义。从 1973 年霍林首次将韧性的概念引入到生态系统开始,国内外学者就对"韧性"这一概念进行了探索和完善,将韧性引入各个领域。"韧性"理念在近代以来出现的领域和在不同领域的定义见表 3-1 和表 3-2。

表 3-1 "韧性"概念出现的领域

时间	"韧性"概念出现的领域
20 世纪 70 年代	材料科学领域
20 世纪 80 年代	灾害管理领域,用以探讨灾害成因
20 世纪 90 年代	首次引入到城市规划领域,旨在解决灾后重建问题
21 世纪	生态韧性、社会韧性、韧性城市和韧性社区等课题研究

表 3-2 "韧性"概念的发展过程

来源	"韧性"的概念
材料科学领域(1973 年以前)	描述金属在外力作用下形变之后复原的能力
《生态系统的韧性与稳定性》(霍林,1973)	生态系统受到扰动后恢复到稳定状态的能力

第三章 城市基础设施防灾减灾韧性的提出及研究现状

（续）

来　　源	"韧性"的概念
霍林，1996	韧性应当包含系统在改变自身的结构之前能够吸收的扰动量级
沃克等（2004）	韧性不仅是系统可以恢复到原始状态，还是复杂的社会生态系统为回应压力和限制条件而激发的一种变化、适应和改变的能力
福尔克等（2010）	韧性的思想应主要着眼于适应性和转变性

2. "韧性"概念的发展历程

1973年，霍林发表论文《生态系统的韧性与稳定性》（*Resilience and Stability of Ecological Systems*），首次将韧性概念引入生态系统研究中，用以说明自然生态系统稳定的特性，并将"韧性"一次定义为"生态系统受到扰动后恢复到稳定状态的能力"[42]。2001年，霍林再次研究"社会—生态"系统，提出了"适应性循环"理论，这一理论系统地解释了该系统受到外部冲击后的相互作用及其韧性演化[43]。自霍林将韧性的概念引入生态学后，国内外学者积极开展韧性在各个不同领域的研究。

韧性的概念起初主要被应用于材料力学领域，以描述金属在外力作用下形变之后复原的能力。1973年，霍林对工程韧性的概念进行了阐述，指出韧性是"系统在被施加扰动之后，依旧能恢复到平衡或者稳定状态的能力"。随着学术界对韧性概念研究的加深，工程韧性最初的定义凸显不足。1996年霍林改进传统工程韧性的定义，他指出"韧性应当包含系统在改变自身的结构之前能够吸收的扰动量级"，工程韧性除了能使系统恢复，还能形成一种新的平衡状态。在生态韧性的基础上，学者们又提出了一种全新的韧性观点，即社会生态韧性。在这个框架下，福尔克等（2010）指出韧性的思想应主要着眼于适应性和转变性。

"韧性"的概念内涵经历了早期生态韧性、工程韧性、社会生态韧性的一系列发展阶段：早期生态学更加强调生态韧性，在该领域注重评价系统承受干扰的能力及其恢复效率；中期工程学视角下的工程韧性关注系统在干扰结构下的稳定性；后期社会生态学视野内的社会生态韧性则关注系统的自组织、自学习和自适应能力[44]。

从城市诞生开始，安全与利益是城市形成和发展的两条根本主线，现代城市的发展水平远远超过了早期城市状态，困扰城市的安全问题也同样产生了变化，不可否认的是现代城市在面对外来破坏性袭击时仍然表现出难以想象的脆弱性。城市作为复杂的系统，适应性造就了城市的复杂性，也为城市韧性提供了内在基因。洛克菲勒基金会将"韧性"定义为城市中的个人、社区、机构和系统在压力下存续、适应、发展的能力。21世纪，"韧性"被广泛应用于灾害管理领域。2005年国际减灾会议将"韧性"纳入灾害议程中，并提出"灾害响应"的理念"[45]。

具体而言，"韧性"包含广义和狭义两个内涵。广义上的韧性是指系统能够有效应对各种影响的干扰，如人口快速增长、社会变革等；狭义上的韧性是从灾害的角度而言的，即面对不确定的灾害，该系统不仅具有减轻灾害影响的能力，而且具有适应灾害的能力，还具有灾后快速恢复能力[46-48]。

二、城市基础设施的韧性防灾研究

1. 韧性防灾理念的提出

与传统的城市防灾减灾理念相比，韧性视角下的城市防灾减灾更具优势。传统的城市基础设施防灾减灾理念，多以防御灾害发生为主，其关注点更多放在防灾建设和规划上，主要防御灾害发生后所造成的经济损失、人员伤亡和精神损失等。在防御措施的设定上，较多采用对历史灾害数据研究分析、结合已有经验确定措施的方法。传统的防灾理念强调城市基础设施物理层面的"脆弱性"研究，即城市基础设施本身受到灾害袭击后的完备程度，此理念更多依靠加强防御和承受灾害风险的物质环境、修建物理设施来达到防灾目的，如加固堤坝、修建抗震建筑、完善排水系统等。这些灾害防御措施需要投入较高的资金成本和生态成本，在达到防灾效果的同时对生态环境也造成了一定的负面影响。从长远来看，这些防灾减灾措施还存在一定的安全隐患，并且存在时效性较短的问题。例如，为了遏制洪水泛滥，可采取修建堤坝的方式，短期内该措施的效果较为明显，但是随着河道不断淤积，洪水灾害的隐患也不断积累。随着现代科学技术的进步、财富积累，城市所具备的自然灾害防御能力越来越强，灾害发生的频率也应当越来越小，灾害造成的损失相比以前应当有所减少，但是根据近年灾害发生的频率和所造成的损失统计分析，仅仅依靠传统的防灾减灾已经不足以应对当今社会存在的众多灾害风险问题。就城市抵御外部冲击的能力而言，从防灾的角度，在灾害发生前城市应该有足够的应急准备，由被动变为主动，在灾害发生时城市应该能够继续生存，快速恢复生产。

与传统的被动式的灾害防御方式不同，研究者提出了更加符合生态文明的防灾理念，开始关注城市基础设施的韧性问题，强调城市基础设施本身适应和转变危机的能力。在此背景下，韧性就更趋向于"弹性的恢复"。韧性防灾理念视角下，城市基础设施遭遇灾害时，城市基础设施系统能够通过自身调节和转变来保证自身系统处于一个动态平衡的状态，在灾害发生的情况下，韧性基础设施能够迅速恢复到稳定状态，表现为系统抵抗灾害风险和应对危机的能力。

综上所述，相比于传统城市特征，韧性城市防灾减灾系统在应对未知的、不可完全预测的灾害冲击、压力时能够不断转换和学习，这种能力让韧性城市在面对灾害时有了更大的缓冲空间[49]。

2. 韧性基础设施概念的提出及特征

传统的城市防灾减灾理念重在被动地应对灾害风险和危机，韧性视角下的防灾减灾理念注重的是在灾害发生时主动适应灾害风险，防灾思路从被动变为主动。2016年，习近平总书记在对唐山进行实地考察时对我国防灾减灾工作提出"两个坚持、三个转变"的重要指示，现已成为我国新时期减灾防灾工作的重要指导思想。两个坚持即坚持以防为主、防抗救相结合；坚持常态减灾和非常态救灾相统一。三个转变即从注重灾后救助向注重灾前预防转变，从应对单一灾种向综合减灾转变，从减少灾害损失向减轻灾害风险转变。此指导思想的提出表明了我国应急管理理念发生了从被动应对到主动应对、专项应对到综合应对、应急救援到风险管理的转变。防灾规划的编制以及防灾策略也需要顺应新时期的发展要求，不断完善。

韧性基础设施有以下特征[50]：

1) 独立性。城市关键基础设施能够迅速自我恢复到较为满意的状态。

2) 效率高。在灾害发生后的恢复重建过程中，防灾系统能够迅速反应，实现城市各项机能的尽快恢复。

3) 冗余度。冗余度是一种备用系统，一般以模块的形式存在于城市内部，这些模块能够在城市原有功能发生中断、退化或者丧失时用于分散风险,形成有效的互助系统。冗余度的存在能保证城市基本功能的运行。

4)适应性。灾后优化城市系统、调整防灾管理制度,提高城市应对灾害的适应能力。

5)稳定性。灾害发生时,城市基础设施能够维持系统的相对完整,关键功能不受到毁灭性破坏。

6)智慧性。管理者有效利用城市的各种资源,借助城市被破坏的机会,发挥创造性。

7)多样性。城市基础设施系统内部的功能多种多样而并非单一,系统内部各环节紧密联系,为城市快速应对风险提供有效措施。

这些特征表明了韧性城市基础设施在面对灾害风险和不确定因素时,表现出了极大的适应性、主动性和调节性,而并非传统抗灾减灾思想下的被动抵御。

3. 韧性基础设施防灾减灾技术方法

传统的防灾规划中,防灾减灾方法缺乏统一合理的规范,习惯依据历史经验和工程技术标准公式来预测灾害发生的可能性,采用各种工程技术来保障城市未来安全运行的基础设施需求,即重在强调工程防御,以工程性措施为主的防灾减灾在应对城市风险因素时凸显不足。

与传统的防灾减灾规划相比,韧性理念下的防灾减灾规划对城市本身的安全问题做了进一步动态跟踪监测、评估和分析。在韧性城市理念下,城市的防灾研究从原来的单一问题研究过渡为涉及整个城市公共安全的研究,研究范围涵盖生产安全、火灾、地震等城市安全中的重要方面。韧性城市应具备减轻灾害、快速适应和恢复影响的能力,改善城市公共安全状况,最大限度地降低灾害所带来的影响,提高公众在灾害风险面前的应对能力。

从技术方法上,韧性理念的提出有助于防灾工作和应对方法的转型,使管理者从原来对单一灾种的内容进行设计转向基于城市面临的多种灾害影响进行设计。目前的韧性防灾理念更适合生态文明和可持续发展建设,其主要是综合考虑灾害发生全过程的需要和灾害发生的连锁效应,采取工程措施和非工程措施相结合的手段,综合协调城市土地利用和各类防灾资源。

第二节 城市基础设施防灾减灾韧性的提出背景

一、面对灾害的现实背景

1. 自然灾害发生的频率高且造成的损失大

科学技术的进步和经济的高速发展,并不能阻止自然灾害的发生,根据国际社会以及国内灾害统计数据显示,近年来,自然灾害发生的频率并没有随着社会发展而降低,灾害所造成的损失程度甚至有所加重。根据2019年1月24日联合国国际减灾战略公布的数据,2018年全球受地震、海啸、洪水等灾害影响的人数约为6177万人,死亡人数为10373人。其中,2018年造成死亡人数最多的灾害是地震和海啸,有4321人;其次是洪水,有2859人;飓风和风暴,有1593人。从国家和地区来看,印度尼西亚死亡人数最多,有4535人,其次是印度1388人,危地马拉427人。2000—2017年,自然灾害年平均死亡人数77144人,年平均受灾人数约为19331万人。根据联合国国际减灾战略(UNISDR)2018年10月10日发布的报告，近20年来，全球自然灾害造成的经济损失已达29080亿美元。是过去20年的2倍。受温室效应影响，全球气象异常可能会持续恶化，世界经济所受到的负面影响也将进一步扩大。

除此之外，根据我国国家统计局发布的数据显示，我国国内2017年受灾面积达到18478千公顷，2018年全年受灾面积高达20814千公顷；2017年地震灾害人员伤亡人数679人，其中38人死亡；2018年地震灾害造成85人伤亡，直接经济损失高达302716.0万元。2017年和2018年国内受灾面积和地震灾害的数据见表3-3和表3-4。

表3-3 国内受灾面积

指　标	2017年	2018年
受灾面积/千公顷	18478	20814
水灾受灾面积/千公顷	5415	3950
旱灾受灾面积/千公顷	9875	7712
风雹灾受灾面积/千公顷	2268	2407
冷冻灾受灾面积/千公顷	525	3413

注：1公顷=10^4平方米。

表3-4 国内地震灾害

指　标	2017年	2018年
地震灾害次数（次）	12	11
5.0~5.9级地震灾害次数（次）	4	7
6.0~6.9级地震灾害次数（次）	3	
7.0级以上地震灾害次数（次）	1	
地震灾害人员伤亡（人）	676	85
地震灾害死亡人数（人）	38	
地震灾害直接经济损失（万元）	1476600.0	302716.0

造成灾害发生频率和损失程度不减的原因主要在于：

1）从工业革命角度，工业革命后，人类活动打破并加快了能量转化的过程，使亿万年来形成的自然动态平衡无法承受。

2）从能量动态守恒的角度，能量的动态守恒转换过程有一时间参数，即能量循环具有周期性，频率快，相对间歇缩短，造成灾害频发。当地球内外能量循环加快时，地球内物质能量大量释放，造成自然灾害程度加大。

3）从社会活动的角度，人类无法改变自然环境，但灾害的发生是自然因素和人为因素共同作用的结果，人类活动在灾害发生过程中甚至起着更为关键的作用。现代社会，科学技术和经济快速发展的同时，人类活动也对自然环境造成了不可逆的破坏。

2. 城市应对灾害风险的能力差

（1）国外重特大灾害频发

2004年12月26日，印尼苏门答腊岛发生里氏9.1级地震并引发海啸，造成印度洋周边

16个国家29.2万多人死亡,其中印度尼西亚伤亡最重,总数估计超过23万人。2005年,美国遭遇历史上最严重的飓风,共造成1836人死亡和1250亿美元的财产损失。按照当年汇率,相当于1万亿人民币的损失,相当于中国2005年财政收入的三分之一。受灾最严重的路易斯安那州新奥尔良市80%的城区被洪水淹没,数十万人在接下来一周左右的时间内既没有被组织撤离,也没有大规模的灾后援助,这场飓风造成的社会影响极其严重。

2011年7月,泰国湄公河流域洪水造成直接损失超过1000亿泰铢,影响了全球供应链,导致全球电子产品价格大幅上涨。2013年,世界银行发布了一份关于"哪些沿海城市遭受洪灾风险最大"的研究报告。世界银行经济学家史蒂芬·哈利盖特(Stephane Hallegate)和经合组织(OECD)领导的研究预测,全球平均洪灾损失将从2005年的60亿美元增加到2050年的520亿美元。此外,还有海平面上升和陆地下沉的风险。如果城市不采取措施,沿海大城市的水灾每年可能造成10万亿美元的损失。2011年3月11日,日本东北海域发生里氏9.0级地震,其破坏力远大于东京地震。海啸引发日本福岛核电爆炸连锁反应,造成直接经济损失65亿日元。2012年11月,特大风暴桑迪横扫美国西海岸1000英里(1英里=1.609公里)范围内的地区,位于哈德逊河口、拥有820万人口的纽约成为这次飓风灾害的重灾区,这次灾害导致纽约43人死亡,经济财产损失达190亿美元。2018年9月28日,印度尼西亚发生强烈地震和海啸,这场灾难死亡人数超过2000人,经济损失超过10万亿印尼盾(约合6.6亿美元),重建费用也需要数亿印尼盾,这是印度尼西亚过去五年来最严重的自然灾害。

(2)国内重特大灾害回顾

回顾新中国成立70年以来的历史可以发现,一些重特大灾害,造成了严重的生命财产损失。例如,1954年长江中下游发生近100年来最大的一次洪水泛滥,而此时不少北方地区却遭遇严重的干旱天气,南北两地洪灾和旱灾的发生对生命财产造成了巨大的损失。1958年7月17日,黄河三门峡至花园口发生了百年一遇的大洪水,74.08万人受灾。一直以来,国家高度重视长江流域的灾害问题,建设了一系列蓄洪工程,但这些措施并不能阻止灾害的发生,只能在一定程度上减轻灾害发生所造成的损失。

1966年邢台遭遇6.8级地震,死亡8064人,伤3.8万人,倒塌房屋500万间,直接经济损失10多亿元。1976年唐山发生7.8级大地震,造成的损失极其惨重,死亡人数位列20世纪世界地震史第二,仅次于海原地震。两次地震均对生命财产造成了极大的损失。

1998年的洪涝灾害涉及长江、嫩江、松花江等流域。嫩江、松花江洪水同样是150年来最严重的全流域特大洪水。全国共有29个省(区、市)遭受了不同程度的洪涝灾害,成灾面积1.96亿亩(1亩=666.67平方米),受灾人口2.23亿人,死亡4150人,直接经济损失达1660亿元。21世纪前十年被称为大灾大难的十年,我国先后经历了2003年"非典"危机;2008年南方冰雪灾害天气,2008年汶川地震,2010年玉树地震及舟曲特大泥石流、2013年雅安芦山地震等一系列特别重大的灾害。

(3)城市灾害风险应对能力亟待提高

从近几十年国内外发生的重特大灾害事件导致的损失来看,灾害发生所产生的巨大破坏力给社会发展、人身安全以及财产安全带来极大的损失。城市想要快速发展,必须以城市的安全为保障。当灾害发生的时候,城市应当具备一定的能力来承受灾害所带来的冲击,快速地应对、恢复,保持城市功能的正常运行,更好地应对未来的灾害风险。

二、时代背景和学科背景

1. 国家及社会对城市防灾减灾的要求

(1) 可持续发展理念的发展历程

20世纪70年代，联合国在斯德哥尔摩召开第一次世界性的人类环境会议，提出了"为这一代和将来的世世代代的利益"这一理念并将其作为人类共同的信念和原则，成为可持续发展理念的重要源泉[51]。联合国在20世纪80年代组建了世界环境与发展委员会，在1987年发表题为《我们共同的未来》的研究报告中正式提出了可持续发展的概念。20世纪90年代，可持续发展从理念走向战略和实施，经济增长、社会进步、环境保护是可持续发展的三大支柱。2015年之后，联合国首脑会议审议通过了"改变我们的世界：2030年可持续发展议程"，明确指出到2030年全球可持续发展的17个目标。以下为从不同角度提出的韧性目标[52]：

1) 目标1.5：增强低收入人群和易受灾害影响者的抗灾能力，降低他们遭受极端气候事件和其他经济、社会、环境冲击及灾害的可能性和脆弱性。

2) 目标11.6：通过并执行旨在促进包容的统筹政策和计划，提高资源使用率，减缓和适应气候变化，建立抗灾能力。

3) 目标13.1：加强所有国家抵御和适应与气候有关的自然灾害的能力。

4) 目标14.2：采取行动使海洋和沿海生物恢复原状，使海洋保持健康，物产丰富。

(2) 建设韧性城市是实现可持续发展目标的基本共识

随着城镇化进程的快速发展，城市人口急剧增加，预计到2050年世界城市人口将增长到64亿，占世界预计97亿总人口的66%[53,54]。城市是人口和财富的聚集地区，同时城市是各类灾害风险的聚集地区和高发地区。

进入工业社会后，社会矛盾增加，一定程度上工业时代与人类可持续发展的发展理念有所冲突。城市化进程的加快，给城市的可持续发展带来了极大的影响，环境污染、天气变化异常、地质灾害频发，面对这些异常自然现象带来的灾害，城市变得更加脆弱，城市的经济发展也受到了极大的阻碍。在工业化时代，社会经济和科学技术发展的同时，不确定因素和未知风险随之增加，如何提高城市自身的预见能力和抵抗能力、推进可持续发展，成为全社会的热点和焦点问题。第二届联合国教科文组织创意城市北京峰会提出："利用文化与创意的潜力，推动高效的城市化，将有力地落实可持续发展目标，建设包容安全、有韧性的可持续城市和人类住区"。2016年第三届联合国住房和可持续发展会议也提到，未来城市的愿景是可持续的、韧性的城市。

保持城市经济高速发展的同时，更要加大城市基础设施可持续发展的建设力度，提高城市可持续发展的能力。实现可持续发展的新兴战略这一观点已成为了国际社会的基本共识。推进韧性城市建设的重点是推进基础设施韧性建设，韧性城市建设有利于改善城市抵御灾害的能力、提高人民生活质量、满足城市高品质可持续发展的目标。

(3) 建设韧性城市是我国推进生态文明发展的必然要求

改革开放40年以来，我国经历着人类历史上速度最快、规模最大的城市化进程。此时期在处理城镇化发展与社会生态文明建设的矛盾过程中，立足于我国国情提出了城市的韧性问题。提升城市的韧性能力是推进其生态文明建设的一种创新实践。生态文明发展中的城市韧性主要体现在面对灾害和气候变化时，提升城市整体的抗灾能力、城市基础设施抗灾能力、城市恐怖袭击抗灾能力及其相应的恢复能力。在城市的发展进程中，城市基础设施的安全问题以及可靠性问题尤为重要，公共系统的安全系数越高、抵抗灾害风险和不利因素的能力越强，国家或地区的社会经济活动才能更加有效地进行。

随着城市化水平的不断提高，防灾建设的不断加强。城市基础设施作为城市的重要组成部分，提高其防灾能力是城市应对灾害风险的重要途径，城市基础设施韧性作为应对城市安全风险、实现城市可持续发展的新途径被提出，对于解决我国城市经济社会持续健康发展的一系列干扰和压力具有重要的理论和现实意义。

2. 城市基础设施水平和规模与城市发展不匹配

社会进步，加速了城市化进程。快速的城市化进程要求城市基础设施必须跟上城市发展的步伐，城市基础设施的规模和水平应与城市经济、社会水平、生态环境相协调，应随着社会经济和科学技术的发展而不断提高。

当前，我国大部分城市在面对灾害时显得韧性不足，其原因主要有四个方面：一是人类对自然资源的过度索取、对植被的破坏、对工业原料的过度需求；二是过快的城镇化进程导致诸多历史遗留问题，使城市面临潜在灾害的威胁；三是城镇化进程中部分城市在灾害的监测预警、应急救援、预防和减损等方面的建设严重滞后；四是城市的规模化效应使城市基础设施之间的依赖性越来越强，灾害的发生易出现连锁放大效应[55]。

3. 城市基础设施韧性问题提出的必要性

（1）城市基础设施韧性建设符合生态文明和可持续发展的要求

可持续发展已成为全球共同认可的发展理念，在该发展理念的指引下，不能片面强调城市的经济发展和科技进步。城市作为现代社会经济和人口的集中区域，其发展问题和安全问题不可忽视。目前，国内城市抵抗力较弱、环境承载力较低的问题严重影响我国城市经济的发展。加快城市化进程发展的同时，更应注重国内生态文明建设和可持续发展的需求。

（2）城市基础设施韧性建设对城市经济稳定发展具有重要作用

城市基础设施建设是城市经济社会发展的必备条件，是城市存在和发展的物质基础，是一个城市发展的能量，基础设施是城市现代化的主要标志，也是城市竞争力的重要因素，基础设施建设滞后可能成为制约城市发展的瓶颈。因此，增强城市基础设施韧性能极大地提高城市抵抗风险和灾害的能力，能减小灾害所造成的经济损失，使城市经济在安全系数更高的环境中稳定快速地发展。

（3）城市基础设施韧性建设是现代城市安全发展的战略选择

随着我国城市发展步伐的加快，城市人口密度加大、活动密集，城市的承载力受到严重冲击，除了人为因素的影响，自然灾害在城市内不断上演，城市安全受到严重威胁。中国每年由于自然灾害、公共安全等引发的突发性事件造成的死亡人数超过 20 万人，受灾人数达到（1.5~3.5）亿人，经济损失超过 6500 亿元[56]。

安全的城市环境是城市发展的重要保证，城市基础设施韧性问题的提出，为解决城市安全问题提供了一项可行、有效的措施。在灾害来临时，城市的韧性能极大地降低灾害的破坏力，减少灾害所造成的损失。安全韧性是当前公共安全科学的前沿理念，在实践中也被不断推广。安全韧性城市是城市安全发展的新范式[57]。

（4）城市基础设施韧性建设对推进城市化发展具有重要作用

2014 年，中国科学院中国现代化研究中心在北京发布《中国现代化报告 2013——城市现代化研究》，报告对城市化理论进行了阐释。狭义上城市化是城市数量增加和城市人口比例上升的过程。广义上城市化包括城市数量增加、城市人口比例上升、城市文明的扩散等。在国家层次上，城市化率等于城市人口占全国人口的百分比。

针对不同的领域，城市化的概念不尽相同。地理学角度来看城市化是农村地区或者自然区域转变为城市地区的过程，人口学把城市化定义为农村人口转化为城镇人口的过程，经济学从经济模式和生产方式的角度来定义城市化，生态学认为城市化过程就是生态系统的演变过程。衡量城市化水平的最重要的指标是城市人口占总人口的百分比。根据城市化率的变化，城市化过程大致分为三个阶段：

1) 城市化初期：城市化水平低于30%，城市化速度比较慢，生产力水平较低，工业提供的就业机会有限，农村剩余劳动力释放缓。

2) 城市化中期：城市化水平为30%~70%，城市化速度非常快，城市化进入快速发展时期。

3) 城市化后期：城市化水平高于70%，城市化速度比较慢，这一阶段城市化较为稳定。

目前，我国处于城市化高速发展阶段，城市的负担急剧增加，城市的承载力和抵抗力急需快速提高才能应对城市化发展所带来的巨大压力。在新发展理念下，加强城市基础设施系统的韧性至关重要。近年来，城市基础设施韧性对城市韧性的影响逐渐增强，推进城市基础设施韧性建设能极大地缓解城市人口急剧增长所带来的空间压力、环境压力以及社会压力，能尽量减少自然灾害对人民生计和人民福祉的影响。

中央提出我国要积极稳妥地推进城镇化，积极引导城镇化健康发展、着力提高城镇化质量。构建城市安全体系，要"牢固树立和贯彻落实总体国家安全观"。城市基础设施是推动城镇化健康发展的重要基础。当前，我国进入了全面建设小康社会的决胜阶段，城市质量和效率在城市化的发展中扮演着重要角色。部分学者做了韧性城市对城市化发展的意义的相关研究，认为城市基础设施韧性建设作为韧性城市建设的重点，对推进城市化发展具有重要的意义。第一，韧性城市基础设施建设能够达到自我修复、自我抗压的效果，是提高城市化质量、加速城市化内涵型建设的重要战略，能够完善城市功能，强化对外部因素的抵抗能力。第二，韧性基础设施建设能提升城市核心竞争力，有利于抢占未来科技的制高点。韧性城市建设及城市基础设施韧性建设的路径有助于推动技术进步，展现新优势。第三，韧性城市及城市基础设施韧性建设能够灵活应对灾害[58]。

城市基础设施种类繁多，城市基础设施建设在城市建设中占有比重较大，作为城市建设的重要环节，基础设施韧性建设无疑成为韧性城市建设中不可忽视的问题。防灾视角下基础设施韧性问题的提出为城市应对灾害风险和不可抗力因素提供了有效的应对方案，是改善城市防灾系统、突破城市防灾局限的重要措施。

(5) 基础设施韧性建设是解决我国"城市病"的重要措施

当前，我国的城市化水平已超过50%，城市需高度重视灾害风险带来的危机和挑战，在促进城市经济发展的同时也要提供更加有保障的城市环境。到目前为止，针对城市韧性问题的研究较多，内容较丰富，城市基础设施作为城市的重要组成部分，对增强城市防灾系统抵抗能力、提高城市安全水平具有重要意义。

城市承受着多种灾害和自身脆弱性的极大风险[59]。脆弱性是指一个系统在外界压力下

（胁迫或者干扰），子系统和组成部分遭受损害的可能程度[60]。城市基础设施抗震性能、城市生命线抗逆性、冗余度等直接影响城市受外部威胁时的破坏程度[61]。

目前，"城市病"随着我国发展速度的加快变得更加严重，主要表现为人口膨胀、交通拥堵、环境恶化、住房紧张、就业困难等。"城市病"加剧了城市的负担、制约着城市化的发展、降低了人民生活的幸福指数、引发市民身心疾病等。这些问题的出现，给城市居民生活带来了极大的影响，对城市经济发展造成了极大的危害。

城市发展必须解决城市病，不断提升城市环境质量、人民生活质量、城市竞争力，建设和谐宜居、富有活力、各具特色的现代化城市。随着城市化水平的逐渐提升，我国将进入城市病集中爆发的关键时期，韧性城市的建设能够有效缓解城市病的困扰，对于中国而言具有关键优势[58]。

第三节 国内外城市防灾减灾韧性研究的现状

一、国外城市防灾减灾韧性研究的现状

近年来，国际社会重视对城市基础设施韧性的研究，韧性问题成为城市建设中的热点问题。许多国家都在推进构建韧性城市体系，完善相应政策和地方法规。例如，联合国可持续发展目标及联合国人居署的改革计划将韧性城市建设列为重点内容；世界三大评级机构之一的穆迪公司把"韧性"列入其评级的参数；2010年3月，联合国国际减灾战略（UNISDR）发起了"让城市更有韧性"活动，并创建了评估方法，以促进韧性城市的可持续发展，如"十大要点"、兵库行动框架、地方政府自我评价工具（LG-SAT）等；此外，联合国国际减灾战略于2012年构建了"让城市更具韧性十大指标体系"[62]，具体见表3-5。

表3-5 联合国国际减灾战略"让城市更具韧性十大指标体系"

序号	指标内容
1	以市民团体和民间社团为基础，成立专门的风险防范机构。建立地区联盟，明确风险管理职责与分工
2	制定专项风险预算和投资政策，引进社会投资
3	掌握风险最新资料、编制风险评估报告，制定城市发展规划和决策
4	兴建、维护防灾减灾基础设施（如泄洪设施），及时调整以应对气候变化
5	评估学校、卫生保健设施安全性，并进行必要的升级维护
6	实施风险防范建筑法规和土地使用规划原则
7	确保学校和当地社区开展有关降低灾害风险的教育课程和培训
8	保护生态系统和天然缓冲区，减轻洪水、风暴以及城市可能遭受的其他危害
9	装设预警系统、培养应急管理能力，定期开展公众应急演习
10	重视灾后重建工作，考虑受灾人口和社区组织的需求，如家园重建、生活保障

在 2015 年 11 月在巴黎召开的联合国第 21 届世界气候大会上，韧性城市建设第一次被作为主题内容列入议程。2016 年，联合国发布了《新城市议程》，核心内容是"城市的生态与韧性"。2019 年 5 月 17 日，主题为"抗灾力红利：迈向可持续性和包容性的社会"的第六次全球减灾平台大会（GP2019）于瑞士日内瓦顺利闭幕。另外，洛克菲勒基金会等组织在发达地区已经启动了韧性城市的国际合作计划。

从国际社会的角度来看，全球各国的城市发展进入了一个新阶段，以增强城市韧性为重点，提高城市防灾减灾系统面对风险因素、灾害事件等不确定性因素时的响应能力与适应能力，加速推进韧性城市规划和建设变革，增强城市韧性。在联合国国际减灾战略"让城市更具韧性十大指标体系"的第四点中，明确指出国家及社会应高度重视城市基础设施的兴建和维护。

总体上，发达国家由于经济实力强，韧性城市的推进相对较快，对于韧性问题的研究较为广泛和成熟。在理论基础和学术问题上，国外学者主要通过构建韧性理论框架、建立定量分析模型和评价系统等方式来对城市基础设施韧性问题进行了深入研究。Bruneau 等通过定量模型的构建，从坚固性和快速性两方面计算了基础设施工程的韧性[63]。Susan L. Cutter 等建立了基于社区层次的灾难韧性评估（DROP）模型，使社会韧性有了定量的评价标准[64]。卡特（Cutter）等学者从城市社区韧性的角度出发，从社会韧性、工程韧性和经济韧性等六个方面提出社区基线韧性评价指标体系（BRIC），并提出了 49 个评价指标，通过计算得出不同社区的韧性水平[65]。

在国家层面，各国高度重视城市基础设施韧性建设问题，将韧性建设作为新时代城市建设的重点之一，从政策规划的角度相继出台了适合各自国家发展和城市建设的适应计划。适应这一概念正是建设韧性基础设施的重点所在，城市韧性规划毋庸置疑成为各国推进韧性城市的行动指南。以美国出台的《纽约适应计划》为例，2012 年美国受到特大风暴桑迪的冲击，损失惨重，这一灾害的发生推动了《纽约适应计划》的出台，也间接推动了美国各地适应行动、城市适应规划的出台[66]。此外，其他国家针对韧性问题也出台了相应政策，见表 3-6。

表 3-6 典型国家与韧性建设相关的适应规划

地 区	适 应 规 划
美国纽约	名称及时间：《一个更强大，更有韧性的纽约》—2013.06 主要气候风险：洪水、风暴潮 目标及重点：改造社区住宅、医院、电力、道路、给水排水等基础设施，改进沿海防洪设施等 投资：195 亿美元 总人口：820 万人
英国伦敦	名称及时间：《管理风险和增强韧性》—2011.10 主要气候风险：洪水、干旱和极端高温 目标及重点：管理洪水风险、增加公园和绿化，到 2015 年 100 万户居民家庭的水和能源设施更新改造 投资：23 亿美元（伦敦风险管理计划） 总人口：810 万人

(续)

地　　区	适 应 规 划
美国芝加哥	名称及时间：《芝加哥气候行动计划》—2008.09 主要气候风险：酷热夏天、浓雾、洪水暴雨 目标及重点： 1）目标：人居环境和谐的大城市典范 2）特色：用以滞纳雨水的绿色建筑、洪水管理植树和绿色屋顶项目 总人口：270万人
荷兰鹿特丹	名称及时间：《鹿特丹气候防护计划》—2008.12 主要气候风险：洪水，海平面上升 目标及重点： 1）目标：到2025年对气候变化影响具有充分的恢复力，建成世界最安全的港口城市 2）重点领域：洪水管理，适应性建筑，城市水系统，城市生活质量 投资：4000万美元 总人口：130万人
厄瓜多尔基多市	名称及时间：《基多气候变化战略》—2009.10 主要气候风险：泥石流、洪水、干旱、冰川退缩 重点领域：生态系统和生物多样性，饮用水供给、公共健康、基础设施和电力生产、气候风险管理 投资：3.5亿美元 总人口：210万人
南非德班	名称及时间：《适应气候变化规划：面向韧性城市》—2010.11 主要气候风险：洪水、海平面上升、海岸带侵蚀等 目标及重点： 1）目标：2020年建成非洲最富关怀、最宜居的城市 2）重点领域：水资源、健康和灾害管理 投资：3000万美元 总人口：370万人

除此之外，为提升全球城市韧性，提高城市防灾减灾能力，在曼谷举行的Resilience Academy研讨会以协助亚洲八个城市为目的，提出社区主导项目，为提升城市韧性提出建设性建议。

二、国内城市防灾减灾韧性研究的现状

1. 国内城市防灾减灾韧性理论研究的现状

国内针对韧性城市的研究和规划建设起步相对较晚，在思想认识和理论研究上存在不足之处，尤其是发展相对滞后的区域，对于城市基础设施韧性、灾害防治等方面的认识还不够深入。当前，国家对城市基础设施工程设防提出了更高的要求，强调城市应提高其内部基础设施设防水平和标准，提升城市基础设施对灾害（特别是自然灾害）的预防治理能力。

随着国内城市化进程的加快、整体经济实力的提升，我国针对城市韧性问题的研究逐渐深入，研究范围也从经济韧性、社会韧性、生态韧性等方面不断延伸至其他领域。国内对基础设施韧性问题的重视度逐渐提高，推动了城市基础设施韧性问题的研究和韧性建设的发展，但是国内研究仍存在理论基础相对缺乏、研究深度不够、针对性不强等问题。国内目前对城市基础设施韧性问题的研究大多从韧性理论概念方面出发，通过构建韧性理论框架，对韧性概念进行深入剖析。在研究城市基础设施韧性问题的过程中，部分学者通过基础设施韧性评价体系或模型的构建，对城市基础设施建设提出合理性建议和策略。韦瑜佳、李亚等的研究为深化和完善我国城市韧性定量评估方法提供了有益借鉴[67]。除此之外，研究其他国家及地区城市韧性建设的经验，对我国城市基础设施韧性建设也能起到积极的引导作用。梁宏飞以日本神户六甲道车站北地区的灾后重建为研究对象，提出了"土地区划"政策，建立多元参与机制，为我国防灾型社区的建设提供有益的借鉴[30]。刘峰等结合当前提倡的绿色生态发展理念，从绿色基础设施角度研究韧性社区的构建模式，并提出相应策略[68]。

2. 国内对城市基础设施韧性建设给予的政策支持

"韧性"理念和战略在我国的发展得到了国家、政府的大力支持，国内大力推进韧性城市构建工作。由于我国城市基础设施韧性建设仍然处于启蒙阶段，为了推动城市基础设施韧性建设的发展，在国家政策层面针对国内经常发生的不同灾害问题出台了有针对性的政策文件。城市规划层面，针对不同地区进行了城市韧性建设探索，并出台了相应的文件。国家及城市规划层面提出的关于我国韧性建设的部分政策文件，见表3-7。

表3-7 我国关于韧性建设的政策文件[69,70]

时间	政策文件及主要内容
2011年	文件：《让城市更具韧性"十大指标体系"成都行动宣言》 内容：为城市防灾减灾提供实际操作指导，助推各国城市防灾减灾体系建立和完善
2012年	文件：《全国综合减灾示范社区创建管理暂行办法》（民政部） 内容：进一步做好城乡社区综合减灾工作，规范全国综合减灾示范社区创建管理，不断提高社区综合减灾能力
2015年	文件：《关于推进海绵城市建设的指导意见》（国务院办公厅） 内容：部署推进海绵城市建设工作
2017年	文件：《国家地震科技创新工程》（中国地震局） 内容： 1. 四项科学计划：透明地壳、解剖地震、韧性城乡、智慧服务 2. "韧性城乡"：科学评估全国地震灾害风险，研发并广泛采用先进抗震技术，显著提高城乡可恢复能力，不断促进我国地震安全发展
2017年	文件：《北京城市总体规划（2016年—2035年）》 内容：加强城市防灾减灾能力，提高城市韧性
2018年	文件：《上海市城市总体规划（2017—2035年）》 内容：将"更可持续的韧性生态之城"作为城市发展目标的重要指标
2018年	文件：《河北雄安新区规划纲要》 内容：打造韧性安全的城市基础设施的要求

(续)

时间	政策文件及主要内容

2019 年	中国地震局：按照"韧性城市"标准打造雄安新区
	内容：
	  1. 提出规划、建设、运行各阶段的安全韧性规划建设要求和防灾能力提升策略
	  2. 提出了建设国际地震安全韧性城市典范的目标

2019 年	文件：《上海市生活垃圾分类投放指引》 内容：分类列举垃圾品种，倡导分类回收，共同构建韧性城市

从 2012—2017 年底，我国已初步创建 1 万余个综合减灾示范社区。自 2015 年国务院办公厅出台《关于推进海绵城市建设的指导意见》以来，2015—2016 年，住房和城乡建设部先后发布了两批共 30 个国家级海绵城市试点；2017 年国家发展改革委联合住房和城乡建设部启动了 28 个气候适应型城市试点[71]。

我国在韧性城市建设方面，既有政策支持，又有学术研究，两者共同推动我国国内城市韧性建设发展。例如，2011 年第二届世界城市科学发展论坛暨首届防灾减灾市长峰会在成都举行并发布了《让城市更具韧性"十大指标体系"成都行动宣言》，主要内容包括：加强国际韧性建设合作和经验分享，将减灾韧性指标与城市发展规划结合起来。

韧性建设作为全球防灾减灾的引领战略，在城市防灾减灾方面具有重要指导意义，我国政府和社会对城市基础设施韧性建设的积极响应，将大幅提升我国城乡的防灾减灾综合能力，使我国的城市更加安全、更具活力。

3. 推动我国城市基础设施韧性建设的原因

城市基础设施韧性建设理念为新时期防灾减灾和灾后重建带来了机遇。城市人口数量多、流动性大、生产活动精细化的特点使城市系统极具脆弱性，受灾害预测系统技术的限制，灾害尤其是自然灾害发生的不可准确预测性，导致灾害发生时城市系统损失惨重。城市基础设施韧性建设的提出，为我国城市应对灾害提供新的理念和策略。在城市基础设施新建、重建和更新过程中，将未来可能发生的各种未知状况与风险纳入规划，对未来可能产生的风险因素、遭遇的灾害进行合理预测，在建设过程中提高基础设施的抵御能力，推动我国防灾减灾方式由工程抵御向"以柔克刚"的城市系统抵御转变，通过城市系统的自我调节，减少灾害带来的损失。

第四章

城市基础设施防灾减灾韧性体系研究

第一节 城市基础设施防灾减灾韧性体系构建基础

一、城市基础设施韧性概述

城市基础设施韧性指的是城市的一种能力，此能力强调城市基础设施面临自然灾害到恢复至正常运行状态的能力。从韧性理念的应用进入灾害管理领域以来，城市基础设施韧性一直是管理者和研究者关注的重点和主要研究对象，该理念为建设更加可靠和安全的城市基础设施提供了新的发展方向。

经济全球化能为世界经济发展提供强劲动力，在此形势下，我国积极开展"一带一路"倡议，形成和平与发展的新常态，为世界经济发展创造重大机遇。从城市发展角度来说，我国大力投资基础设施建设，进而推动了我国城市经济的快速增长。在首届中国国际进口博览会上，AECOM公司认为，通过创新和建设有韧性的基础设施，推动发展模式转型，可实现经济的可持续发展。"韧性"理念符合当代可持续发展的要求，是现代化城市经济发展的重要指导思想。在当代城市治理理念中，韧性城市治理理念具有新型和有效的特点，是城市发展和建设的重要方向。城市基础设施作为保证国家和城市经济、保障人民生活和社会生产的公共系统，在城市系统中的重要性不言而喻。因此，韧性城市建设目标实现的前提是基础设施韧性建设。在灾害风险中，城市基础设施一方面遭受着灾害的重点打击，表现出极端的脆弱性；另一方面又是预防灾害、抵御灾害以及灾后重建的重要支柱。城市基础设施一旦损毁带来的损失就不仅仅局限于经济问题，还可能带来人员伤亡和一系列社会问题。近年来，各国以及社会高度重视"韧性"城市建设问题，其中城市基础设施韧性建设问题成为韧性城市建设中的重点话题，加强基层综合减灾能力建设，大力开展城市基础设施韧性建设工作，是提升城市整体韧性的方法和途径[45]。

二、城市基础设施防灾减灾韧性体系构建原则

社会变革和城市发展使城市的社会财富聚集、人口密度增大，各种自然灾害风险交织和叠加，城市系统所面临的灾害类型不断增加、程度不断加大。传统的城市防灾减灾思路及方法已经难以应对现代化城市面临的风险和挑战。为应对当今的城市灾害问题，人们积极改进和完善城市防灾减灾系统，而韧性理论在我国的快速发展和运用为实现此目标提供了全新的研究思路与技术途径。在城市系统中，城市基础设施与城市发展相关，因此，将韧性理念运用至城市基础设施中，构建城市基础设施防灾减灾韧性体系，能有效地缓解我国城市防灾减

第四章 城市基础设施防灾减灾韧性体系研究

灾的困难，促使我国的防灾减灾措施更加符合可持续发展的生态发展理念。

城市基础设施防灾减灾韧性体系的构建，与城市经济、生态以及发展紧密相关。因此，城市基础设施防灾减灾韧性体系构建应遵循相应的原则：

第一，符合城市生态和可持续发展的要求。可持续发展理念下，构建城市基础设施防灾减灾韧性体系，不应该以降低城市生态环境的自然承载力为代价。从长远的角度来说，以生态环境为代价的防灾减灾方式必然给城市造成更多的潜在灾害因子，增加城市受灾的风险和损失。与城市发展速度和水平不匹配的防灾减灾措施，一方面会阻碍城市的发展，另一方面会导致生态环境受到破坏。所以，城市基础设施韧性防灾减灾体系规划构建时，应充分考虑城市的环境容量和生态保护问题，保护城市系统内生态系统的完整性和多样性，尽量避免对城市生活、生态环境造成破坏。例如，根据可能发生的灾害类型，综合考虑城市开发利用问题，加强灾害防救设施建设，同时要注重城市生态环境建设问题，促进城市基础设施防灾减灾体系的可持续发展。

第二，权衡防灾减灾体系建设和经济发展之间的关系。目前，我国经济社会快速发展，城市化进程不断加快，经济总量不断增加的同时也孕育了一系列潜在的灾害风险诱发因子，直接影响城市的安全。在现代城市化发展进程中，生命财产安全不但是十分重要的民生问题，也是最基本的发展环境，因此，权衡城市防灾减灾体系建设和城市经济发展的关系是促进城市社会安定、经济又好又快发展的重要保障。一方面，城市防灾减灾体系水平直接影响城市的安全问题，是城市经济快速发展的重要保障，加快推进城市防灾减灾韧性体系建设是中国在经济转轨和社会转型背景下，保证城市稳定、快速发展的重要途径；另一方面，较高的经济发展水平是防灾体系建设的重要保障，城市的经济发展水平直接影响城市基础设施防灾减灾韧性体系建设的开展，对促进经济社会发展、保障人民群众生命财产安全具有重大意义。因此，应权衡城市基础设施防灾减灾体系建设和城市经济发展之间的关系，构架更加具有韧性的防灾减灾体系，提高城市防灾减灾能力，为城市经济发展提供一个更加和谐稳定的环境。

第三，重视防灾减灾体系制度保障问题，加强制度建设。我国是一个自然灾害多发且频发的国家，城市防灾减灾制度是防灾减灾体系建设的重要指南。我国于2018年成立了国家应急管理部，并通过强化体制机制建设、救援队伍建设、应急救援演练、防灾减灾救灾准备、应急救灾物资保障、应急值班值守六项应急管理工作来加强灾害管理。防灾减灾是一项系统工程、长期工作，要按统筹兼顾、抓主抓重、常抓不懈的原则，久久为功、持之以恒抓好防灾减灾各项工作。

第四，因地制宜，构建符合城市自身特性的基础设施防灾减灾韧性体系。综合考虑城市的区域位置、发展现状等问题，结合城市自身面临的主要灾害类型，有针对性地对城市自然灾害防治中的关键领域和薄弱环节进行重点隐患排查，加大自然灾害防治重点工程建设力度，建立安全、可靠的应急基础设施体系。针对各区域城市基础设施面临的灾害类型，构建城市防灾减灾总体规划体系，有针对性地制定灾害防治措施、基础设施防灾减灾建设。例如，沿海城市相比内陆城市而言，需要考虑海洋防灾减灾体系建设和海洋灾害防御能力提升问题，因此，在城市基础设施防灾减灾韧性体系建设中，有必要针对海啸、台风等灾害进行风险考量和防灾减灾规划。

因地制宜，根据各个城市特点和城市防灾减灾现状，加强防灾减灾救灾资源统筹和力量整合,提高基层抵御灾害能力。

第二节　城市基础设施防灾减灾韧性体系的构成

一、稳定性和冗余度

1. 稳定性

在城市基础设施防灾减灾韧性体系中稳定性也称为抗扰性,即在灾害发生时,城市能够维持系统的相对完整,关键功能不受到毁灭性破坏。

当前,高速发展的现代化城市出现资源匮乏、环境恶化的问题,使得城市系统内部结构稳定性遭到破坏。各种自然或人为的干扰逐渐增多,使城市生态系统产生不利变化,呈现出一定的脆弱性。随着城市化进程的加快,城市的建筑实体覆盖率和人口格局密度逐渐升高,因此现代化城市呈现高密度、高复杂性和高关联度的特点,城市目前所面临的灾害往往也与建筑、人口及各类资源的高密度聚集性密切相关[72]。在城市基础设施防灾减灾韧性体系中,将稳定性作为该体系的主要组成部分,能有效降低灾害发生的概率,避免或减轻灾害的影响和损失,减缓灾害蔓延的趋势,对减少灾害隐患、降低灾后损失具有重要意义。

2. 冗余度

冗余度是指有相同功能的替代元素,在城市的功能发生中断、退化或丧失时,原本冗余的系统能够代替丧失功能的部分系统继续维持城市的功能运行,并且通过多次备份,系统的可靠性得到提高。与原有的防灾减灾体系不同,韧性理念下的城市基础设施防灾减灾需要有丰富的冗余度,也就是要为城市的基础功能和基础设施创建备用模块,形成分散布局,以避免系"城市生命"于一线,即当城市系统个别部分的功能丧失时,在冗余模块的帮助下,城市功能也能迅速复原。增加城市基础设施冗余度意味着重复配置重要的基础设施和服务设施,涉及供电、通信、道路疏散、食品供应和医疗等系统。

二、效率性和适应性

1. 效率性

效率性是指在灾后恢复重建过程中,防灾系统能够迅速反应,实现城市各项机能的尽快恢复。与传统的城市基础设施防灾减灾体系不同,在韧性理念的引导下,城市在受到灾害风险冲击时,具有韧性的城市基础设施防灾减灾系统能够更快地应对,使城市快速恢复到正常的运行状态[73]。

2. 适应性

适应性,即城市能在每次灾害中快速响应,并以制度性、物理性的方法优化自身结构,即灾后优化城市系统、调整防灾管理制度,提高城市的灾害适应能力。适应性也可以理解为城市在发展过程中"边做边学"的过程,强调不断汲取新经验并纳入自身适应能力中。同时,城市系统的适应性需要较长时间才能形成,城市系统依据环境的变换调节本身的状态、构造或性能,以便与环境相适宜。韧性城市的规划和设计应该具有灵活性以适应未来的不确定性,不应该仅仅是突出解决大问题,还应具备自下而上的参与机制并使其融合到规划体制中,进而提升城市规划的适应能力,精细化提升城市韧性。

除此之外，在城市不断调整状态适应环境的过程中，城市防灾减灾系统也要通过应对灾害而逐步过渡到更为先进的状态，推动城市决策的快速响应和多元参与，也推动城市规划与管理的创新，即城市系统适应性形成的过程中也伴有创新性。具有高学习能力的城市系统更具创新性和弹性，同时减少脆弱性，只有这样城市才能够更好地适应城市化的快速发展，更好地应对城市系统所面临的灾害风险[74]。

第五章

城市基础设施防灾减灾韧性评价指标的构建

第一节　城市基础设施防灾减灾韧性评价指标的构建基础

一、评价指标构建的目的及原则

1. 指标构建目的

只有通过构建科学合理的指标体系才能实现对城市基础设施防灾减灾韧性进行整体评价。指标体系作为评价的基础，其分支结构、各级指标权重值均会对城市基础设施防灾减灾韧性评价的结果造成影响，并能够体现各个因素对城市基础设施防灾减灾韧性的影响大小。因此，要实现对城市基础设施防灾减灾韧性的评价，必须从整体把握，构建合理的评价指标体系，以完成城市基础设施防灾减灾韧性评价的基础工作。

2. 指标构建原则

城市基础设施防灾减灾韧性评价结果的客观准确性直接受到指标体系合理程度的影响，因此构建一套合理的指标体系是进行评价的重中之重。城市基础设施防灾减灾韧性评价指标体系的构建需遵循以下几个主要原则：

（1）科学性和客观性原则

城市基础设施防灾减灾韧性评价指标体系除了作为评价的基础，在后续研究中还可作为区域规划、防灾减灾信息化平台构建的基础，因此其科学性需得到保证。科学合理的城市基础设施防灾减灾韧性评价指标体系需建立在对城市基础设施防灾减灾韧性特征、波及范围进行科学调研、深刻分析的基础上。

在指标选取上要从实际出发，对城市基础设施防灾减灾的影响因素进行探究分析，在经过归纳总结后形成相应的指标，不可仅凭主观判断进行选取。在指标权重的确定上，要通过科学合理的权重确定方法。

城市基础设施防灾减灾韧性涉及内容众多，在对其进行评价时需尽量全面，使各个系统的内容都能在指标体系中体现，确保所设置的指标能够客观真实地反映项目的实际情况。

（2）定量化和实用性原则

在进行指标选择时，考虑到指标的客观性原则，应尽量选择可直接通过数据反映或经过定量化处理后可通过数据反映的指标。本书因为需要进行时空演化分析，要将各年的指标变化考虑进去，若选取定性指标则在定量化处理中难度较大，所以本书在指标构建过程中尽量

第五章 城市基础设施防灾减灾韧性评价指标的构建

避免定性指标。

实用性同样是指标构建过程中必不可少的一个原则,部分指标虽意义重大但获取其数据或对其进行评判的困难较大,此时应舍弃或选用其他指标进行替换,以确保指标体系的可评判性和实用性。此外,还需考虑评价指标体系在运用和推广时指标的可操作性。

(3) 权威性和典型性

在我国全面小康社会的决胜阶段,城市基础设施防灾减灾韧性的研究意义重大。要对城市防灾减灾能力进行研究,必须对城市基础设施防灾减灾韧性进行科学、客观的评价,这对城市基础设施建设的决策及管理具有重要的参考意义,故应保证评价指标具有权威性。权威性是指选择数据时应尽量选择统计路径较为统一的数据,且从官方渠道进行数据的搜集。对于有小部分数据缺失的状况,应通过合理的数学手段进行预测[75]。

城市基础设施防灾减灾韧性评价指标体系应尽量由具有典型性的指标构成,这些指标应具有较强的独立性。指标体系应尽量反映城市基础设施防灾减灾韧性的各方因素,此外数量过多的指标可能产生原始数据搜集难度高、指标容易混杂、后续数据分析易出错等问题,导致操作难度增加。因此选取指标时不能只追求指标数量、随意选取指标,而应对指标进行归纳总结[76]。

(4) 系统性和完备性

系统性是指从城市基础设施防灾减灾韧性评价要达到的具体目的,以及城市基础设施自身的特点与防灾减灾各阶段韧性的界定来选择指标体系,全面考虑城市基础设施防灾减灾韧性的各方影响因素。完备性是指构建的指标能够全面反映城市基础设施防灾减灾韧性评价的内容,如在选择指标时除了要考虑城市基础设施自身韧性相关指标,还要将城市经济、生态以及发展问题考虑其中。此外相关性也是构建指标体系的要求之一。要完成对总目标的评价,指标间应存在一定的逻辑关系,也就是说,既要确保指标具有各自独立的内涵,又不能相互重复[77]。

二、城市基础设施防灾减灾韧性初始评价指标构建

1. 评价指标维度分析

指标体系的选择范围和方向通常通过一级指标或者维度来体现,这些同样可以反映评价的主要内容以及指标体系的大体框架。

在调研、咨询专家和查阅文献资料后,笔者认为城市基础设施防灾减灾韧性的内涵可以从三方面解读:首先是城市基础设施吸收灾害并维持城市基本运转的能力;其次城市基础设施能自我适应并抵御灾害的能力;第三是城市体系从灾害中恢复并提升抵御未来更严重灾害的能力[78]。因此,本书构建的城市基础设施防灾减灾韧性评价指标体系主要包括灾前预防能力、灾害抵御能力、灾后恢复能力三方面。设置这3个方面的维度所构建的指标体系能够对城市基础设施韧性进行系统全面的评价,维度关系如图5-1所示。

2. 评价指标体系的初步建立

在设置3个维度基础上,还需对各维度下的各级指标进行筛选。本书在针对城市基础设施选取指标时主要研究的是城市基础设施六大系统,包括城市能源供给系统、城市给水排水系统、道路交通系统、通信系统、环境卫生系统以及城市防灾系统。其中针对通信系统的数据根据统计结果难以完整的体现,本次研究暂不考虑此部分内容。

在通过对知网、SCI、EI等平台文献的阅读以及归纳总结后,筛选出认可度以及成熟

度较高的指标,最终提炼出一套包括 3 个维度和 10 个一级指标、33 个二级指标的城市基础设施防灾减灾韧性评价指标体系。在指标构建过程中,遵循城市基础设施防灾减灾韧性体系的构建原则。对于城市生态和可持续发展的要求方面有以下指标:人均公园绿地面积,水利、环境和公共设施管理业固定资产投资占比等。对于防灾

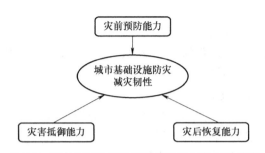

图 5-1 城市基础设施防灾减灾韧性评价初始维度

减灾体系建设和经济发展之间的关系方面有以下指标:地方财政税收收入水平,电力、燃气及水的生产和供应业固定资产投资占比等。因地制宜方面的指标通过除以地区人口或者面积的方式,一定程度上降低了地区差异对评价带来的干扰。具体各级指标详见表 5-1。

表 5-1 初始评价指标体系

总目标	维度	一级指标	二级指标
城市基础设施防灾减灾韧性	灾前预防能力	资金投入	电力、燃气及水的生产和供应业固定资产投资占比
			交通运输仓储和邮政业固定资产投资占比
			水利、环境和公共设施管理业固定资产投资占比
		城市状况	城市人口密度
			人均公园绿地面积
			每万人拥有公共厕所
			人均城市道路面积
		观测预警	地震台数
			地面观测业务站点个数
			天气雷达观测业务站点个数
	灾害抵御能力	能源供应能力	天然气供气能力
			供电能力
		给水排水处理能力	供水综合生产能力
			城市污水日处理能力
			城市排水管道长度水平
		交通运转能力	铁路密度
			公路密度
			铁路货物周转能力
			公路货物周转能力
			每万人拥有公共交通车辆

第五章　城市基础设施防灾减灾韧性评价指标的构建

（续）

总目标	维度	一级指标	二级指标
城市基础设施防灾减灾韧性	灾后恢复能力	科研投入	R&D人员全时当量水平
			R&D项目数量水平
		建筑业企业能力	建筑业企业单位数量水平
			建筑业从业人员数量水平
			勘察设计机构单位数量水平
			监理单位数量水平
			企业自有施工机械设备台数水平
		资金及人员配备	地方财政税收收入水平
			水利、环境和公共设施管理业就业人员水平
			电力、热力、燃气及水生产和供应业就业人员水平
		医疗机构能力	医院数量水平
			每万人拥有卫生技术人员数
			城市每万人医疗机构床位数

3. 初始评价指标体系说明

对相关网站以及相关资料进行数据调查后，考虑到尽可能降低地区间人口及地区面积差异带来的影响，需对大部分数据进行相应的处理以确保评价结果尽可能准确（部分计算方式参考国家统计局）。具体对各个指标的说明以及数据处理方式的说明详见表5-2。

表5-2　初始评价指标及说明

二级指标	单位	指标说明
电力、燃气及水的生产和供应业固定资产投资占比		某地区全社会的电力、燃气及水的生产和供应业全社会固定资产投资占总固定资产投资比例
交通运输、仓储和邮政业固定资产投资占比		某地区全社会的交通运输、仓储和邮政业全社会固定资产投资占总固定资产投资比例
水利、环境和公共设施管理业固定资产投资占比		某地区全社会的水利、环境和公共设施管理业全社会固定资产投资占总固定资产投资比例
城市人口密度	人/平方公里	指城区内的人口疏密程度。计算方式：（城区人口+城区暂住人口）/城区面积
人均公园绿地面积	平方米	指各年城区内平均每人拥有的公园绿地面积
每万人拥有公共厕所	座	指各年城区内平均每万人拥有的公共厕所数量
人均城市道路面积	平方米	指各年城区内平均每人拥有的城市道路面积
地震台数	个	指地区省级以上的地震观测台数量
地面观测业务站点个数	个	指地区地面观测业务站点数量

(续)

二级指标	单位	指标说明
天气雷达观测业务站点个数	个	指天气雷达观测业务站点数量
天然气供气能力	立方米/人	指各年天然气生产量与城市天然气用气人口比例。计算方式：天然气供应总量/城市用气人口
供电能力	万千瓦时/人	指各年发电总量与城镇人口比例。计算方式：发电量/城镇人口
供水综合生产能力	立方米/（日·十人）	指按供水设施取水、净化、送水、出厂输水干管等环节设计能力计算的综合生产能力。计算方式：每日综合供水能力/用水人口
城市污水日处理能力	立方米/万人	指污水处理厂和污水处理装置每昼夜处理污水量的设计能力。计算方式：城市污水日处理量/城镇人口
城市排水管道长度水平	公里/万人	指所有排水总管、干管、支管、检查井及连接井进出口等长度之和与城镇人口的比例关系。计算方式：城市排水管道长度/城镇人口
铁路密度	公里/万平方公里	指铁路运营里程与地区面积的比例关系，按营业线路的正线两车站站中心间的实际长度计算。计算方式：营业长度/地区面积
公路密度	公里/万平方公里	指每百平方公里或每万人所拥有的公路总里程数。计算方式：公路里程/地区面积
铁路货物周转能力	吨公里/万平方公里	指一定时期内使用铁路货车完成的货物运量与运送距离的乘积之和与地区面积的比例关系。计算方式：实际运送货物吨数×货物平均运程/地区面积
公路货物周转能力	吨公里/万平方公里	指一定时期内由各种公路运输工具实际完成的货物运量与相应的运送距离的乘积之和。计算公式：实际运送货物吨数×货物平均运程/地区面积
每万人拥有公共交通车辆	标台	指按城市人口计算的每万人平均拥有公共交通车辆标台数。计算方式：公共交通运营车标台数/（城区人口+城区暂住人口）
R&D 人员全时当量水平	人年/万人	指全时人员数加非全时人员按工作量折算为全时人员数的总和与城镇人口的比例关系。计算公式：（各年全时工作人员数+非全时工作人员数）/城镇人口
R&D 项目数量水平	项/万人	指在当年立项并开展研究工作、以前年份立项仍继续进行研究的研发项目数与城镇人口的比例关系。计算方式：项目数/城镇人口
建筑业企业单位数量水平	个/万人	指从事房屋、构筑物建造和设备安装活动的法人企业与地区人口的比例关系。计算方式：建筑业企业单位数/城镇人口
建筑业从业人员数量水平	人/百人	指从事房屋、构筑物建造和设备安装活动的从业人员与地区人口的比例关系。计算方式：建筑业企业从业人员/城镇人口
勘察设计机构单位数量水平	人/千人	指从事建设工程勘察设计工作的单位数量与地区人口的比例关系。计算方式：勘察设计机构单位数/城镇人口
监理单位数量水平	个/百人	指从事建设工程监理工作的单位数量与地区人口的比例关系。计算公式：建设工程监理企业单位数/城镇人口

第五章 城市基础设施防灾减灾韧性评价指标的构建

(续)

二级指标	单 位	指标说明
企业自有施工机械设备台数水平	台/万人	指建筑业各年企业（或单位）自有的直接用于工程施工的各种机械设备的台数与地区人口的比例关系。计算方式：建筑业企业自有施工机械设备总台数/城镇人口
地方财政税收收入水平	万元/人	指包括增值税、消费税、营业税、企业所得税等各类税收与地区人口的比例关系。计算方式：地方财政税收收入/地区人口
水利、环境和公共设施管理业就业人员水平	人/万人	指从事水利、环境和公共设施管理业的人员与地区人口的比例关系。计算方式：电力、热力、燃气及水生产和供应业城镇单位就业人员/城镇人口
电力、热力、燃气及水生产和供应业就业人员水平	人/万人	指从事电力、热力、燃气及水生产和供应业人员与地区人口的比例关系。计算方式：电力、热力、燃气及水生产和供应业城镇单位就业人员/城镇人口
医院数量水平	个/千人	指各地区医院数量与地区面积的比例关系。计算方式：医院数量/地区面积
每万人拥有卫生技术人员数	人	指城镇地区每万人所拥有的卫生技术人员数量。计算方式：卫生技术人员数/城镇人口
城市每万人医疗机构床位数	张	指城镇地区每万人所拥有的医疗卫生机构床位数。计算方式：医疗卫生机构床位数/城镇人口

第二节 城市基础设施防灾减灾韧性评价指标体系优化过程

一、基于专家访谈法的评价指标维度优化分析

将第一轮中确定的3个维度向从事防灾减灾领域研究或者管理的10位专家进行了15分钟的访谈咨询，将咨询结果总结归纳后可得出专家提出的意见主要有以下两点：

1）在维度设置上，通过对城市基础设施防灾减灾韧性内涵的解读，将其韧性能力划分为三个阶段，主要包括灾前的预防能力、灾害中的抵御能力、灾害后的恢复并抵御更强灾害的能力。将指标维度对应这三个阶段进行设置是合理可行的，能够从不同阶段反映城市基础设施防灾减灾的韧性。

2）维度"灾后恢复能力"仅仅体现了城市基础设施在受灾后的恢复能力，而灾后的城市基础设施韧性还应体现其恢复后未来应对更严重灾害的能力，因此该维度的表述不够准确，建议将其改为"灾后恢复及提升能力"。

将维度根据专家意见分析处理后，形成维度如图5-2所示。

二、基于问卷调查法的评价指标体系初步优化

构建指标体系时，在设定维度、提炼底层指标基础上，还需筛除不合理指标、对各级指标的结构关系进行优化，使得整个指标体系更为合理科学。在通过专家调查对维度进行优化后，同样需要对各维度下的一级以及二级指标进行相应的调整，对于上述的33个二级指标

的合理性做进一步论证。

专家调查法作为问卷优化最为常用且有效的方法，同样适合城市基础设施防灾减灾韧性评价指标体系的优化。利用相关领域专家在此领域的专业知识、个人经验以及见解对指标的全面性、可操作性和独立性进行综合的检测，检测指标内容是否存在重叠、指标内容能否包含评价的各个方面、指标内容能否通过客观或者主观方式进行评判等。

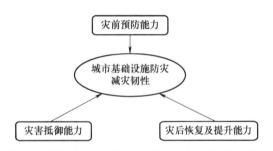

图 5-2 调整后城市基础设施防灾减灾韧性评价维度

优化的具体方法为向专家发放问卷调查表（详见附录 A），邀请相关领域的专家通过勾选的方式对上述的 33 个二级指标的隶属结构以及内容进行分析、筛选、补充、归类调整，并提出相应的调整意见。

本次调查邀请了来自研究所、政府部门、高校以及企业的 30 位相关专家进行一对一咨询访谈并填写了附录 A 的专家问卷调查表。每位专家对城市基础设施防灾减灾韧性评价指标体系表进行了分析论证，提出以下意见：

1）对于维度的设置以及调整，专家均认为经过第一轮调整后的 3 个维度比较可行，此 3 个维度涵盖了城市基础设施灾前、灾害中、灾后的各阶段韧性能力，具备独立性以及全面性，但在确定 3 个维度下各级指标时还需注意各指标归属是否正确、内容是否存在交叉情况。

2）在对 3 个维度的合理性进行再一次简单地论证后，还对二级指标进行了分析、筛选以及归类调整，对一级指标的合理性也进行了初步的论证。

将专家调查表的原始数据进行统计整理后，形成了主要针对二级指标的专家筛选表，详见表 5-3。

表 5-3 城市基础设施防灾减灾韧性评价指标专家筛选表

序号	二级指标名称	选择数量
1	电力、燃气及水的生产和供应业固定资产投资占比	27
2	交通运输、仓储和邮政业固定资产投资占比	25
3	水利、环境和公共设施管理业固定资产投资占比	23
4	城市人口密度	23
5	人均公园绿地面积	建议删除
6	每万人拥有公共厕所	建议删除
7	人均城市道路面积	25
8	地震台数	28
9	地面观测业务站点个数	29
10	天气雷达观测业务站点个数	26

（续）

序号	二级指标名称	选择数量
11	天然气供气能力	30
12	供电能力	25
13	供水综合生产能力	26
14	城市污水日处理能力	30
15	城市排水管道长度水平	29
16	铁路货物周转量	建议删除
17	公路货物周转量	建议删除
18	铁路货运能力	26
19	公路货运能力	24
20	每万人拥有公共交通车辆	建议删除
21	R&D 人员全时当量水平	25
22	R&D 项目数量水平	22
23	建筑业企业单位数量水平	24
24	建筑业从业人员数量水平	20
25	勘察设计机构单位数量水平	28
26	监理单位数量水平	19
27	企业自有施工机械设备台数水平	26
28	地方财政税收收入水平	24
29	水利、环境和公共设施管理业就业人员水平	22
30	电力、热力、燃气及水生产和供应业就业人员水平	19
31	医院数量水平	建议删除
32	每万人拥有卫生技术人员数	建议删除
33	城市每万人医疗机构床位数	建议删除

3）对于"灾前预防能力"维度，一级指标"城市状况"下的"人均公园绿地面积"和"每万人拥有公共厕所"2 个二级指标主要表现为对城市居民的服务能力，仅仅体现的是整个城市的防灾减灾韧性能力，而对于城市基础设施方面的防灾减灾韧性能力却难以体现，因此专家建议删除这两个指标。

4）对于"灾害抵御能力"维度，一级指标"交通运转能力"下的"每万人拥有公共交通车辆"这个二级指标同样偏重于对城市居民的服务能力，与城市基础设施自身的韧性关联度较弱；指标"铁路密度""公路密度"很容易受到区域的地形地貌的影响，对评价结果会产生较大干扰。城市基础设施防灾减灾韧性的交通运转能力通过"铁路货运能力"和

"公路货运能力"2个二级指标已经能够较好地进行反映，再保留上述3个指标反而显得冗长，因此建议删除这3个二级指标。

5) 对于"灾后恢复及提升能力"维度，一级指标"医疗机构能力"下的"医院数量水平""每万人拥有的卫生技术人员数"和"城市每万人医疗机构床位数"3个二级指标同样也存在针对对象与本书研究对象不符的状况，这3个二级指标的概况不能体现城市基础设施防灾减灾韧性能力大小，建议删除，同样此二级指标上的一级指标"医疗机构能力"也应一并删除。

6) 根据专家调查结果对整个指标体系进行整理归纳，最终形成包含3个维度，9个一级指标以及25个二级指标的指标体系，详见表5-4。

表5-4 城市基础设施防灾减灾韧性评价指标体系调整表

总目标	维度	一级指标	二级指标
城市基础设施防灾减灾韧性（A）	灾前预防能力（B1）	资金投入（C1）	电力、燃气及水的生产和供应业固定资产投资占比（D1）
			交通运输、仓储和邮政业固定资产投资占比（D2）
			水利、环境和公共设施管理业固定资产投资占比（D3）
		城市状况（C2）	城市人口密度（D4）
			人均城市道路面积（D5）
		观测预警（C3）	地震台数（D6）
			地面观测业务站点个数（D7）
			天气雷达观测业务站点个数（D8）
	灾害抵御能力（B2）	能源供应能力（C4）	天然气供气能力（D9）
			供电能力（D10）
		给水排水处理能力（C5）	供水综合生产能力（D11）
			城市污水日处理能力（D12）
			城市排水管道长度水平（D13）
		交通运转能力（C6）	铁路货物周转量（D14）
			公路货物周转量（D15）
	灾后恢复及提升能力（B3）	科研投入（C7）	R&D人员全时当量水平（D16）
			R&D项目数量水平（D17）
		建筑业企业能力（C8）	建筑业企业单位数量水平（D18）
			建筑业从业人员数量水平（D19）
			勘察设计机构单位数量水平（D20）
			监理单位数量水平（D21）
			企业自有施工机械设备台数水平（D22）
		资金及人员配备（C9）	地方财政税收收入水平（D23）
			水利、环境和公共设施管理业就业人员水平（D24）
			电力、热力、燃气及水生产和供应业就业人员水平（D25）

三、基于因子分析法的评价指标体系合理性分析

通过上述两轮分析优化分别对城市基础设施防灾减灾韧性评价指标体系的维度合理性、二级指标合理性进行了论证，但一级指标能否合理地涵盖其相应的二级指标还需要进一步论证分析。本轮分析采用因子分析法。

分析的原始数据还是通过专家调查法获取。通过专家调查问卷对各二级指标对于城市基础设施防灾减灾韧性的重要性进行评判，以此作为初始数据提炼出相应数量的公共因子，并验证公共因子数量与一级指标数量是否相同，以及各公共因子内部所对应的二级指标与各一级指标下对应的各二级指标是否相同。

由于因子分析所需样本量较大，故采取定向发布网络问卷与现场调查问卷的方式进行。问卷分值采用李克特5级量表的形式，具体问卷设计详见附录B。此外考虑到要确保问卷的科学性和权威性，本次问卷调查的定向发布目标主要为相关政府部门、部分高校科研院所、建筑业企业单位的各位专家和专业人士。

调查时间持续约3个月，期间一共发放了150份调查问卷，其中现场发放调查问卷50份，收回47份，收到的无效问卷2份；网络问卷100份，收到86份回复，其中无效问卷12份，具体问卷调查数量统计结果见表5-5。

表 5-5 调查问卷数量统计表

发放方式	发放数量	回收数量	有效问卷数量	回收率	有效率
现场发放	50	47	45	94.00%	95.74%
网络发放	100	86	74	86.00%	86.05%
合计	150	133	119	88.67%	89.47%

通常问卷要具备有效参考价值就必须达到40%的有效率，而此次问卷调查的有效率为89.47%，因此本次问卷有效，具备相应研究价值。

问卷调查需通过信度检验以及效度检验两方面对指标的合理性进行验证。首先对问卷数据的一致性进行测验来完成信度检验，再通过测验问卷体现所验证指标体系的结构程度大小来完成效度检验。本书在分析过程中选用SPSS软件对数据进行因子分析。

在进行分析之前，首先需要通过KMO测度验证指标体系能否进行因子分析，通常KMO值小于0.5表明不宜进行因子分析；KMO值0.5~0.6表明很勉强适宜进行因子分析；KMO值0.6~0.7表明不太适宜进行因子分析；KMO值0.7~0.8表明适宜进行因子分析；KMO值0.8~0.9则很适宜进行因子分析；KMO值大于0.9表明非常适宜进行因子分析。此外巴特利特球体检验结果还需满足显著性小于0.01。

本书的信度检验是通过SPSS软件中Cronbach的Alpha系数进行的。若Alpha系数值大于0.8，表明信度高；若Alpha系数0.7~0.8，表明信度较好；若Alpha系数0.6~0.7，表明信度可接受；若Alpha系数小于0.6，表明信度不佳[79]。效度检验是通过对调查数据进行因子分析来对其内部结构进行检测的具体做法是：首先通过主成分分析法对因子进行提取，即对相关性较强的变量进行提取；其次是通过方差最大正交法进行因子旋转，进而实现三级指标的降维，并检验降维提取的公共因子与本书设立的一级指标是否一致，进而达到检验一级指标是否合理的目的。

1. "灾前预防能力"维度数据因子分析

将"灾前预防能力"维度下各二级指标的相应重要性评价数据整理输入至 SPSS 软件中,软件计算得出的 KMO 测度和巴特利球形检验结果见表 5-6。

表 5-6 "灾前预防能力"KMO 测度和巴特利特球形检验结果

KMO 和巴特利特检验		检验结果
KMO 取样适切性量数		0.872
巴特利特球形检验	近似卡方	79.471
	自由度	27
	显著性	0.000

根据表 5-6 中的数据可得出灾前预防能力的 KMO 值为 0.872,显著性为 0,表明数据非常适宜进行因子分析。将数据矩阵进行因子分析后获得相应的旋转后因子负载矩阵,形成的"灾前预防能力"维度数据因子分析表,见表 5-7。

表 5-7 "灾前预防能力"评价因子分析表

因子	项目内容	因子负载值矩阵			Alpha	解释变异(%)
		1	2	3		
F1	电力、燃气及水的生产和供应业固定资产投资占比(D1)	0.931	0.097	0.052	0.903	30.27
	交通运输、仓储和邮政业固定资产投资占比(D2)	0.831	0.079	0.035		
	水利、环境和公共设施管理业固定资产投资占比(D3)	0.814	0.077	0.254		
F2	城市人口密度(D4)	0.169	0.962	0.026	0.816	26.55
	人均城市道路面积(D5)	0.133	0.878	0.176		
F3	地震台数(D6)	0.422	0.254	0.547	0.833	33.84
	地面观测业务站点个数(D7)	0.349	0.172	0.638		
	天气雷达观测业务站点个数(D8)	0.216	0.035	0.814		

由表 5-7 数据可得存在 3 个公因子 F1、F2、F3,其内部 Alpha 系数分别为 0.903、0.816、0.833,均大于 0.8,具有较高一致性,表明内部结构良好。同时这 3 个公因子内的累计方差解释变异值为 90.66%,大于 50%,说明研究项的信息量可以有效地提取出来,结果表明此维度下的 8 个变量能够较好地被这 3 个公因子反映出来。公因子 F1、F2、F3 分别与一级指标"资金投入""城市状况"和"观测预警"一一对应,能够较好地代表原来的 8 个二级指标。

2. "灾害抵御能力"维度数据因子分析

将"灾害抵御能力"维度下各二级指标的相应重要性评价数据整理输入至 SPSS 软件中,软件计算得出的 KMO 测度和巴特利球形检验结果,见表 5-8。

第五章　城市基础设施防灾减灾韧性评价指标的构建

表5-8　"灾害抵御能力"KMO测度和巴特利特球形检验结果

KMO和巴特利特检验		检验结果
KMO取样适切性量数		0.847
巴特利特球形检验	近似卡方	376.43
	自由度	85.92
	显著性	0.000

根据表5-8中数据可得出灾害抵御能力的KMO值为0.847，显著性为0，表明数据非常适宜进行因子分析。将数据矩阵进行因子分析后获得相应的旋转后因子负载矩阵，形成的"灾害抵御能力"维度数据因子分析表，见表5-9。

表5-9　"灾害抵御能力"评价因子分析表

因子	项目内容	因子负载值矩阵			Alpha	解释变异（%）
		1	2	3		
F1	天然气供气能力（D9）	0.714	0.097	0.052	0.862	29.41
	供电能力（D10）	0.831	0.079	0.035		
	供水综合生产能力（D11）	0.814	0.077	0.254		
F2	城市污水日处理能力（D12）	0.169	0.962	0.026	0.874	27.06
	城市排水管道长度水平（D13）	0.133	0.878	0.176		
F3	铁路货物周转能力（D14）	0.422	0.254	0.547	0.809	32.88
	公路货物周转能力（D15）	0.349	0.172	0.638		

由表5-9数据可得存在3个公因子F1、F2、F3，其内部Alpha系数分别为0.862、0.874、0.809，均大于0.8，具有较高一致性，表明内部结构良好。同时这3个公因子内的累计方差解释变异值为89.35%，大于50%，说明研究项的信息量可以有效地提取出来，结果表明此维度下的7个变量能够较好地被这3个公因子反映出来。公因子F1、F2、F3分别与一级指标"能源供应能力""给水排水处理能力"和"交通运转能力"——对应，能够较好地代表原来的7个二级指标。

3. "灾后恢复及提升能力"维度数据因子分析

将"灾后恢复及提升能力"维度下各二级指标的相应重要性评价数据整理输入至SPSS软件中，软件计算得出的KMO测度和巴特利特球形检验结果，见表5-10。

表5-10　"灾后恢复及提升能力"KMO测度和巴特利特球形检验结果

KMO和巴特利特检验		检验结果
KMO取样适切性量数		0.721
巴特利特球形检验	近似卡方	57.14
	自由度	21.43
	显著性	0.000

根据表5-10中数据可得出灾后恢复及提升能力的KMO值为0.721，显著性为0，表明

数据非常适宜进行因子分析。将数据矩阵进行因子分析后获得相应的旋转后因子负载矩阵，形成的"灾后恢复及提升能力"维度数据因子分析表，见表5-11。

表5-11 "灾后恢复及提升能力"评价因子分析表

因子	项目内容	因子负载值矩阵			Alpha	解释变异（%）
		1	2	3		
F1	R&D人员全时当量水平（D16）	0.672	0.405	0.033	0.905	25.62
	R&D项目数量水平（D17）	0.533	0.057	0.416		
F2	建筑业企业单位数量水平（D18）	0.159	0.724	0.225	0.859	29.94
	建筑业从业人员数量水平（D19）	0.192	0.874	0.083		
	勘察设计机构单位数量水平（D20）	0.043	0.825	0.109		
	监理单位数量水平（D21）	0.217	0.604	0.464		
	企业自有施工机械设备台数水平（D22）	0.075	0.688	0.329		
F3	地方财政税收收入水平（D23）	0.298	0.142	0.741	0.921	26.59
	水利、环境和公共设施管理业就业人员水平（D24）	0.049	0.259	0.822		
	电力、热力、燃气及水生产和供应业就业人员水平（D25）	0.143	0.033	0.814		

由表5-11数据可得存在3个公因子F1、F2、F3，其内部Alpha系数分别为0.905、0.859、0.921，均大于0.8，具有较高一致性，表明内部结构良好。同时这3个公因子内的累计方差解释变异值为82.15%，大于50%，说明研究项的信息量可以有效地提取出来，结果表明此维度下的10个变量能够较好地被这3个公因子反映出来。公因子F1、F2、F3分别与一级指标"科研投入""建筑业企业能力"和"资金及人员配备"一一对应，能够较好地代表原来的10个二级指标。

通过SPSS软件对城市基础设施防灾减灾韧性评价指标体系进行了信度以及效度检验，因子分析的验证结果表明整个指标体系具备较高的一致性、良好的内部结构以及相吻合的上下级指标对应关系，总体来说一级指标与二级指标间的契合度较高，相互结构关系良好。

第 六 章

城市基础设施防灾减灾韧性测评

第一节 城市基础设施防灾减灾韧性评价及分析理论基础

一、评价方法的选择

目前对于评价而言常用的方法主要有模糊综合评价法、层次分析法、ANP 网络分析法、物元模型、蒙特卡罗法、突变级数法等。模糊综合评价法是运用模糊隶属度原理将定性问题定量化，运用最大模糊隶属度对有多个因素影响的目标进行评价。层次分析法是一种整理和综合人们主观判断的客观分析方法，也是一种定量与定性相结合的系统分析方法，它适用于具有多层次结构的多目标决策问题或综合评价问题的权重确定和多指标决策的可行方案优劣排序。ANP 网络分析法采用相对标度的形式，并充分利用了人的经验和判断力。在递阶层次结构下，它根据所规定的相对标度比例，依靠决策者的判断，对同一层次有关元素的相对重要性进行两两比较，并按层次从上到下合成方案对于决策目标的测度[80]。这种递阶层次结构是根据模糊数学的隶属度理论把定性评价转化为定量评价，即用模糊数学对受到多种因素制约的事物或对象做出一个总体的评价。物元模型遵循最大限度地满足占主要地位系统的原则，通过运用系统物源变换、结构调整等方式，处理系统中不相容的问题，进而进行评价。蒙特卡罗法通过建立一个概率模型或随机过程，使其参数或数字特征等于问题的解，然后通过对模型或过程的观察或抽样试验来计算这些参数或数字特征，最后给出所求解的近似值[81]，以此做出评价。突变级数法结合模糊数学通过分析其系统状态从稳定到不稳定来对整个体系做出相应评价，通过其突变阈值大小来反映系统的稳定状态，进而做出评价。

总结以上几种方法的优缺点及其适用范围，见表 6-1。

表 6-1 评价方法对比

评价方法	优　点	缺　点	适用范围
模糊综合评价法	结果清晰，系统性强，将定性指标转化为定量指标	当隶属度变化时，其评价结果改变的波动性利用不够，尤其是在评价过程中存在较大的主观性	影响因素的性质及活动难以量化的评价
层次分析法	将定性指标转化为定量指标	未能考虑到不同决策层之间或同一层次之间的相互影响	各因素之间、各层级之间没有交叉作用

(续)

评价方法	优点	缺点	适用范围
ANP 网络分析法	灵活性较强，将各因素之间以及各因素的上层因素之间的依赖性均加以考虑	在复杂决策过程中运用较为麻烦	运算强度小且风险评价问题相对确定
物元模型	指标灵活，过程简单，结果更系统精细	指标必须为相对确定的值	指标确定的多个评价对象的多个阶段评价
蒙特卡罗法	误差与问题不受维度数量影响 具有统计性质问题可直接解决 连续性的问题不必进行离散化处理	无法全面反映项目风险因素之间的相互影响关系 对于确定性问题需要转化成随机性问题	评价问题相对单纯而确定
突变级数法	可用于分析影响因素复杂、产生突变点不明确的指标体系 不过度依赖权重	由于其模型特点，对风险等级区间的界定较为困难	研究内部结构复杂或内部因素相互作用机理未知的系统

突变级数法由于其评价应用性强、评价结果清晰等特点被广泛应用于各领域评价中，选用突变级数法作为评价方法主要有以下优势：

1）系统性强。在构建指标体系时严格遵循构建原则，并对其结构进行了优化调整。相应各层指标间关联性强，同层指标间独立性较强，能够较好涵盖城市基础设施防灾减灾韧性评价的各个方面。整个指标体系系统性很强，需要选用对应系统性较强的评价方法。

2）不过度依赖指标权重。运用此方法进行评价无须详细确定各指标的权重大小，只需对权重进行排序即可，在能进行评价的基础上，一定程度降低了主观性对评价结果带来的影响。

3）可评价系统内部结构复杂的体系。城市基础设施防灾减灾韧性评价指标体系较为复杂，同层指标间难免存在相互影响关系，而突变模型可将其关联性考虑进去，从产生突变阈值高低的角度对其系统的稳定性做出确定，进而对其做出较为准确的评价。

4）突变模型的滞后性。城市基础设施防灾减灾的韧性的变化曲线并非直线式，而是在外部及内部影响达到一定程度后会产生较为突然的变化。外部影响产生时往往不会导致城市基础设施防灾减灾韧性立即产生变化，因此在选择评价模型时需考虑此变化特性。突变模型的变化曲线也存在滞后性，选用突变级数法能较为准确地做出评价。

二、评价方法相关理论

1. 突变理论的基本原理

突变理论一般通过构建函数模型对系统不同时间段的各种状态变化进行模拟，是一种专门用于描述系统状态变化的理论方法。突变理论所构建的函数模型通常被称为势函数，不同的模型需要运用不同的势函数描述，各个势函数反映各个系统状态。

势函数主要由状态变量及控制变量两种变量控制，系统状态的变化状况主要由一定量的变量-状态描述点反映，通过此函数较为客观的定量化反映。其中势函数中的状态变量主要指的是系统中产生突变的变量因素，控制变量主要是指系统中引起突变产生的变量。一般而言，系统初始状态均为较为稳定的、变化较为平缓状态，对应阶段的势函数通常也仅存在一个极值。然而随着势函数中的状态变量以及控制变量不断变化，势函数也会在某点或某个很小的区间突然产生较大变动，此时势函数的连续变化曲线投影会产生转折点，对应也产生了2个或者超过2个的极值点，这种变化即表示系统由稳定状态转变为不稳定状态。在系统产生突变后，可运用突变理论对产生突变前后的变量参数区间进行分析，探究产生此突变的原因。

对于两种变量的主导关系，突变理论创始人、法国数学家勒内·托姆在对势函数进行推导后提出以下8种较为常见的突变函数模型，详见表6-2。除此之外，还发现控制变量在系统的状态变化中占据主导地位，其参数变化是导致系统状态产生突变的主要因素。

表6-2 基本初等突变函数模型

突变类型	状态变量数	控制变量数	势函数
折叠突变	1	1	$F(x)=x^3+ax$
尖点突变	1	2	$F(x)=x^4+ax^2+bx$
燕尾突变	1	3	$F(x)=x^5+ax^3+bx^2+cx$
蝴蝶突变	1	4	$F(x)=x^6+ax^4+bx^3+cx^2+dx$
棚屋突变	1	5	$F(x)=x^7+ax^5+bx^4+cx^3+dx^2+ex$
双曲脐点突变	2	3	$F(x,y)=x^3+y^3+axy-bx+cy$
椭圆脐点突变	2	3	$F(x,y)=\frac{1}{3}x^3-xy^2+a(x^2+y^2)-bx$
抛物脐点突变	2	4	$F(x,y)=y^4+x^2y+wx^2+ay^2-bx$

城市基础设施防灾减灾韧性评价指标体系的各层指标对应的上级指标均只有1个，且模型应与指标体系的结构相对应，因此适合运用的函数模型为尖点突变模型、燕尾突变模型、棚屋突变模型。

（1）尖点突变

尖点突变是8种基本初等突变函数模型中最为常见的一种，其描述的是存在1个状态变量、2个控制变量的突变模型，由表6-2可知，其势函数表达式为

$$F(x)=x^4+ax^2+bx \tag{6-1}$$

式中，x 为状态变量；a、b 为控制变量；$F(x)$ 表示系统状态，也表示状态变量为 x 时整个系统的势能状况。

对式（6-1）求导，得其导函数方程，使导函数方程等于零即得到尖点突变模型的临界点方程，也称为平衡曲面方程，其表达式为

$$U=F'(x)=4x^3+2ax+b=0 \tag{6-2}$$

以本书构建指标体系中的部分指标为例，一级指标"城市状况（C2）"与二级指标"城市人口密度（D4）""人均城市道路面积（D5）"之间的模型关系即可对应为突变理论中的尖点模型。式（6-2）中 x 表示状态变量"城市状况（C2）"的状态参数，若指标权重

大小关系为"城市人口密度（D4）"＞"人均城市道路面积（D5）"，则 a、b 分别表示控制变量"城市人口密度（D4）"及"人均城市道路面积（D5）"的状态参数。

对式（6-1）求二阶导数并使其等于零即可得到奇点集方程，其表达式为

$$S=F''(x)=12x^2+2a=0 \tag{6-3}$$

式中，各字母所代表内容与式（6-2）相同。

将式（6-3）与式（6-2）联立，消除 x 即可得到突变模型的分歧点集方程，其表达式为

$$\begin{cases} a=-6x^2 \\ b=8x^3 \end{cases} \tag{6-4}$$

式（6-4）表示当控制变量 a、b 满足此公式，如"城市人口密度（D4）"及"人均城市道路面积（D5）"的状态参数满足此公式时，系统状态会从稳定状态突变为不稳定状态。

(2) 燕尾突变

燕尾突变模型包含 1 个状态变量，3 个控制变量。由表 6-2 可知，燕尾突变的势函数表达式为

$$F(x)=x^5+ax^3+bx^2+cx \tag{6-5}$$

式中，x 为状态变量；a、b、c 为控制变量；$F(x)$ 表示系统状态，也表示状态变量为 x 时整个系统的势能状况。

对式（6-5）求导，得其导函数方程，使导函数方程等于零即得燕尾突变模型的临界点方程，也称为平衡曲面方程，其表达式为

$$U=F'(x)=5x^4+3ax^2+2bx+c=0 \tag{6-6}$$

以本书构建指标体系中的部分指标为例，一级指标"资金投入（C1）"与二级指标"电力、燃气及水的生产和供应业固定资产投资占比（D1）""交通运输、仓储和邮政业固定资产投资占比（D2）""水利、环境和公共设施管理业固定资产投资占比（D3）"之间的模型关系即可对应为突变理论中的燕尾模型。式（6-6）中 x 表示状态变量"资金投入（C1）"的状态参数，若指标权重大小关系为"电力、燃气及水的生产和供应业固定资产投资占比（D1）"＞"交通运输仓储和邮政业固定资产投资占比（D2）"＞"水利、环境和公共设施管理业占固定资产投资占比（D3）"，则 a、b、c 分别表示控制变量"电力、燃气及水的生产和供应业固定资产投资占比（D1）""交通运输仓储和邮政业固定资产投资占比（D5）"及"水利、环境和公共设施管理业固定资产投资占比（D3）"的状态参数。

对式（6-5）求二阶导数并使其等于零即可得到奇点集方程，其表达式为

$$S=F''(x)=20x^3+6ax+2b=0 \tag{6-7}$$

式中，各字母所代表内容与式（6-6）相同。

对式（6-5）求三阶导数再与式（6-7）、式（6-6）联立，消除 x 即可得到突变模型的分歧点集方程，其表达式为

$$\begin{cases} a=-10x^2 \\ b=20x^3 \\ c=-15x^4 \end{cases} \tag{6-8}$$

式（6-8）表示当控制变量 a、b、c 满足此公式，即"电力、燃气及水的生产和供应业固定资产投资占比（D1）""交通运输、仓储和邮政业固定资产投资占比（D2）"及"水利、环境和公共设施管理业固定资产投资占比（D3）"的状态参数满足此公式时，系统状态

会从稳定状态突变为不稳定状态。

(3) 棚屋突变

棚屋突变模型包含1个状态变量，5个控制变量。由表6-2可知，棚屋突变的势函数表达式为

$$F(x) = x^7 + ax^5 + bx^4 + cx^3 + dx^2 + ex \tag{6-9}$$

式中，x 为状态变量；a、b、c、d、e 为控制变量；$F(x)$ 表示系统状态，也表示状态变量为 x 时整个系统的势能状况。

对式（6-5）求导，得其导函数方程，使导函数方程等于零即得到棚屋突变模型的临界点方程，也称为平衡曲面方程，其表达式为

$$U = F'(x) = 7x^6 + 5ax^4 + 4bx^3 + 3cx^2 + 2dx + e = 0 \tag{6-10}$$

以本书构建指标体系中的部分指标为例，一级指标"建筑业企业能力（C8）"与二级指标"建筑业企业单位数量水平（D18）""建筑业从业人员数量水平（D19）""勘察设计机构单位数量水平（D20）""监理单位数量水平（D21）""企业自有施工机械设备台数水平（D22）"之间的模型关系即可对应为突变理论中的棚屋模型。式（6-10）中 x 表示状态变量"建筑业企业能力（C8）"的状态参数，若指标权重大小关系为"建筑业企业单位数量水平（D18）" > "建筑业从业人员数量水平（D19）" > "勘察设计机构单位数量水平（D20）" > "监理单位数量水平（D21）" > "企业自有施工机械设备台数水平（D22）"，则根据突变级数计算方式，控制变量 a、b、c、d、e 与一级指标"建筑业企业能力（C8）"下的二级指标应按照其权重从大到小依次对应，因此 a、b、c、d、e 分别表示控制变量"建筑业企业单位数量水平（D18）""建筑业从业人员数量水平（D19）""勘察设计机构单位数量水平（D20）""监理单位数量水平（D21）"及"企业自有施工机械设备台数水平（D22）"的状态参数。

对式（6-10）求二阶导数并使其等于零即可得到奇点集方程，其表达式为

$$S = F''(x) = 42x^5 + 20ax^3 + 12bx^2 + 6cx + 2d = 0 \tag{6-11}$$

式中，各字母所代表内容与式（6-10）相同。

对式（6-9）求三阶导数、四阶导数、五阶导数再与式（6-11）、式（6-10）联立，消除 x 即可得到突变模型的分歧点集方程，其表达式为

$$\begin{cases} a = -21x^2 \\ b = 70x^3 \\ c = -105x^4 \\ d = 84x^5 \\ e = -35x^6 \end{cases} \tag{6-12}$$

式（6-12）表示当控制变量 a、b、c、d、e 满足此公式，即"建筑业企业单位数量水平（D18）""建筑业从业人员数量水平（D19）""勘察设计机构单位数量水平（D20）""监理单位数量水平（D21）"及"企业自有施工机械设备台数水平（D22）"的状态参数满足此公式时，系统状态会从稳定状态突变为不稳定状态。

2. *层次分析法基本原理*

本书的分析采用层次分析法进行指标权重的研究，其原因是：第一，层次分析法具备的

系统性、灵活性、实用性等特性，适用于城市基础设施防灾减灾韧性评价指标权重的确定；第二，可运用层次分析法对特征进行主观定性，能够很好地将专家的思维过程数学化、系统化。

层次分析法的基本思路是先分解后综合，整理和综合人们的主观判断，将定性和定量分析结合，实现定量化的决策。运用层次分析法确定城市基础设施防灾减灾韧性评价指标权重的基本步骤如下：

1) 构建层次模型。通过分析评价对象，将评价对象分解为多个层次，构建层次结构模型。本书中层次结构模型即为前面确定城市基础设施防灾减灾韧性评价指标体系，最高层为目标层，即城市基础设施防灾减灾韧性；准则层为一级指标构成；方案层为二级指标。

2) 形成判断矩阵。通过专家对各级指标内部的重要性比较打分形成相应的判断矩阵。

3) 计算最终权重。计算判断矩阵的特征根及特征向量，其中其特征向量即为对应排序的各指标权重。此外还需检验判断矩阵的一致性是否能达到要求，这主要通过特征根的随机一致性检验来完成。一般要求一致性比例应小于 0.1，若大于 0.1 则不能通过一致性检验，需重新计算判断矩阵直至一致性比率满足要求。

三、时空演化分析

莫兰指数分为全局莫兰指数（Global Moran's I）和局部莫兰指数（Local Moran's I），前者是 Patrick Alfred Pierce Moran 开发的空间自相关的度量；后者是美国亚利桑那州立大学地理与规划学院院长 Luc Anselin 教授在 1995 年提出的。

通常情况，先做一个地区的全局指数（I），全局指数主要体现空间是否出现了集聚或异常值。其模型构建公式为

$$I = \frac{n \sum_{i=1}^{n} \sum_{j=1}^{n} w_{i,j} z_i z_j}{S_0 \sum_{i=1}^{n} z_i^2}$$

式中，z_i、z_j 分别是因素 i、j 的属性值与平均值的偏差；$w_{i,j}$ 是因素的空间权重；n 为因素总数；S_0 为所有空间权重的集合，即

$$S_0 = \sum_{i=1}^{n} \sum_{j=1}^{n} w_{i,j}$$

统计 z_i 得分时按以下形式进行计算：

$$z_i = \frac{I - E[I]}{\sqrt{V[I]}}$$

式中，$E[I] = -1/(n-1)$；$V[I] = [I^2] - E[I]^2$。

接着做局部自相关；通过观察局部 Moran'I 指数即可寻找出异常值以及集聚区域。

$$I_n = \frac{z_i}{S^2} \sum_{j \neq i}^{n} w_{i,j} z_j$$

式中，$z_i = y_i - \bar{y}$；$z_j = y_j - \bar{y}$；$S^2 = \frac{1}{n} \sum (y_i - \bar{y})^2$；$w_{i,j}$ 为空间权重；y_i、y_j 分别为因素 i、j 的属性值；$\bar{y}$ 为因素的平均值；n 为因素总数。

莫兰指数（I）是一个有理数，经过方差归一化之后，其值会被归一化到 $-1.0 \sim +1.0$ 之

间。$I>0$ 时，表示数据呈现空间正相关，其值越大空间相关性越明显；$I<0$ 时，表示数据呈现空间负相关，其值越小空间差异越大；$I=0$ 时，空间呈随机性。

第二节 城市基础设施防灾减灾韧性评价模型构建

一、获取及处理数据

1. 数据获取

以构建的指标体系作为基础，采用突变级数法对城市基础设施防灾减灾韧性进行评价时需要一套能够用于评判的初始数据。本书在进行实证研究时的数据来源于国家统计局、各省统计局、各省年度公报等官方权威的渠道，数据的准确性能够得到一定保障。但应注意地区间的人口以及区域面积差异可能会对评价结果的准确性造成影响，因此需要对收集到的原始数据进行相应处理才能用于评价。此外在数据收集处理完成后还需进行筛选整理，筛除明显有很大偏差或极不符合实际情况的数据，以确保数据的可靠性。

对于计算指标权重的模型而言，由于此部分模型的初始数据是采用专家打分的方式获取的，还需注意以下几点：

首先，在选择专家数量以及专家类型时需要考虑项目实际的需要。专家数量过少会对评价的准确性造成影响，专家数量过多则会造成数据搜集困难，工作量过大。此外对于专家类型也不能只选择一类专家，以免因为专家的工作、研究环境和立场差异对评价结果造成一定偏差。

其次，要从三级指标的角度对项目实际状况做出相应的描述，以便专家根据指标的实际状况进行评分。

第三，此部分获取的数据同样需要进行相应的筛选整理，剔除明显有很大偏差或极不符合实际情况的数据。

2. 数据处理

构建的城市基础设施防灾减灾韧性评价指标体系涉及数据的单位、数据大小、数据的正逆向（越大越好型或越小越好型）存在很大差异，因此在将数据代入模型进行计算前需要对其进行规范化处理，将各种类型的指标无量纲化，并使其转化为同一范围的数据。正向指标（越大越好型指标）和逆向指标（越小越好型指标）都需进行相应的处理，以变成同向指标。一般可选用极差变换法处理此类指标，最终得到数值区间在 [0，1] 范围内的无量纲可比数据，以确保后续代入模型计算的准确性。

具体的极差变换法还分为两类，正向指标对应的数据，可按以下公式进行处理：

$$y_j = \frac{x_j - x_j^{\min}}{x_j^{\max} - x_j^{\min}} \tag{6-13}$$

逆向指标对应的数据，可按以下公式进行处理：

$$y_j = \frac{x_j^{\max} - x_j}{x_j^{\max} - x_j^{\min}} \tag{6-14}$$

区间最优型指标对应的数据，可以按以下公式进行处理：

$$y_j = \begin{cases} 1 - \dfrac{a - x_j}{a - x_j^{\min}} & (x_j^{\min} \leq x_j < a) \\ 1 & (a \leq x_j \leq b) \\ 1 - \dfrac{x_j - b}{x_j^{\max} - b} & (b < x_j \leq x_j^{\max}) \end{cases} \quad (6\text{-}15)$$

式中，x_j 为原始指标值；$x_j^{\max}$ 为指标数据的最大值；$x_j^{\min}$ 为指标数据的最小值；y_j 为经变换后的指标值；最优区间为 $[a, b]$。

二、计算指标权重

指标权重需应用于整个评价过程，既要保证权重确定的系统性，又要保证权重确定方法与综合评价模型的契合度，因此在指标的权重计算上选用层次分析法。前文构建的城市基础设施防灾减灾韧性评价指标体系已实现层次化，目前仅需根据从目标层到要素层依次对应指标体系结构建立层次模型进行指标权重的确定即可。构建层次分析模型主要有以下几个步骤：

1) 以城市基础设施防灾减灾韧性评价影响因素为集合元素，组成一个评价因素集 U：

$$U = \{u_1, u_2, \cdots, u_m\}$$

式中，各元素 u_i（$i=1, 2, \cdots, m$）代表各影响因素。例如，本书中有 25 个二级指标，指标"电力、燃气及水的生产和供应业固定资产投资占比（D1）"对应 u_1，"交通运输仓储和邮政业固定资产投资占比（D2）"对应 u_2，……"电力、热力、燃气及水生产和供应业就业人员水平（D25）"对应 u_{25}。

2) 构建城市基础设施防灾减灾韧性评价指标的评价集，即由确定城市基础设施防灾减灾韧性的专家对评判对象的重要性做出的评判结果所组成的集合 V：

$$V = \{v_1, v_2, \cdots, v_n\}$$

式中，各元素 v_i（$i=1, 2, \cdots, n$）代表各评判结果。

3) 运用层次分析法计算各评价指标权重，建立权重集。

① 本书研究目标之间重要性不存在强烈重要和极端重要两种状况，因此指标间的重要度评判仅选用 1~5 标度法即可满足构建判断矩阵的需要。重要性描述分值见表 6-3。

表 6-3 重要性描述分值表

分值 a_{ij}	定义
1	因素 i 与因素 j 重要程度相同
3	因素 i 与因素 j 相比稍重要
5	因素 i 与因素 j 相比明显重要
2, 4	相邻重要值的中间量
各分值倒数	因素 j 与因素 i 的评判数值为因素 i 与因素 j 评判数值的倒数

其指标之间的判断矩阵如下：

$$\boldsymbol{H}_S = \begin{pmatrix} B_1/A_1 & B_1/A_2 & \cdots & B_1/A_n \\ B_2/A_1 & B_2/A_2 & \cdots & B_2/A_n \\ \vdots & \vdots & & \vdots \\ B_n/A_1 & B_n/A_2 & \cdots & B_n/A_n \end{pmatrix}$$

② 计算评价指标的相对权重。

第一步求判断矩阵每行所有元素的几何平均值$\overline{W_i}$，即

$$\overline{W_i} = \sqrt[n]{\prod_{i=j}^{n} a_{ij}} \tag{6-16}$$

式中，每一行$\prod_{i=j}^{n} a_{ij}$是每一行各元素相乘的积。

其次，将$\overline{W_i}$进行归一化处理，得出W_i为

$$W_i = \frac{\overline{W_i}}{\sum_{i=1}^{n} \overline{W_i}} \tag{6-17}$$

第三，通过下列公式运算得到最大特征值$\lambda_{\max}$，即

$$\lambda_{\max} = \frac{1}{n} \sum_{i=1}^{n} \frac{(Aw)_i}{w_i} \tag{6-18}$$

式中，$(Aw)_i$表示向量(Aw)的第i个元素。

③ 计算一致性比率 CI，其计算公式为

$$CI = \frac{\lambda_{\max} - n}{n - 1} \tag{6-19}$$

式中，n为判断矩阵阶数，其对应的n阶判断矩阵的随机性指标 RI 可由表 6-4 查得，并以公式 CR=CI/RI 计算一致性比率，当 CR<0.1 时即认为判断矩阵的一致性达到要求。

表 6-4 随机一致性指标表

n	1	2	3	4	5	6	7	8	9	10
RI	0	0	0.52	0.89	1.12	1.26	1.36	1.41	1.46	1.49

④ 求得的指标u_i（$i=1,2,\cdots,m$）的权重数w_i（$i=1,2,\cdots,m$）后，可组成指标权重集 W，W可用模糊向量表示，即

$$W = \{w_1, w_2, \cdots, w_m\}$$

w_i（$i=1,2,\cdots,m$）为第i个因素对W的隶属度，其应满足归一化和非负条件，即

$$\sum_{i=1}^{m} w_i = 1, w_i \geq 0$$

⑤ 计算各层指标对于目标层的合成权重，对各影响因素按照权重进行排序，识别出对城市基础设施防灾减灾韧性评价影响较大的因素。

三、突变级数的确定

对底层指标原始数据进行无量纲化后，就根据选取的突变模型的归一化公式，计算出各层指标的突变级数值，再逐层向上进行各级指标递归运算，最后就可以得到城市基础设施防灾减灾韧性的总突变级数[82]。

在选取归一化公式时，需遵循状态变量和控制变量的数量要与对应的归一化公式相匹配的原则，本书涉及的几种常用的对应方式见表 6-5。

表 6-5 常用的归一化公式与状态变量和控制变量对应表

突变模型名称	状态变量	控制变量	势函数	归一化公式
折叠突变	1	1	$F(x)=x^3+ax$	$x_a=\sqrt{a}$
尖点突变	1	2	$F(x)=x^4+ax^2+bx$	$x_a=\sqrt{a}, x_b=\sqrt[3]{b}$
燕尾突变	1	3	$F(x)=x^5+ax^3+bx^2+cx$	$x_a=\sqrt{a}, x_b=\sqrt[3]{b},$ $x_c=\sqrt[4]{c}$
蝴蝶突变	1	4	$F(x)=x^6+ax^4+bx^3+cx^2+dx$	$x_a=\sqrt{a}, x_b=\sqrt[3]{b},$ $x_c=\sqrt[4]{c}, x_d=\sqrt[5]{d}$
棚屋突变	1	5	$F(x)=x^7+ax^5+bx^4+cx^3+dx^2+ex$	$x_a=\sqrt{a}, x_b=\sqrt[3]{b},$ $x_c=\sqrt[4]{c}, x_d=\sqrt[5]{d},$ $x_e=\sqrt[6]{e}$

根据突变级数算法的要求，在对应选择归一化公式后还需对每层指标间的关系进行判断，以确定其计算各层的突变级数。按照突变级数的算法，同层指标间的关系有"互补"和"非互补"两种对应关系。

同层指标间存在"互补"关系是指系统各控制变量之间存在明显的关联作用，一个指标的变化会对另一个指标产生比较明显影响，则在计算时选用"互补"原则，总突变级数值为各层级突变级数值归一化计算后的平均值。例如，若总目标城市基础设施防灾减灾韧性下的"灾前预防能力（B1）""灾害抵御能力（B2）""灾后恢复及提升能力（B3）"之间为"互补"关系且权重大小关系为"灾前预防能力（B1）"＞"灾害抵御能力（B2）"＞"灾后恢复及提升能力（B3）"，则其突变级数计算公式为

$$a_1=\frac{1}{3}\left(b_1^{\frac{1}{2}}+b_2^{\frac{1}{3}}+b_3^{\frac{1}{4}}\right) \tag{6-20}$$

式中，a_1表示城市基础设施防灾减灾韧性的突变级数值；b_1表示"灾前预防能力（B1）"突变级数值；b_2表示"灾害抵御能力（B2）"突变级数值；b_3表示"灾后恢复及提升能力（B3）"突变级数值。

同层指标间存在"非互补"关系是指系统各控制变量之间关联性弱，一个指标的变化不会对另一个指标产生影响，则在计算式应选用"非互补"原则，总突变级数值就为各层级中突变级数值归一化计算后的最小值。例如，若总目标城市基础设施防灾减灾下的"灾前预防能力（B1）""灾害抵御能力（B2）""灾后恢复及提升能力（B3）"之间为"非互补"关系且权重大小关系为"灾前预防能力（B1）"＞"灾害抵御能力（B2）"＞"灾后恢复及提升能力（B3）"，则其突变级数计算公式为

$$a_1=\min\left\{b_1^{\frac{1}{2}},b_2^{\frac{1}{3}},b_3^{\frac{1}{4}}\right\} \tag{6-21}$$

式中，a_1表示城市基础设施防灾减灾韧性的突变级数值；b_1表示"灾前预防能力（B1）"突变级数值；b_2表示"灾害抵御能力（B2）"突变级数值；b_3表示"灾后恢复及提升能力（B3）"突变级数值。

第六章　城市基础设施防灾减灾韧性测评

根据城市基础设施防灾减灾韧性评价指标体系间的整体结构以及内部关系，确定了同层各指标之间的内部关系，见表6-6。

表6-6　同层各指标内部关系表

指标层级	层级内部指标	内部关系
维度	B1、B2、B3	非互补关系
一级指标	C1、C2、C3	非互补关系
	C4、C5、C6	互补关系
	C7、C8、C9	互补关系
二级指标	D1、D2、D3	非互补关系
	D4、D5	非互补关系
	D6、D7、D8	非互补关系
	D9、D10	互补关系
	D11、D12、D13	互补关系
	D14、D15	非互补关系
	D16、D17	互补关系
	D18、D19、D20、D21、D22	互补关系
	D23、D24、D25	非互补关系

根据表6-6的指标内部关系，可得除了式（6-20）、式（6-21）以外本书涉及的其他几种计算公式，即

$$o = \frac{1}{2}\left(p_1^{\frac{1}{2}} + p_2^{\frac{1}{3}}\right) \tag{6-22}$$

式中，o 表示需计算的突变级数值；p_1 和 p_2 表示需计算突变级数值对应下层指标的突变级数值，p_1 和 p_2 对应的指标关系为"互补关系"，且 p_1 和 p_2 对应的指标权重大小关系为 p_1 对应的指标权重 > p_2 对应的指标权重。

$$o = \min\left\{p_1^{\frac{1}{2}}, p_2^{\frac{1}{3}}\right\} \tag{6-23}$$

式中，o 表示需计算的突变级数值；p_1 和 p_2 表示需计算突变级数值对应下层指标的突变级数值，p_1 和 p_2 对应的指标关系为"非互补关系"，且 p_1 和 p_2 对应的指标权重大小关系为 p_1 对应的指标权重 > p_2 对应的指标权重。

$$o = \frac{1}{5}\left(p_1^{\frac{1}{2}} + p_2^{\frac{1}{3}} + p_3^{\frac{1}{4}} + p_4^{\frac{1}{5}} + p_5^{\frac{1}{6}}\right) \tag{6-24}$$

式中，o 表示需计算的突变级数值；p_1、p_2、p_3、p_4 和 p_5 表示需计算突变级数值对应下层指标的突变级数值；p_1、p_2、p_3、p_4 和 p_5 对应的指标关系为"互补关系"，且 p_1、p_2、p_3、p_4 和 p_5 对应的指标权重大小关系为 p_1 对应的指标权重 > p_2 对应的指标权重 > p_3 对应的指标权重 > p_4 对应的指标权重 > p_5 对应的指标权重。

在确定了归一化公式以及对应关系的原则后，可运用相应的模型进行计算，从最底层指标逐层向上计算即可得到最终的突变级数值。

例如，根据归一化公式以及对应关系原则即可得到"资金投入（C1）"的突变级数值，

若其指标权重大小关系为"电力、燃气及水的生产和供应业固定资产投资占比（D1）"＞"交通运输仓储和邮政业固定资产投资占比（D2）"＞"水利、环境和公共设施管理业固定资产投资占比（D3）"，则其计算公式为

$$b_1 = \min\left\{d_1^{\frac{1}{2}}, d_2^{\frac{1}{3}}, d_3^{\frac{1}{4}}\right\} \tag{6-25}$$

式中，b_1为一级指标"资金投入（C1）"的突变级数值；d_1为一级指标"资金投入（C1）"下指标"电力、燃气及水的生产和供应业固定资产投资占比（D1）"的无量纲化原始数据；d_2为一级指标"资金投入（C1）"下指标"交通运输仓储和邮政业固定资产投资占比（D2）"的无量纲化原始数据；d_3为一级指标"资金投入（C1）"下指标"水利、环境和公共设施管理业固定资产投资占比（D3）"的无量纲化原始数据。

以此分别计算得出相应的各一级指标的突变级数值，然后根据计算得出的一级指标突变级数值依次向上层计算。

例如，若指标权重大小关系为"能源供应能力（C4）"＞"给水排水处理能力（C5）"＞"交通运转能力（C6）"，则其计算公式为

$$b_2 = \frac{1}{3}\left(c_1^{\frac{1}{2}} + c_2^{\frac{1}{3}} + c_3^{\frac{1}{4}}\right) \tag{6-26}$$

式中，b_2为一级指标"灾前预防能力（B1）"的突变级数值；c_1为一级指标"灾前预防能力（B1）"下指标的"资金投入（C1）"突变级数值；c_2为一级指标"灾前预防能力（B1）"下指标的"城市状况（C2）"突变级数值；c_3为一级指标"灾前预防能力（B1）"下指标的"观测预警（C3）"突变级数值。

以此分别计算得出相应的各一级指标的突变级数值，然后根据计算得出的一级指标突变级数值向上层计算即可得到最终总目标的城市基础设施防灾减灾韧性的突变级数值，其计算公式为

$$a_1 = \min\left\{b_1^{\frac{1}{2}}, b_2^{\frac{1}{3}}, b_3^{\frac{1}{4}}\right\} \tag{6-27}$$

式中，a_1为总目标"城市基础设施防灾减灾韧性（A）"的突变级数值；b_1为总目标"城市基础设施防灾减灾韧性（A）"下的指标"灾前预防能力（B1）"突变级数值；b_2为总目标"城市基础设施防灾减灾韧性（A）"下的指标"灾害抵御能力（B2）"突变级数值；b_3为总目标"城市基础设施防灾减灾韧性（A）"下的指标"灾后恢复及提升能力（B3）"突变级数值。

第七章

实证分析——我国西部区域城市基础设施防灾减灾韧性测评

第一节 城市基础设施防灾减灾韧性实证分析对象选择

一、我国西部区域城市基础设施现状

西部大开发总体规划推出以来,国家对西部地区的城市基础设施建设十分重视,通过相当数量的中央预算内投资和中央专项建设基金,确保西部地区在基础设施、生态环境和科技教育等方面的建设全面启动和快速发展。虽然我国西部地区的城市基础设施投资增长相对较快,但其中大部分是解决当时比较迫切的问题,因此,西部地区的基础设施在面对灾害方面的韧性能力难以得到保证。而我国西部地区的地形、气候及生态环境较为复杂,面临的灾害也多种多样,城市基础设施防灾减灾的韧性就显得极为重要。例如,四川省作为地震灾害频发的地区,灾害来临时对城市基础设施的韧性考验极大,其韧性高低对人员伤亡、财产损失、灾后救援等方面带来影响。西部地区经济发展状况相对落后,若发生灾害则影响较大,其城市基础设施的恢复能力较弱,恢复周期较长,更加不利于当地生产和经济发展。因此,西部地区城市基础设施的防灾减灾能力相较于其他地区更应引起重视,迫切需要开展对西部地区城市基础设施防灾减灾韧性的研究。本书选择以西部地区为研究对象,对其城市基础设施防灾减灾韧性进行评价研究。

二、我国西部区域城市基础设施面对的灾害情况

我国西部地区具有较为复杂的自然地理条件,既有干旱区域又有高寒区域,生态环境较为脆弱敏感。从灾害区域划分来看,我国西部十二个省级地区主要分为西北灾害带和西南山地灾害带两个灾害带。西部地区的主要灾害包括洪水、干旱、沙尘暴、地震等。

1. 洪水

在西部地区城镇化发展过程中,大面积土地逐渐被混凝土以及沥青覆盖,不透水度大大增加,遇到降雨时城市地表径流量和径流速度增大,对城市的排水调节能力要求也大幅提高。有相关研究指出,当不透水地表达到20%时,河流排放量为通常状态的1.6倍,遇到洪水漫堤的可能次数达到1次;而当不透水地表达到50%时,河流排放量为通常状态的2.4倍,遇到洪水漫堤的可能次数上涨到4次。

西部地区的洪水灾害一般集中在西南地区,尤其是四川省和重庆市两个区域。自1485年有记录以来,四川省和重庆市平均每四年左右出现一次较为严重的暴雨甚至洪水灾害,有实测记录或碑文石刻等考据资料的特大雨洪,在1840—2000年间共出现过11次。例如,

1970年重庆市万县遭受特大洪灾，直接导致长江重庆部分段水位比1954年长江特大洪水（20世纪长江最大的洪水）的水位高10米，洪峰流量达到108000立方米每秒，对当地造成巨大影响，部分受灾地区甚至十余年都未能恢复灾前状态。

而西北地带虽降雨相对较少，但其容易发生局部性的强降雨。由于西北地区气候条件、植被及地下垫面土壤沟壑与其他地区有所不同，其对于"暴雨"的相关定义与其他地区有所区别。例如，对新疆维吾尔自治区而言，日降水量大于或等于10毫米在当地即可成为"暴雨"；而对于西北其他地区而言，日降水量大于或等于25毫米在当地即可成为"暴雨"。由此定义则西北地区出现地域性"暴雨"的概率甚至与我国南方地区出现暴雨的概率相当[83]。例如，青海省西宁市在1970—1998年间发生较大洪水灾害10次，其中1994年、1997年和1998年发生的3次洪灾特别严重，这与西宁市当地的基础设施防灾水平相关。

2. 干旱

一般而言，干旱灾害通常对农业生产影响较大，但实际上干旱对城市的影响通常比对农村的影响更大。第一，城市供水的稳定性要求较高，居民生活、生产制造等均需要不间断地供水。第二，居民的生活用水以及部分食品、医疗产品等生产均需较高质量的供水以确保正常的生产生活。从我国北方因供水不足所导致的一系列问题可看出，现代城市的发展离不开稳定的水资源，干旱可能导致整个城市瘫痪。

据相关部门统计，我国西部地区缺水的城市较多，包括西安市、乌鲁木齐市、包头市、呼和浩特市、贵阳市、柳州市等较为重要的城市。例如，西安市的贫水区域及薄水区域达到总供水区域面积的三分之二，2000年西安市的规划需水量为166万立方米每天，缺水61万立方米每天，而预计2030年全市总需水量将达到50亿立方米，缺水30多亿立方米，西安市成为全国七大缺水城市之一。

我国西北地区位于亚欧大陆中间地带，周边有较高的山脉且距海较远，潮湿气流难以到达此区域，因此降雨较少，气候干燥，极易产生干旱灾害。西北大部分地方平均年降水量在300毫米以下。其中新疆维吾尔自治区，超过78%的监测站监测到年降水量在299毫米以下，仅有22%的测站监测到年降水量高于300毫米，部分地区的降水量不足100毫米，甚至未能达到此地区的蒸发水量。虽然西部地区面积大、人口少，对水资源的需求相对华北等地区更低，但随着西部地区快速发展，城市人口迅速增加，供水能力难以跟上迅速增长的供水需求。为缓解此矛盾通过挖掘地下水资源，然而过量地开采地下水又会导致地下水位降低，可能造成地面下沉，引发一系列问题。

3. 沙尘暴

沙尘暴是指大风与沙漠、沙漠化土壤以及松散的地表沉积物相结合在特殊地理条件下产生的一种灾害。据相关统计，我国目前的沙漠、戈壁及沙漠化土地面积达到262.2万平方公里，已波及全国417个县市，占全国总面积的27.3%，其中很大一部分集中在西部地区。据统计1952—2000年，西北五省共发生强、特强沙尘暴60余次。

我国西北地区地表干、土层厚且少雨，在冷空气入侵时，会造成大量的沙石扬起，形成沙尘暴。沙尘暴发生季节通常是春季，它可能会引起风蚀、沙割、沙埋、冻害甚至火灾等一系列灾害，造成大量人员伤亡以及环境污染，对当地的交通、水电供应、工业生产、日常生活、居民健康等带来巨大影响。此外沙尘灾害也容易对西北地区城市的形象和招商引资等方面产生负面作用,成为制约当地经济发展的因素之一[84]。

4. 地震

我国西部地区是地震带活动较多、较频繁的区域,西部地区有多个区域曾多次发生较大地震,带来的人员、财产损失不计其数。以宝鸡、汉中、贵阳连线为界,我国东、西部地区的地震频率比为1:67,地震能量比为1:25。据统计,20世纪我国地震最为频繁的四个省级地区为西藏自治区、新疆维吾尔自治区、云南省、四川省,其次为青海省、河北省、宁夏回族自治区、甘肃省,由此可见,我国地震活动最为频繁的8个地区中,6个位于西部地区,2个位于东部地区,西部地区的地震受灾损失占全国的80%。

5. 其他地质灾害

地质灾害主要指自然变异或人为作用致使地质体以及地质环境产生变化而发生的连带效应,包括滑坡、泥石流、崩塌、地面沉降、地裂缝、地面塌陷等多种灾害形式。我国西部地区地形以山地丘陵为主,有较多高山深谷,地质构造复杂,横跨青藏高原和黄土高原、云贵高原、内蒙古高原4个高原地区。且随着我国西部地区城镇化进程加快,城市建设活动和工业生产对地质环境的影响日渐增大,这导致各类城市地质灾害发生得更为频繁。

近年来,我国西南地区平均每年发生重大崩塌、滑坡、泥石流灾害数十起,每年造成的人员伤亡达到上百人甚至上千人,造成的直接经济损失达到上亿元,崩塌、滑坡、泥石流甚至已成为制约部分地区经济发展和社会稳定的因素之一。

我国西北地区也是地质灾害多发区。此区域存在地质疏松、植被稀少、荒漠化程度高等问题,其主要地质灾害包括由地区强降雨导致的泥石流以及山体滑坡。例如,兰州市作为全国地质灾害最为严重的省会城市之一,市区位于252条自然沟道中,据不完全统计泥石流沟道多达94条,滑坡超过210处,坍落、塌滑的数量更多。

第二节 我国西部区域城市基础设施防灾减灾韧性测评分析

一、数据来源及处理

西部区域城市基础设施防灾减灾韧性测评问题研究的原始数据主要是从国家统计局、重庆市统计局、四川省统计局、云南省统计局、贵州省统计局、西藏自治区统计局、陕西省统计局、甘肃省统计局、青海省统计局、宁夏回族自治区统计局、广西壮族自治区统计局、内蒙古自治区统计局、新疆维吾尔自治区统计局等官方公开渠道获取的权威数据,确保结果的准确性。本次研究根据构建的测评指标体系选择对应的数据,因2019年和2020年部分地区统计数据缺失,本次研究暂时无法选择这2年的相关数据作为基础数据。2016年、2017年、2018年的数据整理后形成的原始数据见表7-1~表7-3。根据表5-2中各指标的计算处理方式,将原始数据进行计算后得到的指标原始数据见表7-4~表7-6。最后运用极差变换法将指标原始数据进行处理,以此作为底层指标的突变级数值,见表7-7~表7-9。

表 7-1　2016 年指标计算变量原始数据表

数据名称	单位	重庆	四川	贵州	云南	西藏	陕西	甘肃	青海	新疆	宁夏	广西	内蒙古
固定资产投资	万元	16048.10	28811.95	13204.00	16119.40	1596.05	20825.25	9663.99	3528.05	10287.53	3794.25	18236.78	15080.01
电力、燃气及水的生产和供应业固定资产投资	万元	480.07	1773.41	484.73	855.05	200.85	1253.07	722.86	443.01	1302.88	635.92	938.43	1903.48
交通运输、仓储和邮政业固定资产投资	万元	1630.68	3737.95	1779.92	2577.49	542.30	1584.62	1100.04	589.92	836.14	367.67	1849.82	1427.71
水利、环境和公共设施管理业固定资产投资	万元	2839.78	3977.06	2960.44	2022.09	193.52	4026.49	1073.57	327.42	1539.82	348.27	2076.47	2645.31
城市人口密度	人/平方公里	1953	2901	2182	2995	2624	4240	4076	2710	2456	1343	1891	1822
人均城市道路面积	平方米	12.23	13.73	12.11	15.76	16.82	15.42	15.42	11.04	18.35	23.11	17.06	23.45
省级以上地震台个数	个	3	26	18	18	25	12	21	7	20	7	9	32
地面观测业务站点个数	个	35	156	84	125	39	99	81	52	105	25	91	119
天气雷达观测业务站点个数	个	4	10	9	8	6	8	7	2	13	4	11	13
天然气供气总量	亿立方米	38.45	68.87	3.98	1.68	0.13	34.28	16.86	13.67	48.93	21.5	4.87	15.22
天然气用气人口	万人	1296.44	1909.78	270.45	256.33	25.99	876.5	404.15	144.05	670.53	216.4	423.34	587.06
发电量	亿千瓦时	701.19	3273.85	1903.99	2692.54	54.48	1757.41	1214.33	552.96	2719.13	1144.38	1346.51	3949.81
城市用电人口	万人	1908	4066	1570	2148	98	1542	1166	306	1159	380	2326	1542
供水综合生产能力	万立方米/日	566.12	1056.64	289.97	394.76	81.40	445.18	342.16	97.43	590.8	160.78	684.66	422.79
城市用水人口	万人	1411.36	2125.80	650.59	905.56	79.77	946.5	630.7	184.98	736.77	269.66	1062.59	878.41

指标	单位	1	2	3	4	5	6	7	8	9	10	11	12
城市污水日处理能力	万立方米	289.70	609.50	183.90	250.90	25.90	348	131.7	51.8	255.3	91	718	245.5
城市排水管道长度	万公里	1.56	2.65	0.61	1.31	0.14	0.87	0.58	0.17	0.69	0.16	1.15	1.3
铁路货物周转量	吨公里	156.74	716.09	566.68	411.82	30.14	1518.27	1220.35	239.76	701.66	242.38	679.03	1918.1
公路货物周转量	吨公里	935.45	1565.31	873.23	1173.06	94.5	1925.83	949.64	236.04	1102.21	577.56	2248.46	2423.64
规模以上工业企业 R&D 人员全时当量	人年	47392	60146	15774	17166	208	45362	12610	1750	7310	5686	19402	30126
规模以上工业企业 R&D 项目数	项	7612	8869	2145	3441	29	4487	1465	296	1002	1342	2664	2260
建筑业企业单位数	个	2577	3809	891	2544	173	2114	1323	371	1144	531	1139	870
建筑业企业从业人员	万人	209.08	282.87	67.53	115.63	2.84	118.32	56.58	11.44	38.41	9.93	120.02	29.7
勘察设计机构单位数	个	479	671	271	667	66	579	299	133	319	81	486	343
建设工程监理企业单位数	个	102	339	111	170	23	438	178	63	108	57	166	158
建筑业企业自有施工机械设备年末总台数	台	197190	332951	82477	176254	5788	280961	182572	41916	79202	26713	147483	79421
地方财政税收收入	亿元	1438.45	2329.23	1120.44	1173.52	99.05	1204.39	526	176.48	869.18	246.55	1036.22	1335.88
水利、环境和公共设施管理业城镇单位就业人员	千人	6.53	12.97	5.19	7.47	0.16	9.6	5.9	1.1	5.7	2.3	8.5	8.3
电力、热力、燃气及水生产和供应业城镇单位就业人员	千人	6.43	23.17	12.21	10.69	0.74	13.7	12.2	2.2	9.6	3.5	13.7	14.5
地区面积	万平方公里	8.24	48.6	17.62	39.41	122.84	20.56	45.44	72.23	166	6.64	23.6	118.3

表 7-2 2017 年指标计算变量原始数据表

数据名称	单位	重庆	四川	贵州	云南	西藏	陕西	甘肃	青海	新疆	宁夏	广西	内蒙古
固定资产投资	万元	17537.05	31902.08	15503.86	18935.99	1975.60	23819.38	5827.75	3883.55	12089.12	3728.38	20499.11	14013.16
电力、燃气及水的生产和供应业固定资产投资	万元	465.55	1707.11	488.50	631.25	299.32	1220.46	371.29	369.16	958.64	392.53	973.88	1380.32
交通运输、仓储和邮政业固定资产投资	万元	1954.80	4492.62	2334.31	3741.71	581.72	1891.16	956.64	730.46	1978.50	330.08	2005.63	1180.18
水利、环境和公共设施管理业固定资产投资	万元	3295.63	4784.24	3653.35	3035.39	276.04	5705.47	777.30	475.42	2222.69	467.18	2515.80	2818.08
城市人口密度	人/平方公里	2017	2962	2302	3000	1232	4101	4066	2777	2436	1388	1950	1824
人均城市道路面积	平方米	12.67	13.72	12.18	12.52	14.70	16.32	16.51	14.40	19.78	21.83	17.56	23.89
省级以上地震台数	个	3	27	5	18	25	12	21	7	20	7	9	32
地面观测业务站点个数	个	35	156	84	125	39	99	81	52	105	25	91	119
天气雷达观测业务站点个数	个	4	10	9	8	6	8	7	2	13	4	11	13
天然气供气总量	亿立方米	46.65	71.90	7.09	2.87	0.28	38.56	20.37	14.65	50.70	18.25	6.97	18.12
天然气用气人口	万人	1356.64	2080.47	337.33	430.38	24.00	940.41	444.35	157.53	692.35	231.89	478.57	622.55
发电量	亿千瓦时	728.10	3480.38	1899.10	2955.06	55.66	1814.03	1349.15	626.59	307.04	1380.94	1401.11	4435.94
城市用电人口	万人	1971	4217	1648	2241	104	2178	1218	317	1207	682	2404	1568
供水综合生产能力	万立方米/日	599.87	1213.03	312.95	415.19	67.48	447.67	360.96	101.31	738.87	235.59	701.37	427.31
城市用水人口	万人	1471.27	2349.84	707.80	915.98	68.98	1031.32	639.13	189.06	744.34	286.79	1102.17	882.67

第七章 实证分析——我国西部区域城市基础设施防灾减灾韧性测评

指标	单位											
城市污水日处理能力	万立方米	319.00	670.50	201.60	254.70	26.20	304.00	142.90	44.40	257.50	92.50	696.60	248.10
城市排水管道长度	万公里	1.73	2.85	0.72	1.36	0.07	0.97	0.64	0.19	0.74	0.19	1.23	1.29
铁路货物周转量	吨公里	179.66	763.79	602.84	448.37	30.47	1641.77	1390.72	266.03	869.69	253.55	709.68	2382.29
公路货物周转量	吨公里	1068.96	1676.81	1008.58	1360.37	105.82	2118.21	1048.88	253.43	1306.66	500.18	2456.69	2764.47
规模以上工业企业 R&D 人员全时当量	人年	56416	71968	18786	21393	202	44672	10096	1799	6191	6392	16163	23243
规模以上工业企业 R&D 项目数	项	10624	12359	2758	4122	32	5125	1650	310	1161	1404	2795	2353
建筑业企业单位数	个	2707	4501	1029	2656	231	2388	1363	364	1157	681	1235	886
建筑业企业从业人员	万人	224.79	352.83	77.64	152.72	3.69	137.98	56.88	11.00	42.63	12.42	126.15	27.70
勘察设计机构单位数	个	503	1364	301	728	79	838	309	154	364	109	769	364
建设工程监理企业单位数	个	107	348	148	172	43	474	189	65	119	63	182	158
建筑业企业自有施工机械设备年末总台数	台	192624	517832	80140	193693	5923	282599	181169	34333	78182	23556	155546	80713
地方财政税收收入	亿元	1476.33	2430.32	1179.73	1233.85	122.70	1485.58	547.14	183.96	944.38	270.30	1057.69	1286.91
水利、环境和公共设施管理业城镇单位就业人员	千人	6.82	12.69	5.26	7.01	0.18	9.90	6.40	1.20	5.70	2.30	7.90	8.40
电力、热力、燃气及水生产和供应业城镇单位就业人员	千人	6.47	22.11	9.08	10.33	1.2	12.80	12.60	2.40	9.90	3.40	11.80	13.60
地区面积	万平方公里	8.24	48.6	17.62	39.41	122.84	20.56	45.44	72.23	166	6.64	23.6	118.3

表 7-3　2018 年指标计算变量原始数据表

数据名称	单位	重庆	四川	贵州	云南	西藏	陕西	甘肃	青海	新疆	宁夏	广西	内蒙古
固定资产投资	万元	18661.41	34421.95	17703.52	20617.98	2169.21	26248.96	5600.47	4167.05	9042.66	3051.31	17075.76	10187.57
电力、燃气及水的生产和供应业固定资产投资	万元	524.91	1742.92	536.86	734.14	252.03	1016.64	300.45	471.05	802.38	325.80	843.38	1843.95
交通运输、仓储和邮政业固定资产投资	万元	2204.80	4989.59	2474.37	4220.20	611.97	2131.34	794.11	655.95	848.78	193.10	2386.70	1324.38
水利、环境和公共设施管理业固定资产投资	万元	3717.47	5631.05	4402.29	3238.76	273.56	6053.50	698.33	762.57	1173.58	389.16	2558.57	1579.07
城市人口密度	人平方公里	2026	3068	2412	3021	1750	4450	3237	2804	2525	1371	2025	1846
人均城市道路面积	平方米	13.52	14.63	13.51	14.11	12.21	16.47	17.91	16.19	20.34	22.94	19.42	22.75
省级以上地震台数	个	40	27	19	18	25	12	21	7	20	7	9	30
地面观测业务站点个数	个	159	504	373	570	187	390	343	232	709	114	519	697
天气雷达观测业务站点个数	个	5	11	8	9	4	8	8	3	9	3	6	10
天然气供气总量	亿立方米	49.25	84.72	8.29	3.76	0.32	47.35	23.51	15.73	52.90	22.27	7.36	20.69
天然气用人口	万人	1390.56	2254.80	368.45	473.91	30.82	1082.22	476.28	161.38	690.34	240.95	545.44	656.85
发电量	亿千瓦时	799.53	3687.00	2015.98	3240.99	66.64	1855.59	1531.43	517.90	3283.25	1609.97	1752.02	5002.96
城市用电人口	万人	2032	4362	1711	2309	107	2246	1258	328	1266	405	2474	1589
供水综合生产能力	万立方米/日	616.99	1101.81	361.74	424.86	68.21	483.89	355	102.81	585.44	235.56	714.49	421.13
城市用水人口	万人	1481.76	2483.78	756.68	930.10	162.97	1143.90	632.13	191.03	739.82	291.60	1151.26	926.86

指标	单位											
城市污水日处理能力	万立方米	367.10	708.80	253.60	252.80	28.10	390.30	153.30	47.80	240.20	100.00	773.30	240.60
城市排水管道长度	万公里	1.89	3.30	0.83	1.38	0.07	1.04	0.70	0.22	0.76	0.20	1.33	1.40
铁路货物周转量	吨公里	206.63	861.02	606.33	465.36	33.22	1723.00	1490.91	275.62	1007.17	229.49	710.09	2610.35
公路货物周转量	吨公里	1152.75	1814.95	1146.51	1489.23	116.84	2301.37	1118.97	275.74	1476.70	398.19	2683.05	2985.63
规模以上工业企业 R&D 人员全时当量	人年	61956	77848	20041	24048	326	39315	8026	1157	5806	7060	17228	15777
规模以上工业企业 R&D 项目数	项	12484	11779	2860	4216	35	4470	1305	220	1081	1739	2884	2318
建筑业企业单位数	个	2770	5230	1202	2843	280	2661	1434	382	1183	691	1385	1006
建筑业企业从业人员	万人	226.47	352.92	81.39	128.74	4.55	153.95	51.49	9.79	39.21	10.77	130.22	25.31
勘察设计机构单位数	个	517	1447	311	745	33	860	299	144	308	116	531	351
建设工程监理企业单位数	个	118	421	191	176	9	428	195	75	130	65	213	166
建筑业企业自有施工机械设备年末总台数	台	180892	561560	79568	172438	4019	327967	186032	29532	67375	22015	132661	71057
地方财政税收收入	亿元	1603.03	2819.77	1266.02	1423.25	155.93	1774.29	610.47	205.49	1051.8	298.3	1122.09	1399.86
水利、环境和公共设施管理业城镇单位就业人员	千人	5.83	11.45	5.15	7.19	0.53	10.2	6.4	1.1	9.6	2	7.1	8.2
电力、热力、燃气及水生产和供应业城镇单位就业人员	千人	6.07	22.39	9.13	10.33	1.29	12.2	12	2.4	5.9	3.5	10.2	14
地区面积	万平方公里	8.24	48.6	17.62	39.41	122.84	20.56	45.44	72.23	166	6.64	23.6	118.3

表 7-4 2016 年各指标原始数据表

指标	单位	重庆	四川	贵州	云南	西藏	陕西	甘肃	青海	新疆	宁夏	广西	内蒙古
电力、燃气及水的生产和供应业固定资产投资占比		2.99%	6.16%	3.67%	5.30%	12.58%	6.02%	7.48%	12.56%	12.66%	16.76%	5.15%	12.62%
交通运输、仓储和邮政业固定资产投资占比		10.16%	12.97%	13.48%	15.99%	33.98%	7.61%	11.38%	16.72%	8.13%	9.69%	10.14%	9.47%
水利、环境和公共设施管理业固定资产投资占比		17.70%	13.80%	22.42%	12.54%	12.12%	19.33%	11.11%	9.28%	14.97%	9.18%	11.39%	17.54%
城市人口密度	人/平方公里	1953	2901	2182	2995	2624	4240	4076	2710	2456	1343	1891	1822
人均城市道路面积	平方米	12.23	13.73	12.11	15.76	16.82	15.42	15.42	11.04	18.35	23.11	17.06	23.45
省级以上地震台个数	个	3	26	18	18	25	12	21	7	20	7	9	32
地面观测业务站点个数	个	35	156	84	125	39	99	81	52	105	25	91	119
天气雷达观测业务站点个数	个	4	10	9	8	6	8	7	2	13	4	11	13
天然气供气能力	立方米/人	296.58	360.62	147.16	65.54	50.02	391.10	417.17	948.98	729.72	993.53	115.04	259.26
供电能力	万千瓦时/人	0.37	0.81	1.21	1.25	0.56	1.14	1.04	1.81	2.35	3.01	0.58	2.56
供水综合生产能力	立方米/(日·十人)	4.01	4.97	4.46	4.36	10.20	4.70	5.43	5.27	8.02	5.96	6.44	4.81
城市污水日处理能力	立方米/万人	1518.34	1499.02	1171.34	1168.06	2642.86	2256.81	1129.50	1692.81	2202.76	2394.74	3086.84	1592.09
城市排水管道长度水平	公里/万人	8.18	6.52	3.89	6.10	14.29	5.64	4.97	5.56	5.95	4.21	4.94	8.43
铁路货物周转能力	吨公里/万平方公里	19.02	14.73	32.16	10.45	0.25	73.85	26.86	3.32	4.23	36.50	28.77	16.21
公路货物周转能力	吨公里/万平方公里	113.53	32.21	49.56	29.77	0.77	93.67	20.90	3.27	6.64	86.98	95.27	20.49
R&D 人员全时当量水平	人年/万人	4.74	6.01	1.58	1.72	0.02	4.54	1.26	0.18	0.73	0.57	1.94	3.01

表 7-5 2017年各指标原始数据表

指标	单位	重庆	四川	贵州	云南	西藏	陕西	甘肃	青海	新疆	宁夏	广西	内蒙古
R&D项目数量水平	项/万人	7.61	8.87	2.15	3.44	0.03	4.49	1.47	0.30	1.00	1.34	2.66	2.26
建筑业企业单位数量水平	个/万人	1.35	0.94	0.57	1.18	1.77	1.37	1.13	1.21	0.99	1.40	0.49	0.56
建筑业从业人员数量水平	人/百人	10.96	6.96	4.30	5.38	2.90	7.67	4.85	3.74	3.31	2.61	5.16	1.93
勘察设计机构单位数量水平	个/千人	2.51	1.65	1.73	3.11	6.73	3.75	2.56	4.35	2.75	2.13	2.09	2.22
监理单位数量水平	个/百人	5.35	8.34	7.07	7.91	23.47	28.40	15.27	20.59	9.32	15.00	7.14	10.25
企业自有施工机械设备台数水平	台/万人	103.35	81.89	52.53	82.05	59.06	182.21	156.58	136.98	68.34	70.30	63.41	51.51
地方财政税收水平	万元/人	0.75	0.57	0.71	0.55	1.01	0.78	0.45	0.58	0.75	0.65	0.45	0.87
水利、环境和公共设施管理业就业人员水平	人/万人	3.42	3.19	3.31	3.48	1.63	6.23	5.06	3.59	4.92	6.05	3.65	5.38
电力、热力、燃气水生产和供应业就业人员水平	人/万人	3.37	5.70	7.78	4.98	7.55	8.88	10.46	7.19	8.28	9.21	5.89	9.40
电力、燃气及水的生产和供应业固定资产投资占比		2.65%	5.35%	3.15%	3.33%	15.15%	5.12%	6.37%	9.51%	7.93%	10.53%	4.75%	9.85%
交通运输、仓储和邮政业固定资产投资占比		11.15%	14.08%	15.06%	19.76%	29.45%	7.94%	16.42%	18.81%	16.37%	8.85%	9.78%	8.42%
水利、环境和公共设施管理业固定资产投资占比		18.79%	15.00%	23.56%	16.03%	13.97%	23.95%	13.34%	12.24%	18.39%	12.53%	12.27%	20.11%
城市人口密度	人/平方公里	2017	2962	2302	3000	1232	4101	4066	2777	2436	1388	1950	1824
人均城市道路面积	平方米	12.67	13.72	12.18	12.52	14.70	16.32	16.51	14.40	19.78	21.83	17.56	23.89
省级以上地震台数	个	3	27	5	18	25	12	21	7	20	7	9	32

（续）

指标	单位	重庆	四川	贵州	云南	西藏	陕西	甘肃	青海	新疆	宁夏	广西	内蒙古
地面观测业务站点个数	个	35	156	84	125	39	99	81	52	105	25	91	119
天气雷达观测业务站点个数	个	4	10	9	8	6	8	7	2	13	4	11	13
天然气供气能力	立方米/人	343.86	345.59	210.18	66.69	116.67	410.03	458.42	929.98	732.29	787.01	145.64	291.06
供电能力	万千瓦时/人	0.37	0.83	1.15	1.32	0.54	0.83	1.11	1.98	0.25	2.02	0.58	2.83
供水综合生产能力	立方米/（日·十人）	4.08	5.16	4.42	4.53	9.78	4.34	5.65	5.36	9.93	8.21	6.36	4.84
城市污水日处理能力	立方米/万人	1618.47	1589.99	1223.30	1136.55	2519.23	1395.78	1173.23	1400.63	2133.39	1356.30	2897.67	1582.27
城市排水管道长度水平	公里/万人	8.78	6.76	4.37	6.07	6.73	4.45	5.25	5.99	6.13	2.79	5.12	8.23
铁路货物周转能力	吨公里/万平方公里	21.80	15.72	34.21	11.38	0.25	79.85	30.61	3.68	5.24	38.19	30.07	20.14
公路货物周转能力	吨公里/万平方公里	129.73	34.50	57.24	34.52	0.86	103.03	23.08	3.51	7.87	75.33	104.10	23.37
R&D人员全时当量水平	人年/万人	5.64	7.20	1.88	2.14	0.02	4.47	1.01	0.18	0.62	0.64	1.62	2.32
R&D项目数量水平	项/万人	10.62	12.36	2.76	4.12	0.03	5.13	1.65	0.31	1.16	1.40	2.80	2.35
建筑业企业单位数量水平	个/万人	1.37	1.07	0.62	1.19	2.22	1.10	1.12	1.15	0.96	1.00	0.51	0.57
建筑业从业人员数量水平	人/百人	11.40	8.37	4.71	6.81	3.55	6.34	4.67	3.47	3.53	1.82	5.25	1.77
勘察设计机构单位数量水平	个/千人	2.55	3.23	1.83	3.25	7.60	3.85	2.54	4.86	3.02	1.60	3.20	2.32
监理单位数量水平	个/百人	5.43	8.25	8.98	7.68	41.35	21.76	15.52	20.50	9.86	9.24	7.57	10.08
企业自有施工机械设备台数水平	台/万人	97.73	122.80	48.63	86.43	56.95	129.75	148.74	108.31	64.77	34.54	64.70	51.48
地方财政税收入水平	万元/人	0.75	0.58	0.72	0.55	1.18	0.68	0.45	0.58	0.78	0.40	0.44	0.82
水利、环境和公共设施管理业就业人员水平	人/万人	3.46	3.01	3.19	3.13	1.73	4.55	5.25	3.79	4.72	3.37	3.29	5.36
电力、热力、燃气及水生产和供应业就业人员水平	人/万人	3.28	5.24	5.51	4.61	11.54	5.88	10.34	7.57	8.20	4.99	4.91	8.67

第七章 实证分析——我国西部区域城市基础设施防灾减灾韧性测评

表7-6 2018年各指标原始数据表

指标	单位	重庆	四川	贵州	云南	西藏	陕西	甘肃	青海	新疆	宁夏	广西	内蒙古
电力、燃气及水的生产和供应业固定资产投资占比		2.81%	5.06%	3.03%	3.56%	11.62%	3.87%	5.36%	11.30%	8.87%	10.68%	4.94%	18.10%
交通运输、仓储和邮政业固定资产投资占比		11.81%	14.50%	13.98%	20.47%	28.21%	8.12%	14.18%	15.74%	9.39%	6.33%	13.98%	13.00%
水利、环境和公共设施管理业固定资产投资占比		19.92%	16.36%	24.87%	15.71%	12.61%	23.06%	12.47%	18.30%	12.98%	12.75%	14.98%	15.50%
城市人口密度	人/平方公里	2026	3068	2412	3021	1750	4450	3237	2804	2525	1371	2025	1846
人均城市道路面积	平方米	13.52	14.63	13.51	14.11	12.21	16.47	17.91	16.19	20.34	22.94	19.42	22.75
省级以上地震台数	个	40	27	19	18	25	12	21	7	20	7	9	30
地面观测业务站点个数	个	159	504	373	570	187	390	343	232	709	114	519	697
天气雷达观测业务站点个数	个	5	11	8	9	4	8	8	3	9	3	6	10
天然气供气能力	立方米/人	354.17	375.73	225.00	79.34	103.83	437.53	493.62	974.72	766.29	924.26	134.94	314.99
供电能力	万千瓦时/人	0.39	0.85	1.18	1.40	0.62	0.83	1.22	1.58	2.59	3.98	0.71	3.15
供水综合生产能力	立方米/(日·十人)	4.16	4.44	4.78	4.57	4.19	4.23	5.62	5.38	7.91	8.08	6.21	4.54
城市污水日处理能力	立方米/万人	1806.59	1624.94	1482.17	1094.85	2626.17	1737.76	1218.60	1457.32	1897.31	2469.14	3125.71	1514.16
城市排水管道长度水平	公里/万人	9.30	7.57	4.85	5.98	6.54	4.63	5.56	6.71	6.00	4.94	5.38	8.81
铁路货物周转能力	吨公里/万平方公里	25.08	17.72	34.41	11.81	0.27	83.80	32.81	3.82	6.07	34.56	30.09	22.07
公路货物周转能力	吨公里/万平方公里	139.90	37.34	65.07	37.79	0.95	111.93	24.63	3.82	8.90	59.97	113.69	25.24
R&D人员全时当量水平	人年/万人	6.20	7.78	2.00	2.40	0.03	3.93	0.80	0.12	0.58	0.71	1.72	1.58

(续)

指 标	单 位	数 据										
		重庆	四川	贵州	云南	西藏	陕西	甘肃	青海	新疆	宁夏	广西	内蒙古
R&D 项目数量水平	项/万人	12.48	11.78	2.86	4.22	0.04	4.47	1.31	0.22	1.08	1.74	2.88	2.32
建筑业企业单位数量水平	个/万人	1.36	1.20	0.70	1.23	2.62	1.18	1.14	1.16	0.93	1.71	0.56	0.63
建筑业从业人员数量水平	人/百人	11.15	8.09	4.76	5.58	4.25	6.85	4.09	2.98	3.10	2.66	5.26	1.59
勘察设计机构单位数量水平	个/千人	2.54	3.32	1.82	3.23	3.08	3.83	2.38	4.39	2.43	2.86	2.15	2.21
监理单位数量水平	个/百人	5.81	9.65	11.16	7.62	8.41	19.06	15.50	22.87	10.27	16.05	8.61	10.45
企业自有施工机械设备台数水平	台/万人	89.02	128.74	46.50	74.68	37.56	146.02	147.88	90.04	53.22	54.36	53.62	44.72
地方财政税收水平	万元/人	0.79	0.65	0.74	0.62	1.46	0.79	0.49	0.63	0.83	0.74	0.45	0.88
水利、环境和公共设施管理业就业人员水平	人/万人	2.87	2.62	3.01	3.11	4.95	4.54	5.09	3.35	7.58	4.94	2.87	5.16
电力、热力、燃气及水生产和供应业就业人员水平	人/万人	2.99	5.13	5.34	4.47	12.06	5.43	9.54	7.32	4.66	8.64	4.12	8.81

表 7-7 2016 年各底层指标突变级数值

指 标	突变级数值												
	重庆	四川	贵州	云南	西藏	陕西	甘肃	青海	新疆	宁夏	广西	内蒙古
电力、燃气及水的生产和供应业固定资产投资占比	0.165	0.340	0.203	0.293	0.695	0.332	0.413	0.694	0.700	0.926	0.284	0.697
交通运输、仓储和邮政业固定资产投资占比	0.299	0.382	0.397	0.471	1.000	0.224	0.335	0.492	0.239	0.285	0.299	0.279
水利、环境和公共设施管理业固定资产投资占比	0.712	0.555	0.902	0.504	0.488	0.778	0.447	0.373	0.602	0.369	0.458	0.705
城市人口密度	0.439	0.652	0.490	0.673	0.590	0.953	0.916	0.609	0.552	0.302	0.425	0.409
人均城市道路面积	0.512	0.575	0.507	0.660	0.704	0.645	0.645	0.462	0.768	0.967	0.714	0.982

第七章 实证分析——我国西部区域城市基础设施防灾减灾韧性测评

指标												
省级以上地震台数	0.075	0.650	0.450	0.450	0.625	0.300	0.525	0.175	0.500	0.175	0.225	0.800
地面观测业务站点个数	0.049	0.220	0.118	0.176	0.055	0.140	0.114	0.073	0.148	0.035	0.128	0.168
天气雷达观测业务站点个数	0.308	0.769	0.692	0.615	0.462	0.615	0.538	0.154	1.000	0.308	0.846	1.000
天然气供气能力	0.299	0.363	0.148	0.066	0.050	0.394	0.420	0.955	0.734	1.000	0.116	0.261
供电能力	0.092	0.203	0.305	0.315	0.140	0.287	0.262	0.455	0.590	0.758	0.146	0.644
供水综合生产能力	0.393	0.487	0.437	0.427	1.000	0.461	0.532	0.516	0.786	0.584	0.631	0.472
城市污水日处理能力	0.486	0.480	0.375	0.374	0.846	0.722	0.361	0.542	0.705	0.766	0.988	0.509
城市排水管道长度水平	0.572	0.456	0.272	0.427	1.000	0.395	0.348	0.389	0.417	0.295	0.346	0.590
铁路货物周转能力	0.227	0.176	0.384	0.125	0.003	0.881	0.320	0.040	0.050	0.436	0.343	0.193
公路货物周转能力	0.811	0.230	0.354	0.213	0.005	0.670	0.149	0.023	0.047	0.622	0.681	0.146
R&D人员全时当量水平	0.609	0.773	0.203	0.221	0.003	0.583	0.162	0.022	0.094	0.073	0.249	0.387
R&D项目数量水平	0.610	0.710	0.172	0.276	0.002	0.359	0.117	0.024	0.080	0.107	0.213	0.181
建筑业企业单位数量水平	0.516	0.358	0.217	0.453	0.675	0.524	0.434	0.463	0.377	0.534	0.187	0.216
建筑业从业人员数量水平	0.961	0.610	0.377	0.472	0.254	0.673	0.425	0.328	0.291	0.229	0.452	0.169
勘察设计机构单位数量水平	0.330	0.217	0.227	0.409	0.887	0.494	0.338	0.572	0.362	0.281	0.275	0.293
监理单位数量水平	0.129	0.202	0.171	0.191	0.568	0.687	0.369	0.498	0.225	0.363	0.173	0.248
企业自有施工机械设备台数水平	0.567	0.449	0.288	0.450	0.324	1.000	0.859	0.752	0.375	0.386	0.348	0.283
地方财政税收收入水平	0.517	0.393	0.490	0.375	0.694	0.536	0.310	0.396	0.515	0.445	0.306	0.594
水利、环境和公共设施管理业就业人员水平	0.451	0.421	0.436	0.459	0.215	0.821	0.667	0.474	0.649	0.798	0.482	0.710
电力、热力、燃气生产和供应业就业人员水平	0.280	0.473	0.645	0.413	0.626	0.737	0.868	0.596	0.687	0.764	0.489	0.780

表7-8　2017年各底层指标突变级数值

指标	重庆	四川	贵州	云南	西藏	陕西	甘肃	青海	新疆	宁夏	广西	内蒙古
电力、燃气及水的生产和供应业固定资产投资占比	0.147	0.296	0.174	0.184	0.837	0.283	0.352	0.525	0.438	0.582	0.262	0.544
交通运输、仓储和邮政业固定资产投资占比	0.328	0.414	0.443	0.582	0.867	0.234	0.483	0.554	0.482	0.261	0.288	0.248
水利、环境和公共设施管理业固定资产投资占比	0.756	0.603	0.948	0.645	0.562	0.963	0.536	0.492	0.739	0.504	0.494	0.809
城市人口密度	0.453	0.666	0.517	0.674	0.277	0.922	0.914	0.624	0.547	0.312	0.438	0.410
人均城市道路面积	0.530	0.574	0.510	0.524	0.615	0.683	0.691	0.603	0.828	0.914	0.735	1.000
省级以上地震台数	0.075	0.675	0.125	0.450	0.625	0.300	0.525	0.175	0.500	0.175	0.225	0.800
地面观测业务站点个数	0.049	0.220	0.118	0.176	0.055	0.140	0.114	0.073	0.148	0.035	0.128	0.168
天气雷达观测业务站点个数	0.308	0.769	0.692	0.615	0.462	0.615	0.538	0.154	1.000	0.308	0.846	1.000
天然气供气能力	0.346	0.348	0.212	0.067	0.117	0.413	0.461	0.936	0.737	0.792	0.147	0.293
供电能力	0.093	0.208	0.290	0.332	0.135	0.210	0.279	0.497	0.064	0.509	0.147	0.712
供水综合生产能力	0.400	0.506	0.433	0.444	0.959	0.425	0.553	0.525	0.973	0.805	0.624	0.474
城市污水日处理能力	0.518	0.509	0.391	0.364	0.806	0.447	0.375	0.448	0.683	0.434	0.927	0.506
城市排水管道长度水平	0.614	0.473	0.306	0.425	0.471	0.312	0.368	0.420	0.429	0.195	0.358	0.576
铁路货物周转能力	0.260	0.188	0.408	0.136	0.003	0.953	0.365	0.044	0.063	0.456	0.359	0.240
公路货物周转能力	0.927	0.247	0.409	0.247	0.006	0.736	0.165	0.025	0.056	0.538	0.744	0.167
R&D人员全时当量水平	0.725	0.924	0.241	0.275	0.003	0.574	0.130	0.023	0.080	0.082	0.208	0.299
R&D项目数量水平	0.851	0.990	0.221	0.330	0.003	0.411	0.132	0.025	0.093	0.112	0.224	0.188

第七章　实证分析——我国西部区域城市基础设施防灾减灾韧性测评

指　标	重庆	四川	贵州	云南	西藏	陕西	甘肃	青海	新疆	宁夏	广西	内蒙古
建筑业企业单位数量水平	0.525	0.408	0.239	0.453	0.849	0.419	0.428	0.439	0.366	0.382	0.196	0.216
建筑业从业人员数量水平	1.000	0.734	0.413	0.598	0.311	0.555	0.409	0.304	0.310	0.160	0.460	0.155
勘察设计机构单位数量水平	0.336	0.426	0.240	0.428	1.000	0.507	0.334	0.640	0.397	0.210	0.421	0.306
监理单位数量水平	0.131	0.200	0.217	0.186	1.000	0.526	0.375	0.496	0.238	0.223	0.183	0.244
企业自有施工机械设备台数水平	0.536	0.674	0.267	0.474	0.313	0.712	0.816	0.594	0.355	0.190	0.355	0.283
地方财政税收水平	0.514	0.395	0.491	0.378	0.810	0.468	0.308	0.398	0.537	0.272	0.302	0.563
水利、环境和公共设施管理业就业人员水平	0.456	0.397	0.421	0.413	0.228	0.599	0.693	0.499	0.623	0.445	0.433	0.706
电力、热力、燃气及水生产和供应业就业人员水平	0.272	0.435	0.457	0.382	0.957	0.487	0.858	0.628	0.680	0.414	0.407	0.719

表7-9　2018年各底层指标突变级数值

指　标	重庆	四川	贵州	云南	西藏	陕西	甘肃	青海	新疆	宁夏	广西	内蒙古
电力、燃气及水的生产和供应业固定资产投资占比	0.155	0.280	0.168	0.197	0.642	0.214	0.296	0.625	0.490	0.590	0.273	1.000
交通运输、仓储和邮政业固定资产投资占比	0.348	0.427	0.411	0.602	0.830	0.239	0.417	0.463	0.276	0.186	0.411	0.383
水利、环境和公共设施管理业固定资产投资占比	0.801	0.658	1.000	0.632	0.507	0.927	0.501	0.736	0.522	0.513	0.603	0.623
城市人口密度	0.455	0.689	0.542	0.679	0.393	1.000	0.727	0.630	0.567	0.308	0.455	0.415
人均城市道路面积	0.566	0.612	0.566	0.591	0.511	0.689	0.750	0.678	0.851	0.960	0.813	0.952
省级以上地震台数	1.000	0.675	0.475	0.450	0.625	0.300	0.525	0.175	0.500	0.175	0.225	0.750
地面观测业务站点个数	0.224	0.711	0.526	0.804	0.264	0.550	0.484	0.327	1.000	0.161	0.732	0.983
天气雷达观测业务站点个数	0.385	0.846	0.615	0.692	0.308	0.615	0.615	0.231	0.692	0.231	0.462	0.769

(续)

指标	突变级数值												
	重庆	四川	贵州	云南	西藏	陕西	甘肃	青海	新疆	宁夏	广西	内蒙古
天然气供气能力	0.356	0.378	0.226	0.080	0.105	0.440	0.497	0.981	0.771	0.930	0.136	0.317
供电能力	0.099	0.213	0.296	0.353	0.157	0.208	0.306	0.397	0.652	1.000	0.178	0.792
供水综合生产能力	0.408	0.435	0.468	0.448	0.410	0.415	0.550	0.527	0.775	0.792	0.608	0.445
城市污水日处理能力	0.578	0.520	0.474	0.350	0.840	0.556	0.390	0.466	0.607	0.790	1.000	0.484
城市排水管道长度水平	0.651	0.530	0.340	0.418	0.458	0.324	0.390	0.470	0.420	0.346	0.376	0.617
铁路货物周转能力	0.299	0.211	0.411	0.141	0.003	1.000	0.392	0.046	0.072	0.412	0.359	0.263
公路货物周转能力	1.000	0.267	0.465	0.270	0.007	0.800	0.176	0.027	0.064	0.429	0.813	0.180
R&D人员全时当量水平	0.796	1.000	0.257	0.309	0.004	0.505	0.103	0.015	0.075	0.091	0.221	0.203
R&D项目数量水平	1.000	0.944	0.229	0.338	0.003	0.358	0.105	0.018	0.087	0.139	0.231	0.186
建筑业企业单位数量水平	0.521	0.458	0.268	0.471	1.000	0.453	0.436	0.445	0.357	0.652	0.214	0.242
建筑业从业人员数量水平	0.977	0.709	0.417	0.489	0.373	0.601	0.359	0.262	0.272	0.233	0.462	0.140
勘察设计机构单位数量水平	0.335	0.437	0.239	0.425	0.406	0.504	0.313	0.578	0.320	0.377	0.283	0.291
监理单位数量水平	0.140	0.233	0.270	0.184	0.203	0.461	0.375	0.553	0.248	0.388	0.208	0.253
企业自有施工机械设备合数水平	0.489	0.707	0.255	0.410	0.206	0.801	0.812	0.494	0.292	0.298	0.294	0.245
地方财政税收水平	0.541	0.444	0.508	0.423	1.000	0.542	0.333	0.430	0.570	0.505	0.311	0.605
水利、环境和公共设施管理业就业人员水平	0.378	0.346	0.397	0.411	0.653	0.599	0.671	0.442	1.000	0.651	0.378	0.681
电力、热力、燃气及水生产和供应业就业人员水平	0.248	0.426	0.443	0.371	1.000	0.451	0.791	0.607	0.387	0.717	0.342	0.731

二、指标权重的确定

(一) 专家调查法获取指标相对重要性数值

对于指标间相对重要性的判断,将采用专家调查法进行,即邀请一定数量的专家对各个层次内指标间相对重要性进行比较,得出指标相对重要性数值。因指标间暂不存在极端重要以及极端不重要的情况,其相对重要性选取 1~5 标度法,专家依据自身经验对指标间的相对重要性进行判断并将判断的量化结果填入对应表格内,表格详见附录 C 城市基础设施防灾减灾韧性评价指标相对重要性调查问卷。调查方式选用线上线下相结合进行,线上采取电子邮件等方式,线下采取访谈等方式。

为保证计算权重结果的有效性,选择专家主要考虑以下几方面:

1) 专家资格的认定。所选择的专家应是从事城市基础设施建设与管理、从事城市防灾减灾管理、城市应急管理领域的专业,且在该领域有着丰富的工作经验的人士。

2) 专家数量的确定。为确保专家调查所获取的数据既具有稳定性又具备可操作性,本书在确定权重的专家调查中选取并邀请 15 位专家对指标进行打分,以此来构建判断矩阵。

3) 专家来源的确定。邀请专家进行相对重要性打分时,为避免专家重复调查造成的结果的主观性太强,本次问卷调查不应选取前面阶段参与调查的专家,进而确保调查的可靠性。另外,对于专家的选取应结合城市基础设施防灾减灾韧性各个方面的评价需求,要获得客观科学的评价结果,需要从城市基础设施防灾减灾韧性的不同评价视角选取不同来源的专家群体。考虑到城市基础设施防灾减灾韧性评价的各参与方和受益方,专家的选取主要从应急管理部门、高校及科研单位、部分企事业单位选取。

(二) 基于层次分析法的指标权重计算

通过对专家的调查得到各类别专家对指标相对重要性的评判。运用层次分析法的近似算法——方根法求指标权重系数。

1. 维度的权重及一致性检验

相对于城市基础设施防灾减灾韧性 A 这个总目标,其维度层内有"灾前预防能力 (B1)""灾害抵御能力 (B2)""灾后恢复及提升能力 (B3)"这 3 个指标,取各打分均值后的指标间相对重要性数值见表 7-10。

表 7-10 A—B 判断矩阵

总目标 A	B1	B2	B3
B1	1	1	1/3
B2	1	1	1/2
B3	3	2	1

即 A—B 判断矩阵为 $\begin{pmatrix} 1 & 1 & 1/3 \\ 1 & 1 & 1/2 \\ 3 & 2 & 1 \end{pmatrix}$

然后依据层次分析法确定权重的各步骤计算指标权重。

第一步,计算出判断矩阵各行的乘积,用 M_i 表示。

$M_i = \prod_{j=1}^{n} b_{ij}$, $i = 1, 2, \cdots, n$。其中,M_i 表示矩阵中第 i 行的乘积;b_{ij} 代表第 i 行第 j 列的元素。

计算得到各行指标乘积为

$$M_1 = 1 \times 1 \times 1/3 = 1/3$$
$$M_2 = 1 \times 1 \times 1/2 = 1/2$$
$$M_3 = 3 \times 2 \times 1 = 6$$

第二步,计算出各行 M_i 的方根值,用 $\overline{w_i}$ 表示,计算式为:$\overline{w_i} = \sqrt[n]{M_i}$, $i = 1, 2, \cdots, n$。计算得到各行方根值为

$$\overline{w_1} = \sqrt[3]{1/3} = 0.693$$
$$\overline{w_2} = \sqrt[3]{1/2} = 0.794$$
$$\overline{w_3} = \sqrt[3]{6} = 1.817$$

第三步,将 $(\overline{w_1} \quad \overline{w_2} \quad \overline{w_3})^T$ 进行归一化处理,依据公式 $w_i = \dfrac{\overline{w_i}}{\sum_{j=1}^{n} \overline{w_j}}$ 求出各特征向量 w_i,最终得出 w_i 即为各指标权重值。

计算得出

$$w_1 = 0.211; \ w_2 = 0.240; \ w_3 = 0.549$$

由 $w_1 + w_2 + w_3 = 1$ 可知,同一层各指标重要性符合同一层各指标赋值为 1 的规定。得出特征向量 $w = (0.211 \quad 0.240 \quad 0.549)^T$。

第四步,判断矩阵的一致性检验。

先计算最大特征根 λ_{max},得

$$A \times w = \begin{pmatrix} 1 & 1 & 1/3 \\ 1 & 1 & 1/2 \\ 3 & 2 & 1 \end{pmatrix} \times \begin{pmatrix} 0.211 \\ 0.240 \\ 0.549 \end{pmatrix} = \begin{pmatrix} 0.634 \\ 0.726 \\ 1.662 \end{pmatrix}$$

$$\lambda_{max} = \sum_{i=1}^{n} \frac{(A \times w)_i}{n w_i} = \frac{0.634}{3 \times 0.211} + \frac{0.726}{3 \times 0.240} + \frac{1.662}{3 \times 0.549} = 3.019$$

然后再计算出判断矩阵偏离一致性指标 CI 值。通过查询平均随机一致性指标表(见表 7-11,其中 1 阶、2 阶总是完全一致),根据矩阵阶数找出 RI 的值,求出 CI/RI,判断矩阵是否通过一致性检验。

表 7-11 一致性指标 RI 的数值[⊖]

n	3	4	5	6	7	8	9	10
RI	0.52	0.89	1.12	1.26	1.36	1.41	1.46	1.49

⊖ 姜启源. 数学模型 [M]. 3 版. 北京:高等教育出版社,2003:312.

第七章 实证分析——我国西部区域城市基础设施防灾减灾韧性测评

由表 7-12 查得 RI = 0.52,且

$$CI = \frac{\lambda_{max} - n}{n-1} = \frac{3.019 - 3}{3 - 1} = 0.010$$

一致性比率 $CR = \dfrac{CI}{RI} = 0.018$,计算结果小于 0.10,说明该判断矩阵的一致性比率可以接受。

将上一级指标权重系数的过程反映在表 7-12 中。

表 7-12 A—B 判断矩阵权重确定及一致性检验表

A (B1, B2, B3) 判断矩阵				特征向量(指标权重)	一致性检验
A	B1	B2	B3	w_i	CI = 0.010 RI = 0.52 CR = 0.018 < 0.10
B1	1	1/3	1/3	0.211	
B2	3	1	1	0.240	
B3	3	1	1	0.549	

2. 一级指标的权重及一致性检验

按照上述步骤依次确定基于一级指标的相对重要性判断矩阵 B—C,求出一级指标的权重数值,将特征向量和一致性检验分别反映在表 7-14 ~ 表 7-16 中。

(1)"灾前预防能力(B1)"下的指标权重及一致性检验

维度"灾前预防能力(B1)"下,3 个一级指标"资金投入(C1)""城市状况(C2)""观测预警(C3)"的权重确定过程见表 7-13。

表 7-13 "灾前预防能力(B1)"下的权重确定及一致性检验表

B1 (C1, C2, C3) 判断矩阵				特征向量(指标权重)	一致性检验
B1	C1	C2	C3	w_i	CI = 0.009 RI = 0.52 CR = 0.018 < 0.10
C1	1	1/2	1/3	0.170	
C2	2	1	1	0.387	
C3	3	1	1	0.443	

(2)"灾害抵御能力(B2)"下的指标权重及一致性检验

维度"灾害抵御能力(B2)"下,3 个一级指标"能源供应能力(C4)""给水排水处理能力(C5)""交通运转能力(C6)"的权重确定过程见表 7-14。

表 7-14 "灾害抵御能力(B2)"下的权重确定及一致性检验表

B2 (C4, C5, C6) 判断矩阵				特征向量(指标权重)	一致性检验
B2	C4	C5	C6	w_i	CI = 0.009 RI = 0.52 CR = 0.018 < 0.10
C4	1	3	1	0.443	
C5	1/3	1	1/2	0.170	
C6	1	2	1	0.387	

(3)"灾后恢复及提升能力(B3)"下的指标权重及一致性检验

维度"灾后恢复及提升能力(B3)"下,3个一级指标"科研投入(C7)""建筑业企业能力(C8)""资金及人员配备(C9)"的权重确定过程见表7-15。

表7-15 "灾后恢复及提升能力(B3)"下的权重确定及一致性检验表

B3 (C7, C8, C9) 判断矩阵				特征向量(指标权重)	一致性检验
B3	C7	C8	C9	w_i	
C7	1	1/3	1/2	0.164	CI = 0.005
C8	3	1	2	0.539	RI = 0.52
C9	2	1/2	1	0.297	CR = 0.009 < 0.10

3. 二级指标的权重及一致性检验

按照上述步骤依次确定基于二级指标相对重要性判断矩阵,求出二级指标的权重数值,将特征向量和一致性检验分别反映在表7-17~表7-25中。

(1)"资金投入(C1)"下的指标权重及一致性检验

一级指标"资金投入(C1)"下,3个二级指标"电力、燃气及水的生产和供应业固定资产投资占比(D1)""交通运输仓储和邮政业固定资产投资占比(D2)""水利、环境和公共设施管理业固定资产投资占比(D3)"的权重确定过程见表7-16。

表7-16 "资金投入(C1)"下的权重确定及一致性检验表

C1 (D1, D2, D3) 判断矩阵				特征向量(指标权重)	一致性检验
C1	D1	D2	D3	w_i	
D1	1	1/2	1/4	0.143	CI = 0
D2	2	1	1/2	0.286	RI = 0.52
D3	4	2	1	0.571	CR = 0 < 0.10

(2)"城市状况(C2)"下的指标权重及一致性检验

一级指标"城市状况(C2)"下,2个二级指标"城市人口密度(D4)""人均城市道路面积(D5)"的权重确定过程见表7-17。

表7-17 "城市状况(C2)"下的权重确定及一致性检验表

C2 (D4, D5) 判断矩阵			特征向量(指标权重)	一致性检验
C2	D1	D2	w_i	
D1	1	1/2	0.667	2阶总是完全一致
D2	2	1	0.333	

(3)"观测预警(C3)"下的指标权重及一致性检验

一级指标"观测预警(C3)"下,3个二级指标"地震台数(D6)""地面观测业务站点个数(D7)""天气雷达观测业务站点个数(D8)"的权重确定过程见表7-18。

第七章 实证分析——我国西部区域城市基础设施防灾减灾韧性测评

表 7-18 "观测预警（C3）"下的权重确定及一致性检验表

C3（D6，D7，D8）判断矩阵				特征向量（指标权重）	一致性检验
C3	D6	D7	D8	w_i	CI = 0 RI = 0.52 CR = 0 < 0.10
D6	1	2	1	0.387	
D7	1/2	1	1/3	0.170	
D8	1	3	1	0.443	

（4）"能源供应能力（C4）"下的指标权重及一致性检验

一级指标"能源供应能力（C4）"下，2个二级指标"天然气供气能力（D9）""供电能力（D10）"的权重确定过程见表7-19。

表 7-19 "能源供应能力（C4）"下的权重确定及一致性检验表

C4（D9，D10）判断矩阵			特征向量（指标权重）	一致性检验
C4	D9	D10	w_i	2阶总是完全一致
D9	1	1/2	0.333	
D10	2	1	0.667	

（5）"给水排水处理能力（C5）"下的指标权重及一致性检验

一级指标"给水排水处理能力（C5）"下，3个二级指标"供水综合生产能力（D11）""城市污水日处理能力（D12）""城市排水管道长度水平（D13）"的权重确定过程见表7-20。

表 7-20 "给水排水处理能力（C5）"下的权重确定及一致性检验表

C5（D11，D12，D13）判断矩阵				特征向量（指标权重）	一致性检验
C5	D11	D12	D13	w_i	CI = 0.005 RI = 0.52 CR = 0.009 < 0.10
D11	1	2	3	0.539	
D12	1/2	1	2	0.297	
D13	1/3	1/2	1	0.164	

（6）"交通运转能力（C6）"下的指标权重及一致性检验

一级指标"交通运转能力（C6）"下，2个二级指标"铁路货物周转能力（D14）""公路货物周转能力（D15）"的权重确定过程见表7-21。

表 7-21 "交通运转能力（C6）"下的权重确定及一致性检验表

C6（D14，D15）判断矩阵			特征向量（指标权重）	一致性检验
C6	D14	D15	w_i	2阶总是完全一致
D14	1	1/3	0.250	
D15	3	1	0.750	

（7）"科研投入（C7）"下的指标权重及一致性检验

一级指标"科研投入（C7）"下，2个二级指标"R&D人员全时当量水平（D16）"

"R&D项目数量水平（D17）"的权重确定过程见表7-22。

表7-22 "科研投入（C7）"下的权重确定及一致性检验表

C7 (D16, D17) 判断矩阵			特征向量（指标权重）	一致性检验
C7	D16	D17	w_i	
D16	1	1/3	0.250	2阶总是完全一致
D17	3	1	0.750	

（8）"建筑业企业能力（C8）"下的指标权重及一致性检验

一级指标"建筑业企业能力（C8）"下，5个二级指标"建筑业企业单位数量水平（D18）""建筑业从业人员数量水平（D19）""勘察设计机构单位数量水平（D20）""监理单位数量水平（D21）""企业自有施工机械设备台数水平（D22）"的权重确定过程见表7-23。

表7-23 "建筑业企业能力（C8）"下的权重确定及一致性检验表

C8 (D18, D19, D20、D21、D22) 判断矩阵						特征向量（指标权重）	一致性检验
C8	D18	D19	D20	D21	D22	w_i	
D18	1	2	3	3	1	0.321	CI = 0.020
D19	1/2	1	2	2	1	0.207	RI = 1.12
D20	1/3	1/2	1	2	1/2	0.127	CR = 0.018<0.10
D21	1/3	1/2	1/2	1	1/3	0.088	
D22	1	1	2	3	1	0.257	

（9）"资金及人员配备（C9）"下的指标权重及一致性检验

一级指标"资金及人员配备（C9）"下，3个二级指标"地方财政税收收入水平（D23）""水利、环境和公共设施管理业就业人员水平（D24）""电力、热力、燃气及水生产和供应业就业人员水平（D25）"的权重确定过程见表7-24。

表7-24 "资金及人员配备（C9）"下的权重确定及一致性检验表

C9 (D23, D24, D25) 判断矩阵			特征向量（指标权重）	一致性检验
C9	D23	D24	D25	w_i	
D23	1	3	2	0.539	CI = 0.005
D24	1/3	1	1/2	0.164	RI = 0.52
D25	1/2	2	1	0.297	CR = 0.009<0.10

（三）综合评估指标多层次组合权重及一致性检验

完成底层指标权重的计算后，还需得出第二级、第一级指标的权重，并进行整体的一致性检验。在计算组合权重时，以A—B—C层级为例，B级指标对总目标A的相对权重为w_i，C级指标对所属B级指标相对权重为w_j，则C级指标相对于总目标A的相对权重为$w_i \times w_j$。依次求出二级指标、一级指标相对组合权重后，进行总体一致性检验。总体一致性检验时，以A—B—C层级为例，B级指标相对于上一层权重为w_i，C级指标相对于上一层B级指标的

一致性指标为 CI_i，平均随机一致性指标为 RI_i，则总体一致性比率计算为 $CR = \dfrac{\sum_{i=1}^{n} w_i \cdot CI_i}{\sum_{i=1}^{n} w_i \cdot RI_i} < 0.1$，表明判断矩阵总体一致性可接受。

通过 yaaph 软件计算后将各级指标权重汇总见表 7-25。

表 7-25 城市基础设施防灾减灾韧性评价指标权重表

目标	维度	维度权重	一级指标	一级指标权重	二级指标	二级指标权重
城市基础设施防灾减灾韧性评价指标体系（A）	灾前预防能力（B1）	0.211	资金投入（C1）	0.036	电力、燃气及水的生产和供应业固定资产投资占比（D1）	0.005
					交通运输仓储和邮政业固定资产投资占比（D2）	0.010
					水利、环境和公共设施管理业固定资产投资占比（D3）	0.020
			城市状况（C2）	0.082	城市人口密度（D4）	0.054
					人均城市道路面积（D5）	0.027
			观测预警（C3）	0.093	地震台数（D6）	0.036
					地面观测业务站点个数（D7）	0.016
					天气雷达观测业务站点个数（D8）	0.041
	灾害抵御能力（B2）	0.241	能源供应能力（C4）	0.107	天然气供气能力（D9）	0.036
					供电能力（D10）	0.071
			给水排水处理能力（C5）	0.093	供水综合生产能力（D11）	0.050
					城市污水日处理能力（D12）	0.028
					城市排水管道长度水平（D13）	0.015
			交通运转能力（C6）	0.093	铁路货物周转能力（D14）	0.023
					公路货物周转能力（D15）	0.070
	灾害恢复及提升能力（B3）	0.549	科研投入（C7）	0.090	R&D 人员全时当量水平（D16）	0.060
					R&D 项目数量水平（D17）	0.030
			建筑业企业能力（C8）	0.296	建筑业企业单位数量水平（D18）	0.095
					建筑业从业人员数量水平（D19）	0.061
					勘察设计机构单位数量水平（D20）	0.038
					监理单位数量水平（D21）	0.026
					企业自有施工机械设备台数水平（D22）	0.076
			资金及人员配备（C9）	0.212	地方财政税收收入水平（D23）	0.115
					水利、环境和公共设施管理业就业人员水平（D24）	0.035
					电力、热力、燃气及水生产和供应业就业人员水平（D25）	0.063

三、西部地区基础设施防灾减灾韧性突变值计算

1. 西部地区城市基础设施防灾减灾韧性各级指标排序

对西部地区城市基础设施防灾减灾韧性相关指标的各相关数据进行处理后需代入对应的突变模型。为了在后续计算中代入合适的突变模型。首先应对同一上层指标下的维度、一级指标、二级指标分别进行权重排序。各级指标具体权重排序见表7-26~表7-28。

表7-26 二级指标在其对应一级指标内权重降序排序表

一级指标	二级指标	权重
资金投入（C1）	水利、环境和公共设施管理业固定资产投资占比（D3）	0.020
	交通运输仓储和邮政业固定资产投资占比（D2）	0.010
	电力、燃气及水的生产和供应业固定资产投资占比（D1）	0.005
城市状况（C2）	城市人口密度（D4）	0.054
	人均城市道路面积（D5）	0.027
观测预警（C3）	天气雷达观测业务站点个数（D8）	0.041
	地震台数（D6）	0.036
	地面观测业务站点个数（D7）	0.016
能源供应能力（C4）	供电能力（D10）	0.071
	天然气供气能力（D9）	0.036
给水排水处理能力（C5）	供水综合生产能力（D11）	0.050
	城市污水日处理能力（D12）	0.028
	城市排水管道长度水平（D13）	0.015
交通运转能力（C6）	公路货物周转能力（D15）	0.070
	铁路货物周转能力（D14）	0.023
科研投入（C7）	R&D人员全时当量水平（D16）	0.060
	R&D项目数量水平（D17）	0.030
建筑业企业能力（C8）	建筑业企业单位数量水平（D18）	0.095
	企业自有施工机械设备台数水平（D22）	0.076
	建筑业从业人员数量水平（D19）	0.061
	勘察设计机构单位数量水平（D20）	0.038
	监理单位数量水平（D21）	0.026
资金及人员配备（C9）	地方财政税收入水平（D23）	0.115
	电力、热力、燃气及水生产和供应业就业人员水平（D25）	0.063
	水利、环境和公共设施管理业就业人员水平（D24）	0.035

表7-27 一级指标在其对应维度内权重降序排序表

维度	一级指标	权重
灾前预防能力（B1）	观测预警（C3）	0.093
	城市状况（C2）	0.082
	资金投入（C1）	0.036

(续)

维度	一级指标	权重
灾害抵御能力（B2）	能源供应能力（C4）	0.107
	给水排水处理能力（C5）	0.093
	交通运转能力（C6）	0.093
灾后恢复及提升能力（B3）	建筑业企业能力（C8）	0.296
	资金及人员配备（C9）	0.212
	科研投入（C7）	0.090

表7-28 维度在其对应总目标内权重降序排序表

目 标	维 度	权 重
城市基础设施防灾减灾韧性评价（A）	灾后恢复及提升能力（B3）	0.549
	灾害抵御能力（B2）	0.241
	灾前预防能力（B1）	0.211

2. 以重庆市2016年的各指标数据为例计算突变值

1）对各级指标权重排序后，首先通过每个一级指标下对应二级指标的个数及对应方式选择恰当的突变模型，再将处理好的二级指标数据按照各自对应的突变隶属度带入各公式进行一级指标的突变隶属度计算。其计算过程如下：

① 资金投入（C1）突变值。根据对应二级指标数量，选择燕尾突变模型进行计算，且指标间对应关系为非互补型按照计算公式，则突变值为

$$C_1 = \min\{D_3^{\frac{1}{2}}, D_2^{\frac{1}{3}}, D_1^{\frac{1}{4}}\} = \min\{0.712^{\frac{1}{2}}, 0.299^{\frac{1}{3}}, 0.165^{\frac{1}{4}}\} = 0.638$$

② 城市状况（C2）突变值。此指标选择尖点突变模型进行计算，指标间对应关系为非互补型。

$$C_2 = \min\{D_4^{\frac{1}{2}}, D_5^{\frac{1}{3}}\} = \min\{0.439^{\frac{1}{2}}, 0.512^{\frac{1}{3}}\} = 0.662$$

③ 观测预警（C3）突变值。此指标选择燕尾突变模型进行计算，指标间对应关系为非互补型。

$$C_3 = \min\{D_8^{\frac{1}{2}}, D_6^{\frac{1}{3}}, D_7^{\frac{1}{4}}\} = \min\{0.308^{\frac{1}{2}}, 0.075^{\frac{1}{3}}, 0.049^{\frac{1}{4}}\} = 0.422$$

④ 能源供应能力（C4）突变值。此指标选择尖点突变模型进行计算，指标间对应关系为互补型。

$$C_4 = \frac{1}{2}(D_{10}^{\frac{1}{2}} + D_9^{\frac{1}{3}}) = \frac{1}{2}(0.092^{\frac{1}{2}} + 0.299^{\frac{1}{3}}) = 0.486$$

⑤ 给水排水处理能力（C5）突变值。此指标选择燕尾突变模型进行计算，指标间对应关系为互补型。

$$C_5 = \frac{1}{3}(D_{11}^{\frac{1}{2}} + D_{12}^{\frac{1}{3}} + D_{13}^{\frac{1}{4}}) = \frac{1}{3}(0.393^{\frac{1}{2}} + 0.486^{\frac{1}{3}} + 0.572^{\frac{1}{4}}) = 0.761$$

⑥ 交通运转能力（C6）突变值。此指标选择尖点突变模型进行计算，指标间对应关系为非互补型。

$$C_6 = \min\{D_{15}^{\frac{1}{2}}, D_{14}^{\frac{1}{3}}\} = \min\{0.811^{\frac{1}{2}}, 0.227^{\frac{1}{3}}\} = 0.610$$

⑦ 科研投入（C7）突变值。此指标选择尖点突变模型进行计算，指标间对应关系为互补型。

$$C_7 = \frac{1}{2}\left(D_{16}^{\frac{1}{2}} + D_{17}^{\frac{1}{3}}\right) = \frac{1}{2}\left(0.609^{\frac{1}{2}} + 0.610^{\frac{1}{3}}\right) = 0.814$$

⑧ 建筑业企业能力（C8）突变值。此指标选择棚屋突变模型进行计算，指标间对应关系为互补型。

$$C_8 = \frac{1}{5}\left(D_{18}^{\frac{1}{2}} + D_{22}^{\frac{1}{3}} + D_{19}^{\frac{1}{4}} + D_{20}^{\frac{1}{5}} + D_{21}^{\frac{1}{6}}\right)$$

$$= \frac{1}{5}\left(0.516^{\frac{1}{2}} + 0.567^{\frac{1}{3}} + 0.961^{\frac{1}{4}} + 0.330^{\frac{1}{5}} + 0.129^{\frac{1}{6}}\right) = 0.810$$

⑨ 资金及人员配备（C9）突变值。此指标选择燕尾突变模型进行计算，指标间对应关系为非互补型。

$$C_9 = \min\{D_{23}^{\frac{1}{2}}, D_{25}^{\frac{1}{3}}, D_{24}^{\frac{1}{4}}\} = \min\{0.517^{\frac{1}{2}}, 0.280^{\frac{1}{3}}, 0.451^{\frac{1}{4}}\} = 0.654$$

2) 将第一步二级指标的突变隶属度的计算结果同样按照各自对应的突变模型向上级逐步计算其突变隶属度，其计算过程如下：

① 灾前预防能力（B1）突变值。此指标选择燕尾突变模型进行计算，指标间对应关系为非互补型。

$$B_1 = \min\{C_3^{\frac{1}{2}}, C_2^{\frac{1}{3}}, C_1^{\frac{1}{4}}\} = \min\{0.422^{\frac{1}{2}}, 0.662^{\frac{1}{3}}, 0.638^{\frac{1}{4}}\} = 0.649$$

② 灾害抵御能力（B2）突变值。此指标选择燕尾突变模型进行计算，指标间对应关系为互补型。

$$B_2 = \frac{1}{3}\left(C_4^{\frac{1}{2}} + C_5^{\frac{1}{3}} + C_6^{\frac{1}{4}}\right) = \frac{1}{3}\left(0.486^{\frac{1}{2}} + 0.761^{\frac{1}{3}} + 0.610^{\frac{1}{4}}\right) = 0.826$$

③ 灾后恢复及提升能力（B3）突变值。此指标选择燕尾突变模型进行计算，指标间对应关系为互补型。

$$B_3 = \frac{1}{3}\left(C_8^{\frac{1}{2}} + C_9^{\frac{1}{3}} + C_7^{\frac{1}{4}}\right) = \frac{1}{3}\left(0.810^{\frac{1}{2}} + 0.654^{\frac{1}{3}} + 0.814^{\frac{1}{4}}\right) = 0.906$$

3) 最后将上一步算得的一级指标突变隶属度同样按照其对应的突变模型进行计算即可得到最终的总目标隶属度，其计算过程如下：

此指标选择燕尾突变模型进行计算，指标间对应关系为非互补型。

$$A = \min\{B_3^{\frac{1}{2}}, B_2^{\frac{1}{3}}, B_1^{\frac{1}{4}}\} = \min\{0.906^{\frac{1}{2}}, 0.826^{\frac{1}{3}}, 0.649^{\frac{1}{4}}\} = 0.898$$

对 2016 年重庆市城市基础设施防灾减灾韧性各指标数据代入突变模型计算后形成的各层指标突变值见附录 D 表 D-1。同理按照此过程计算得到西部地区城市基础设施防灾减灾韧性突变级数值见附录 D 表 D-2~表 D-36。

四、西部地区基础设施防灾减灾韧性评价等级划分

由于突变级数法在评价结果中呈现较高聚集性特征，平均分段法、分位数法、均匀分布法等方法均不适用于本次评价结果等级划分。而 K 均值聚类分析在确定好聚类中心点个数 K

第七章 实证分析——我国西部区域城市基础设施防灾减灾韧性测评

后,通过计算各因素与 K 个聚类中心的距离来将每个因素归类至与其距离最近的聚类中心所在类群,以此来进行分类,形成相应的 K 个类群,反复迭代重复上述过程直至达到终止条件。此方法不受数据绝对聚集程度的影响,同时也更能评价结果的等级差异性,因此选用 K 均值聚类分析法来进行西部地区城市基础设施防灾减灾韧性等级划分。

将西部各地区 2016 年、2017 年和 2018 年城市基础设施防灾减灾韧性突变级数值作为聚类因素,运用 SPSS 软件中的 K 均值聚类进行分析,得到最终聚类中心点数值及对应等级、各聚类中心间的距离、各聚类因素个数和各因素聚类信息表,见表 7-29~表 7-32。

表 7-29 最终聚类中心点数值及对应等级

聚类	第一类	第二类	第三类	第四类	第五类
中心点数值	0.930	0.942	0.918	0.896	0.880
评价等级	较高	高	中等	较低	低

表 7-30 各聚类中心间的距离

聚类	第一类	第二类	第三类	第四类	第五类
第一类		0.012	0.013	0.034	0.051
第二类	0.012		0.025	0.046	0.063
第三类	0.013	0.025		0.022	0.038
第四类	0.034	0.046	0.022		0.016
第五类	0.051	0.063	0.038	0.016	

表 7-31 各聚类因素个数

项 目		个 数
聚类	第一类	7.000
	第二类	7.000
	第三类	13.000
	第四类	7.000
	第五类	3.000
有效		36.000
缺失		0.000

表 7-32 各因素聚类信息表

2016 年			2017 年			2018 年		
因素	聚类	距离	因素	聚类	距离	因素	聚类	距离
重庆	第四类	0.002	重庆	第四类	0.002	重庆	第二类	0.000
四川	第二类	0.003	四川	第二类	0.002	四川	第二类	0.000
贵州	第三类	0.005	贵州	第三类	0.001	贵州	第一类	0.000

(续)

2016 年			2017 年			2018 年		
云南	第一类	0.003	云南	第一类	0.000	云南	第一类	0.004
西藏	第五类	0.002	西藏	第五类	0.003	西藏	第五类	0.000
陕西	第二类	0.002	陕西	第二类	0.002	陕西	第二类	0.009
甘肃	第三类	0.003	甘肃	第三类	0.001	甘肃	第三类	0.001
青海	第四类	0.006	青海	第四类	0.006	青海	第四类	0.003
新疆	第三类	0.001	新疆	第三类	0.002	新疆	第三类	0.001
宁夏	第四类	0.005	宁夏	第四类	0.000	宁夏	第三类	0.005
广西	第三类	0.002	广西	第三类	0.001	广西	第三类	0.001
内蒙古	第一类	0.003	内蒙古	第一类	0.001	内蒙古	第一类	0.003

根据表 7-29~表 7-32，可得出评价区间等级划分见表 7-33。

表 7-33　评级等级区间表

等级	低	较低	中等	较高	高
区间	[0, 0.888)	[0.888, 0907)	[0.907, 0.924)	[0.924, 0.936)	[0.936, 1]

确定评价等级区间后，西部地区 2016—2018 年城市基础设施防灾减灾韧性评价结果及评价等级见表 7-34。

表 7-34　西部地区 2016—2018 年城市基础设施防灾减灾韧性评价结果表

2016 年			2017 年			2018 年		
地区	评价结果	韧性等级	地区	评价结果	韧性等级	地区	评价结果	韧性等级
重庆	0.898	较低	重庆	0.898	中等	重庆	0.942	高
四川	0.939	高	四川	0.940	高	四川	0.942	高
贵州	0.923	中等	贵州	0.917	中等	贵州	0.930	较高
云南	0.927	较高	云南	0.930	较高	云南	0.934	较高
西藏	0.877	低	西藏	0.882	低	西藏	0.879	低
陕西	0.940	高	陕西	0.940	高	陕西	0.951	高
甘肃	0.920	中等	甘肃	0.919	中等	甘肃	0.917	中等
青海	0.890	较低	青海	0.890	较低	青海	0.898	较低
新疆	0.918	中等	新疆	0.920	中等	新疆	0.916	中等
宁夏	0.901	较低	宁夏	0.896	较低	宁夏	0.912	中等
广西	0.916	中等	广西	0.916	中等	广西	0.916	中等
内蒙古	0.933	较高	内蒙古	0.929	较高	内蒙古	0.927	较高

由表 7-34 可知,我国西部地区城市基础设施防灾减灾韧性有以下特征:

1)韧性处于相对高水平的地区主要有陕西省、四川省、重庆市,其原因在于这三个地区为西部核心,从资金投入、预警设施建设、城市概况、科研创新能力、建筑业水平等均在西部地区处于领先地位,各方能力也相对较为均衡。从评价维度来看其灾前预防能力以及灾后恢复及提升能力明显高于其他地区;从一级指标来看其科研投入、建筑业企业能力明显高于其他地区;从二级指标来看三个地区指标概况又略有差异,陕西省和重庆市的水利、环境和公共设施管理业固定资产投资占比与公路货物周转能力处于相对高水平,四川省和重庆市的省级以上地震台数处于相对高水平,三个地区的 R&D 人员全时当量水平、R&D 项目数量水平、建筑业从业人员数量水平均处于相对高水平。

2)韧性处于相对较高水平的地区主要有内蒙古自治区、云南省;韧性处于中等水平的地区主要有贵州省、甘肃省、新疆维吾尔自治区、宁夏回族自治区、广西壮族自治区。与第一梯队相比,第二、第三梯队虽大部分指标能力相对平衡或者较高,但有部分指标能力却处于较低水平。例如,从一级指标来看,新疆维吾尔自治区和甘肃省的灾前预防能力相对较高,但灾害抵御能力较低;而云南省的灾后恢复及提升能力相对较高,但灾害抵御能力却较低;内蒙古自治区的灾害抵御能力相对较高,而灾前预防能力相对较低;贵州省的各项能力相对较为平均,但均处于中等偏上水平;广西壮族自治区的各项能力相对均衡,均处在中等水平。

3)韧性处于相对较低水平的地区主要有青海省,处于低水平的主要有西藏自治区。与前面几个梯队相比,这两个地区的各项指标能力存在较大的不平衡程度或有部分项指标能力很低。例如,从一级指标来看,西藏自治区、青海省的灾害抵御能力和灾后恢复及提升能力相对较低,其中西藏自治区的灾害抵御能力处于极低水平。

第 八 章

实证分析——我国西部区域城市基础设施防灾减灾韧性时空演化分析

第一节 城市基础设施防灾减灾韧性空间分布

一、空间模型的构建

构建西部地区城市基础设施防灾减灾韧性空间模型，首先是建立构建西部地区地理图层，相关地理数据来源于国家基础地理信息中心，根据国家自然资源部发布 2020 年标准地图，借助 ArcGIS 软件制作比例为 1∶100 万全国基础地理信息数据，从中提取西部地区 12 个省、自治区及直辖市的名称、地理坐标、临界状况等相关地理信息并单独构建为新图层。然后将各年西部地区 12 个省、自治区和直辖市的城市基础设施防灾减灾韧性评价数据与 ArcGIS 中各省对应图层进行关联，以此构建西部地区各省、自治区及直辖市 2016—2018 年城市基础设施防灾减灾韧性评价的 GIS 空间模型。

二、韧性评价结果空间分布状况

构建完成西部地区各省计直辖区 2016—2018 年城市基础设施防灾减灾韧性评价的 GIS 空间模型后，运用 ArcGIS 软件中的要素划分功能，将前面章节的等级划分区间导入软件中，形成西部地区各省、自治区和直辖市 2018 年城市基础设施防灾减灾韧性等级分布，见表 8-1。

表 8-1 2018 年城市基础设施防灾减灾韧性等级

地　区	等　级
陕西	高
四川	高
重庆	高
云南	较高
贵州	较高
内蒙古	较高
甘肃	中等
新疆	中等
广西	中等

第八章 实证分析——我国西部区域城市基础设施防灾减灾韧性时空演化分析

（续）

地　　区	等　　级
宁夏	中等
青海	较低
西藏	低

从表 8-1 中可初步观察到，西部地区 2018 年城市基础设施防灾减灾韧性等级在空间分布上由东向西大体呈由高到低趋势，韧性等级高的省份主要为陕西省、四川省、重庆市三个地区，韧性等级较低以及韧性低的地区主要有青海省以及西藏自治区两个地区。在空间上大体呈现以四川省、重庆市和陕西省三个核心省份为中心向四周逐渐减弱的趋势。主要原因在于：从经济发展来看，四川省、重庆市和陕西省的经济实力在整个西部地区处于领先地位，其经济实力为城市基础设施的建设提供了必要保障；从地理位置来看，三个地区在整个西部地区处于偏东部的位置，是连接西部地区与其他地区的枢纽区域，这些地区基础设施受到灾害时由于其地理位置优势，在进行灾后恢复时能加快恢复速度；政策方面，成都市、重庆市、西安市是引领西部地区开放开发的核心引擎，因此其城市基础设施的防灾减灾韧性也相对较高。

三、韧性评价维度等级空间分布状况

同样运用 ArcGIS 中的要素划分功能对西部地区 2018 年城市基础防灾减灾韧性的灾前预防能力、灾害抵御能力、灾后恢复及提升能力进行划分。此部分主要注重比较相同年份间的指标状况等级，采用 ArcGIS 软件中的自然裂点分级法与 K 均值聚类分析法，进行相应的等级划分，形成相应的灾前预防能力等级、灾害抵御能力等级、灾后恢复及提升能力等级空间分布，见表 8-2。

表 8-2　2018 年西部地区各维度等级分布表

灾前预防能力		灾害抵御能力		灾后恢复及提升能力	
地区	等级	地区	等级	地区	等级
四川	高	宁夏	高	四川	高
新疆	较高	陕西	较高	陕西	高
甘肃	较高	内蒙古	中等	重庆	高
贵州	较高	贵州	中等	云南	较高
云南	较高	广西	中等	贵州	中等
内蒙古	较高	重庆	中等	内蒙古	中等
陕西	中等	新疆	中等	宁夏	中等
重庆	中等	四川	中等	甘肃	较低
广西	较低	甘肃	中等	新疆	较低
西藏	较低	云南	较低	广西	较低
青海	低	青海	较低	西藏	低
宁夏	低	西藏	低	青海	低

从表 8-2 可知，不同维度突变级数值分布状况与最终的韧性等级分布有一定差异，这与各地区的相关状况以及数据处理方式相关。从灾前预防能力等级分布来看，四川省灾前预防能力处于相对高水平，青海省以及宁夏回族自治区的灾前预防能力则处于相对低水平，空间分布无明显规律。从灾害抵御能力等级分布来看，空间分布为由东北朝西南逐渐减弱趋势。从灾后恢复及提升能力等级分布来看，四川省、重庆市、陕西省三个地区的灾后恢复及提升能力处于相对高水平，在空间分布上呈以四川省、重庆市、陕西省为中心，向四周逐步减弱的趋势。

四、韧性评价一级指标等级空间分布状况

最后再次运用 ArcGIS 中的要素划分功能对西部地区 2018 年城市基础防灾减灾韧性的资金投入、城市状况、观测预警、能源供应能力、给水排水处理能力、交通运转能力、科研投入、建筑业企业能力和资金及人员配备进行划分。此部分主要注重比较相同年份间的指标状况等级，采用 ArcGIS 软件中的自然裂点分级法与 K 均值聚类分析法，进行相应的等级划分，形成相应的资金投入、城市状况、观测预警、能源供应能力、给水排水处理能力、交通运转能力、科研投入、建筑业企业能力和资金及人员配备等级空间分布，见表 8-3。

表 8-3　2018 年西部地区各一级指标等级分布表

资金投入		城市状况		观测预警		能源供应能力		给水排水处理能力		交通运输能力		科研投入		建筑业企业能力		资金及人员配备	
地区	等级	地区	等级	地区	等级	地区	等级	地区	等级	地区	等级	地区	等级	地区	等级	地区	等级
青海	高	陕西	高	四川	高	宁夏	高	新疆	高	陕西	高	四川	高	四川	高	西藏	高
四川	较高	甘肃	高	内蒙古	高	青海	较高	宁夏	高	重庆	较高	重庆	高	陕西	高	贵州	较高
广西	较高	四川	较高	云南	较高	新疆	较高	广西	高	广西	较高	陕西	较高	重庆	高	新疆	较高
甘肃	较高	青海	较高	贵州	较高	内蒙古	较高	重庆	较高	贵州	较高	云南	较高	甘肃	较高	内蒙古	较高
西藏	较高	云南	较高	甘肃	较高	陕西	中等	西藏	较高	宁夏	较高	贵州	中等	青海	较高	陕西	较高
内蒙古	较高	贵州	中等	新疆	较高	四川	中等	四川	中等	四川	中等	广西	中等	西藏	较高	宁夏	较高
新疆	中等	新疆	中等	陕西	中等	贵州	中等	青海	中等	云南	中等	内蒙古	中等	宁夏	中等	四川	中等
云南	中等	重庆	较低	重庆	较低	甘肃	中等	内蒙古	中等	内蒙古	中等	甘肃	较低	云南	中等	云南	中等
陕西	较低	广西	较低	广西	较低	重庆	较低	甘肃	较低	甘肃	中等	宁夏	较低	新疆	较低	青海	中等
重庆	较低	西藏	较低	西藏	较低	云南	较低	陕西	较低	青海	较低	新疆	较低	贵州	较低	重庆	较低
贵州	较低	内蒙古	较低	青海	低	广西	低	贵州	低	新疆	较低	青海	低	广西	较低	广西	低
宁夏	低	宁夏	低	宁夏	低	西藏	低	云南	低	西藏	低	西藏	低	内蒙古	低	甘肃	低

第八章 实证分析——我国西部区域城市基础设施防灾减灾韧性时空演化分析

从一级指标突变级数值空间分布来看，不同一级指标的分布状况有较大差异，这是由于城市的城区面积、城镇人口与各指标的水平比例相关。但其中权重较大的灾后回复及提升能力下的一级指标大多呈现为四川省、重庆市、陕西省三个地区的突变级数值相对偏高。

第二节 城市基础设施防灾减灾韧性空间相关性

一、构建空间矩阵

对韧性相关性主要通过空间分析软件 GeoDa 来进行，目前 GeoDa 常用的空间矩阵主要有 Queen contiguity 型、Rook contiguity 型、Threshold distance 型、K-Nearest Neighbors 型四种。四种空间矩阵在构建空间模型时各有不同，其中 Queen contiguity 型一般用于通过两因素间空间关系为有公共边或者公共点构建空间矩阵，Rook contiguity 型一般用于通过两因素间空间关系为有公共边构建空间矩阵，Threshold distance 型一般用于通过两因素间的距离构建空间矩阵，K-Nearest Neighbors 型一般用于固定因素邻接数量后通过两因素间距离构建空间矩阵。

本次研究在 ArcGIS 中构建的模型并未涉及空间中各个点的位置，而是研究每个省间的地理空间与城市基础设施防灾减灾韧性间的关系，因此，在选择空间矩阵时应更多地考虑西部地区各个省、自治区和直辖市间的邻接关系，主要体现宏观层面空间分布关系。此外本次研究所选取的地区间均为公共边邻接，不存在公共点邻接的情况。Rook contiguity 型主要通过两因素间的邻接关系来体现空间分布关系，选择构建此类型空间较为合适。若两因素相邻则定义为 1，若不相邻则定义为 0，由此构建空间矩阵，得出空间邻接矩阵相关情况如图 8-1 所示。

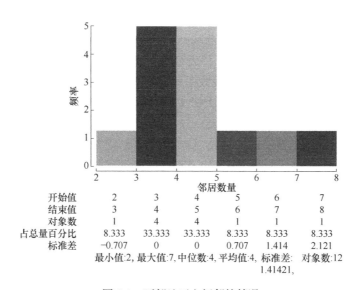

图 8-1 西部地区空间邻接情况

二、城市基础设施防灾减灾韧性空间全局相关性

空间全局相关性主要通过莫兰指数及 z 值得分进行评判。本书选择用 ArcGIS 中的空间

相关性计算莫兰指数。考虑到本书研究时主要秩序考虑其实现距离，本书选用欧式距离进行全局空间相关性分析。通过 ArcGIS 软件中的空间自相关工具分别对西部各地区 2016—2018 年城市基础设施防灾减灾韧性进行计算即可得到莫兰指数以及各相关指数，各年计算结果如图 8-2~图 8-4 所示。

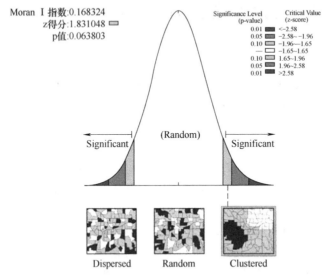

图 8-2 2016 年全局空间相关性分析结果图

Moran I 指数—莫兰指数 I 值　Significance Level—显著性等级　Critical Value—评定值

Significant—显著性　Dispered—分散性　Random—随机性　Clustered—聚集性

p-value—p 值　z-score—z 得分

由图 8-2 可知，2016 年西部地区城市基础设施防灾减灾韧性空间分布莫兰指数 I 值为 0.168，在区间-1 到 1 之内且不等于 0，代表存在空间聚集可能；p 值为 0.064，代表空间数据为随机生成的概率为 0.064，表明出现数据聚集的可能性大于数据随机分布的可能性，但不能显著拒绝零假设；z 得分为 1.831，大于 1.65 且小于 1.96，表明具有显著空间相关性，存在一定聚集现象，但聚集性较弱。

由图 8-3 可知，2017 年西部地区城市基础设施防灾减灾韧性空间分布莫兰指数 I 值为 0.016，在区间-1 到 1 之内且不等于 0，代表存在空间聚集可能，但数值过于偏低，空间聚集的可能性较小；p 值为 0.629，代表空间数据为随机生成的概率为 0.629，无法显著拒绝零假设；z 得分为 0.921；大于-1.65 且小于 1.65，表明无显著空间相关性，存在聚集性的可能非常小甚至无聚集性。

由图 8-4 可知，2018 年西部地区城市基础设施防灾减灾韧性空间分布莫兰指数 I 值为 0.242，在区间-1 到 1 之内且不等于 0，代表存在空间聚集可能；p 值为 0.018，代表空间数据为随机生成的概率为 0.018，表明出现数据聚集的可能性大于数据随机分布的可能性，但不能显著拒绝零假设；z 得分为 2.084，大于 1.96 且小于 2.58，表明存在比较显著的空间相关性，存在较强的聚集性。

第八章 实证分析——我国西部区域城市基础设施防灾减灾韧性时空演化分析

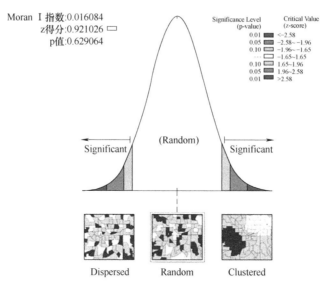

z得分为0.921026425352，该模式与随机模式之间的差异似乎并不显著。

图 8-3　2017 年全局空间相关性分析结果图

Moran I 指数—莫兰指数 I 值　Significance Level—显著性等级　Critical Value—评定值
Significant—显著性　Dispered—分散性　Random—随机性　Clustered—聚集性
p-value—p 值　z-score—z 得分

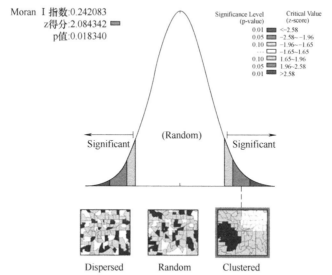

z得分为2.08434243727，则随机产生此聚类模式的可能性小于5%。

图 8-4　2018 年全局空间相关性分析结果图

Moran I 指数—莫兰指数 I 值　Significance Level—显著性等级　Critical Value—评定值
Significant—显著性　Dispered—分散性　Random—随机性　Clustered—聚集性
p-value—p 值　z-score—z 得分

三、城市基础设施防灾减灾局部相关性

对于城市基础设施防灾减灾韧性局部相关性,本书通过 GeoDa 软件进行分析。用 ArcGIS 生成的 shp 文件导入 GeoDa 软件进行局部空间相关性分析,其单变量空间分析结果如下:

1. 散点图

散点图的四个象限中第一象限代表"高-高"聚集,表明此部分地区的城市基础设施防灾减灾韧性与周围地区的城市基础设施防灾减灾韧性均处于较高水平;第二象限代表"低-高"聚集,表明此部分地区的城市基础设施防灾减灾韧性处于较低水平,但周围地区城市基础设施防灾减灾韧性处于较高水平;第三象限代表"低-低"聚集,表明此部分地区城市基础设施防灾减灾韧性与周围地区城市基础设施防灾减灾韧性均处于较低水平;第四象限代表"高-低"聚集,表明此部分地区城市基础设施防灾减灾韧性处于较高水平,但周围地区城市基础设施防灾减灾韧性处于较低水平。形成 2016 年、2017 年和 2018 年局部空间相关性分析散点图,如图 8-5~图 8-7 所示。

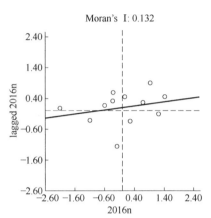

图 8-5　2016 年局部空间相关性分析散点图
注:横坐标为描述变量;纵坐标为空间滞后向量;
Moran's I 为莫兰指数 *I* 值;
2016n 表示本图分析的是 2016 年数据。

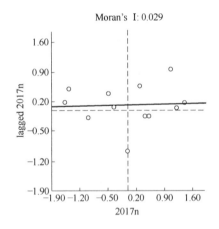

图 8-6　2017 年局部空间相关性分析散点图
注:横坐标为描述变量;纵坐标为空间滞后向量;
Moran's I 为莫兰指数 *I* 值;
2017n 表示本图分析的是 2017 年数据。

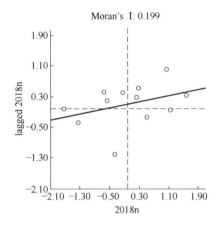

图 8-7　2018 年局部空间相关性分析散点图
注:横坐标为描述变量;纵坐标为空间滞后向量;
Moran's I 为莫兰指数 *I* 值;
2018n 表示本图分析的是 2018 年数据。

从 2016 年局部空间相关性分析散点图中的点对应各地区来看,属于"高-高"聚集的地区有陕西省、重庆市、贵州省、内蒙古自治区;属于"低-高"聚集的有宁夏回族自治区、甘肃省、广西壮族自治区、西藏自治区;属于"低-低"聚集的有青海省、新疆维吾尔自治区;属于"高-低"聚集的有四川省、云南省。结果表明 2016 年西部地区城市基础设施防灾

第八章　实证分析——我国西部区域城市基础设施防灾减灾韧性时空演化分析

减灾韧性呈"高-高"聚集以及"低-高"聚集的地区较多，呈"低-低"聚集以及"高-低"聚集的地区较少。

从 2017 年局部空间相关性分析散点图中的点对应各地区来看，其中属于"高-高"聚集的地区有陕西省、重庆市、四川省、贵州省；属于"低-高"聚集的有宁夏回族自治区、甘肃省、广西壮族自治区、西藏自治区；属于"低-低"聚集的有青海省、新疆维吾尔自治区；属于"高-低"聚集的有云南省、内蒙古自治区。结果表明 2017 年西部地区城市基础设施防灾减灾韧性呈"高-高"聚集以及"低-高"聚集的地区较多，呈"低-低"聚集以及"高-低"聚集的地区较少。

从 2018 年局部空间相关性分析散点图中的点对应各地区来看，其中属于"高-高"聚集的地区有陕西省、重庆市、贵州省、内蒙古自治区；属于"低-高"聚集的有宁夏回族自治区、甘肃省、广西壮族自治区；属于"低-低"聚集的有青海省、新疆维吾尔自治区、西藏自治区；属于"高-低"聚集的有四川省、云南省。结果表明 2018 年西部地区城市基础设施防灾减灾韧性呈"高-高"聚集的地区较多，呈"低-高""低-低"聚集以及"高-低"聚集的地区较少，但几种聚集类型间差距较小。

2. 显著性

利用空间聚集显著性图可体现西部地区城市基础设施防灾减灾韧性的局部空间聚集性是否显著以及其显著程度。利用 GeoDa 软件主要将其分为四个等级，分别为不显著、比较显著、显著和非常显著。2016 年、2017 年、2018 年西部地区空间聚集显著性见表 8-4。

表 8-4　2016 年、2017 年、2018 年西部地区空间聚集显著性

2016 年		2017 年		2018 年	
地区	显著性等级	地区	显著性等级	地区	显著性等级
陕西	显著	重庆	比较显著	陕西	比较显著
重庆	比较显著	新疆	比较显著	重庆	比较显著
新疆	比较显著	陕西	不显著	新疆	比较显著
四川	不显著	四川	不显著	四川	不显著
云南	不显著	云南	不显著	云南	不显著
贵州	不显著	贵州	不显著	贵州	不显著
广西	不显著	广西	不显著	广西	不显著
甘肃	不显著	甘肃	不显著	甘肃	不显著
青海	不显著	青海	不显著	青海	不显著
宁夏	不显著	宁夏	不显著	宁夏	不显著
西藏	不显著	西藏	不显著	西藏	不显著
内蒙古	不显著	内蒙古	不显著	内蒙古	不显著

由表 8-4 可知，2016 年城市基础设施防灾减灾韧性的空间聚集性显著的地区有陕西省，空间聚集性比较显著的地区有重庆市、新疆维吾尔自治区，其余地区均为空间聚集性不显著，不存在空间聚集性非常显著的地区。

2017 年城市基础设施防灾减灾韧性的空间聚集性比较显著的地区有重庆市、新疆维吾尔自治区，其余地区均为空间聚集性不显著，不存在空间聚集性非常显著以及空间聚集性显著的地区。

2018 年城市基础设施防灾减灾韧性的空间聚集性比较显著的地区有重庆市、陕西省、新疆维吾尔自治区，其余地区均为空间聚集性不显著，不存在空间聚集性非常显著以及空间聚集性显著的地区。

3. 空间聚类

利用空间聚类图可将存在显著空间聚集的地区进行标记划分。根据划分标准可分为不显著、高-高、低-低、低-高、高-低五类。此部分与散点图划分有所不同，主要因散点图需要体现所有点在全部四个象限的位置，散点图中进行划分时考虑的仅仅是以象限为分界线进行划分，部分在临界点或者接近临界点的因素通过观察其处于某个象限或最接近某个象限来进行归类划分，因此前面散点图中暂且未分出不显著一类。2016 年、2017 年和 2018 年西部地区空间聚类情况见表 8-5。

表 8-5　2016 年、2017 年和 2018 年西部地区空间聚类情况

2016 年		2017 年		2018 年	
地区	聚集类型	地区	聚集类型	地区	聚集类型
陕西	高-高	重庆	高-高	陕西	高-高
重庆	高-高	新疆	低-低	重庆	高-高
新疆	低-低	陕西	不显著	新疆	低-低
四川	不显著	四川	不显著	四川	不显著
云南	不显著	云南	不显著	云南	不显著
贵州	不显著	贵州	不显著	贵州	不显著
广西	不显著	广西	不显著	广西	不显著
甘肃	不显著	甘肃	不显著	甘肃	不显著
青海	不显著	青海	不显著	青海	不显著
宁夏	不显著	宁夏	不显著	宁夏	不显著
西藏	不显著	西藏	不显著	西藏	不显著
内蒙古	不显著	内蒙古	不显著	内蒙古	不显著

由表 8-5 可知，2016 年城市基础设施防灾减灾韧性空间聚集显著且为"高-高"的地区有陕西省、重庆市，空间聚类为"低-低"的地区有新疆维吾尔自治区，其余地区均为不显著。2017 年城市基础设施防灾减灾韧性空间聚集显著且为"高-高"的地区有重庆市，空间聚类为"低-低"的地区有新疆维吾尔自治区，其余地区均为不显著。2018 年城市基础设施防灾减灾韧性空间聚集显著且为"高-高"的地区有陕西省、重庆市，空间聚类为"低-低"的地区有新疆维吾尔自治区，其余地区均为不显著。

综合来看，西部地区城市基础设施防灾减灾韧性的空间聚集性还较弱，仅有陕西省、重庆市、新疆维吾尔自治区与周边地区存在较为显著的空间聚集效应，其余地区因各种因素影

第八章　实证分析——我国西部区域城市基础设施防灾减灾韧性时空演化分析

响,其周边韧性高低不等,未形成显著聚集效应。但从大体分布可看出,四川省、重庆市、陕西省三个靠近东部地区的城市基础设施防灾减灾韧性均处于相对较高水平,而新疆维吾尔自治区、西藏自治区这两个最西部地区的城市基础上设施处于相对较低水平。

第三节　城市基础设施防灾减灾韧性的时间相关性

为研究西部地区 2016—2018 年的城市基础设施防灾减灾韧性,本次研究选取的时间较为接近,导致评价结果较为接近,其趋势变化较小,但仍可从中观察其大体趋势。

首先对于总体的韧性评价结果而言,12 个地区中三分之二左右地区总体处于逐年增高状态,其余部分地区由于部分指标数据变动导致其数据出现波动现象,此类可能与某些因素产生变革更新相关,例如,部分省在推进建筑业高质量发展,淘汰老旧效率低下的大型设备,导致在数据上降低了防灾减灾韧性等级。但仍有几个地区处于逐年下降状态,其中包括青海省、甘肃省、内蒙古自治区,主要原因包括部分基础设施的固定资产投资降低、建筑业从业人员降低、大型机械台数降低等。这些地区应确保建筑业高质量发展顺利进行,此外在后续建设中应注重城市基础设施的防灾减灾韧性,适当增加投入,提升其韧性。

其次,从各年的空间相关性分析来看,各年的空间聚集性较弱,但在大体上有形成四川省、重庆市、陕西省为中心逐渐向四周发散的趋势。从目前来看这三个地区邻接地区的城市基础设施防灾减灾韧性参差不齐,还未能发挥区域联动发展的带动作用。在后续发展中可重视区域联动发展,以中心区域逐渐带动周边区域,例如,发挥成渝经济圈的中心作用带动周边发展,提升周边地区的防灾减灾韧性。

综上所述,目前西部地区城市基础设施防灾减灾的韧性与时间有一定关联性,总体趋势为韧性随时间逐步增高,在后续可增强对城市基础设施防灾减灾能力的管理,提升其增长速度。

第九章

基于适灾韧性理念下城市基础设施建设优化策略

第一节 基于适灾韧性的城市基础设施防灾减灾建设优化

一、灾后损失最小化到防灾减灾全程适灾化

城市基础设施适灾韧性反映了城市基础设施对灾害应对能力的强弱。与以往的防灾减灾相比，防灾减灾的侧重点从灾后损失最小化发展为防灾减灾全程适灾化。我国提出的"两个坚持、三个转变"的防灾减灾新理念，坚持以防为主、防抗救相结合，坚持常态减灾和非常态救灾相统一，从注重灾后救助向注重灾前预防转变，从应对单一灾种向综合减灾转变，从减少灾害损失向减轻灾害风险转变。

新中国成立以来，我国的城市防灾减灾工作不断发展变化，从传统的注重灾后救援到考虑如何使灾后的损失降到最低，再到韧性理念下的防灾减灾，更加强调全程适灾化[85]。"防灾减灾全程适灾化"理念强调在灾前御灾、灾时应灾及灾后恢复的"灾害全周期"过程中，每一环节均充分体现对于灾害的"适应性"。

城市基础设施灾前御灾过程可通过加强机制建设、示范社区创建、宣传教育、灾害风险分析与评价等方式实现。城市基础设施灾害风险分析与评价主要包括致灾因子评估、暴露程度分析和脆弱性评估三项工作[86]。灾害预防机制建设方面，坚持"以防为主、有备无患""无灾防灾、有灾抗灾"的原则，加强领导，落实责任，完善防灾救灾应急预案。在基层防灾减灾层面，构建防灾减灾示范区，加强防灾减灾宣传教育培训，提升群众防灾减灾意识，增强群众自救能力。

整体联动的灾时应灾过程是全程适灾化的关键。整体联动机制是将各级各部门的力量组织起来，推动全社会参与，各职能部门联合起来，形成共同治理、协同工作的大格局。整体联动机制是现代城市防灾减灾的重点，它让城市基础设施面对灾害时，能调动各部门、各个社会组织的力量共同应灾，提升灾时应急能力，是城市基础设施应灾的关键力量。

灾后恢复过程是城市基础设施全程适灾化的重要保障。灾后恢复过程是城市恢复正常状态、吸取经验教训，提升城市基础设施防灾减灾水平的关键。

因此，适灾韧性理念下的城市基础设施防灾减灾全过程不但重视灾害发生的全过程管理，还将提升城市基础设施防灾减灾水平考虑在内。

二、基础设施防灾减灾空间优化策略

城市总体空间布局是城市的社会、经济、环境以及工程技术与建筑空间组合的综合反

映，是城市总体规划的重要内容。而城市基础设施在城市空间的占比很大，因此其布局的合理性不仅关系到城市建设问题，还关系到城市的防灾减灾问题，合理的空间布局能极大地增强城市抵御灾害的能力。当前所提出的适灾韧性理念高度重视防灾减灾空间优化问题，城市的防灾减灾空间优化主要涉及四个方面，分别是应急物资储备空间、避难场所、防灾救灾通道及灾害隔离空间[87]。

1. 应急物资储备空间优化

从广义上讲，凡是在突发公共事件应对的过程中所用的物资都可以称为应急物资，即应急物资是指为应对严重自然灾害、突发性公共卫生事件、公共安全事件及军事冲突等突发公共事件应急处置过程中所必需的保障性物资。根据应急物资在突发事件应对活动中作用的不同，应急物资可以分为三大类[88]，见表9-1。

表9-1 应急物资的分类

序号	应急物资分类
1	应急期间需要处置突发公共事件的专业应急物资
2	在突发公共事件发生后用于救济的基本生活物资
3	与人民生产生活息息相关的重要物资

在应急物资储备空间位置规划方面，应当选择临近防灾救灾通道、临时避难场所等安全位置进行布局，储备空间的规模及物资数量由该区域的人口总数决定；此外，充分发挥地下空间的作用，将其作为应急物资的储备空间，并加强应急物资储备空间的管理。

在应急物资储备空间的空间设计上，根据现代城市的发展走向，未来需要由水平存储物资发展为立体存储。当前我国的应急物资储备空间多为平面库房，随着自动化水平的提高，我国的应急物资储备空间应借鉴物流仓库的优点，发展为立体自动化仓库，见表9-2。

表9-2 水平储备空间和立体储备空间的对比分析

项 目	水平储备空间	立体储备空间
储备空间	库容空间小	充分利用库容空间、储备量大
物资存放方式	器材存放方式原始	运用现代库存技术，自动化作业
效率	效率低	作业机械化、自动化，工作效率提高

除了考虑应急物资储备空间布局外，应加大应急物资储备管理制度的建设，确保储备物资品种适宜、质量可靠、数量充足、常备不懈。

2. 避难场所空间优化

应急避难场所是指面临突发事件时，可供居民紧急疏散、临时生活的安全场所。紧急情况时起避难的作用，平时可以用于应急逃生模拟平台宣传应急逃生知识。加强应急避难场所的规划与建设，是提高城市综合防灾能力、减轻灾害影响、增强政府应急管理工作能力的重要举措。目前，应急避难场所可以分为两大类，场地型应急避难场所和场所型应急避难场所，见表9-3。

表 9-3　应急避难场所分类

分类	主要内容
场地型	具有一定规模的公园、广场、公共绿地、体育场、学校操场等开敞空间
场所型	具有一定规模的学校室内场所、体育馆、影剧院、社会旅馆、救助站、度假村、人防汽车库等公共建筑

城市应急避难场所的建设应考虑城市行政区划、人口分布、人口密度、建筑密度等特点以及居民疏散要求，在我国可以将应急避难场所分为三级建设，见表9-4。

表 9-4　应急避难场所三级建设

建设等级	规模及容量要求
一级应急避难场所	1. 市级避难场所 2. 一般规模在15万平方米以上；可容纳10万人以上，人均1.5平方米以上
二级应急避难场所	1. 区级避难场所 2. 一般规模在（1.5~5）万平方米以上；可容纳1万人以上，主要用于重大灾害来临时的区域性应急避难所
三级应急避难场所	1. 街道（镇）避难场所 2. 一般规模在2000平方米以上；可容纳1000人以上，主要用于发生灾害时，在短期内供受灾人员临时避难

应急避难场所的建设除了满足规模要求外，还应充分考虑应急避难场所的选址问题。例如，充分考虑场地的安全问题，避开地震断裂带，洪涝、山体滑坡等自然灾害易发地段；选择地势较高且平坦空旷，易于排水、适宜搭建帐篷的地形。此外，应急避难场所附近还应有方向不同的两条以上通畅快捷的疏散通道。

3. 防灾救灾通道优化

根据《防灾避难场所设计规范》（GB 51143—2015）[89]，应急通道应该满足表9-5、表9-6所列要求。

表 9-5　应急通道的有效宽度

类型	有效宽度
救灾主干道	≥15米
疏散主干道	≥7米
疏散次干道	≥4米
Ⅳ级应急交通保障	≥3.5米

表 9-6　避难场所的应急交通保障级别和要求

应急交通保障级别	应急道路	避难场所出入口数量（个）
一级	救灾主干道或两个方向及以上的疏散主干道	≥4
二级	救灾主干道、疏散主干道或两个方向以上的疏散次干道	≥2
三级	救灾主干道、疏散主干道及疏散次干道	≥2

第九章 基于适灾韧性理念下城市基础设施建设优化策略

防灾减灾通道的设计应当充分考虑城市所处区域的特征,不同地区呈现出的脆弱性特征不同。例如现代城市居民的生活环境多为商品房建筑,这一类区域的防救灾通道宽度较为充足,道路系统布局合理,出入口数量充足,分布均匀,防救灾通道通畅性较好、适灾韧性较强。因此,这一类区域需要注意的就是通道的监管,防止人为原因(如应急通道停车现象)影响应急通道的通畅性。

4. 灾害隔离空间优化

城市化的发展使城市内建筑密度加大,在现代城市灾害中,一旦发生地震灾害或雷暴灾害等,就有可能造成建筑物倒塌和起火,而灾害隔离空间的建设能够防止火灾蔓延。随着城市的发展,建筑类型不断变化,我国的灾害隔离空间也发生了一定的变化,从以往的"火巷"发展到"网状"的隔离空间,再到现在的绿化灾害隔离空间。现代城市在建筑设计上,充分考虑了建筑间的道路灾害隔离空间,但为了增强灾害隔离空间性能、进一步提高适灾韧性的防灾减灾水平,可以增加绿植面积,种植耐火植物,如白杨、银杏等。

三、公共设施防灾减灾优化策略

1. 结合互联网技术构建基层综合减灾公共服务体系

复合型城市灾害背景下,基层综合减灾公共服务体系的构建显得尤为重要,从城市居民的角度提升人民自身的防灾减灾意识和防灾减灾能力。例如,成都以人民群众的减灾需求为导向,构建党委领导、政府主导、部门联系、社会协同、群众参与的减灾治理机制,打造基层综合减灾服务中心。尤其突出的一点是,成都在构建基层综合减灾公共服务体系时,顺应时代变化,以信息化承载基层综合减灾公共服务体系,推行减灾微信公众号,实现基层综合减灾公共服务体系在微信公众号线上服务和线下实体体验的有机融合(表9-7)。

表9-7 成都基层综合减灾公共服务体系

序号	主要内容
1	线上的应急逃生导航与线下实际演练现场的体验
2	线上减灾文化旅游的导航与线下实际减灾文化旅游的体验
3	线上安全体验的导航与线下实际安全体验
4	线上搜索选择减灾公共服务产品导航与线下减灾公共服务产品体验

除了以上的体验项目外,城市居民还可以自主地在网上选择体验基本减灾公共服务、评价基本减灾公共服务主体,灾害专业部门、乡镇(街道)、社区(村)成为网上提供基本减灾公共服务的主体,推动基本减灾公共服务质量不断提升。

2. 加强防灾标识规范化设置

防灾标识是防灾应急避难场所设计的重要组成部分,在重大灾害后的灾民疏散和安置、防止和减少伤亡等方面发挥着重要作用。在《防灾避难场所设计规范》(GB 51143—2015)中,对应急标识规定了较为详细的标准,使得我国应急标识牌的设计有了统一的规范,但对标识系统如何进行优化设计没有做出具体规定和指导要求。因此,在防灾标识优化上,可以从防灾标识本身的内容、位置选择、标识的数量确定等方面进行优化。

防灾标识的内容包括颜色、尺寸、材质、文字等,在标识的设置上,应比较突出。在位置选择上,科学和合理的标识牌位置设置,保障了其使用的高效性和经济性。数量的确定,可以依据平灾结合的原则将应急标识系统分为灾前和灾后两部分合理确定,过多的标识会造成资源浪费且在一定程度上引起人们视觉的混乱,而过少的标识则无法发挥其引导和说明等作用。

四、防灾减灾智慧技术性优化

当前,城市规模加速增长、城市现代化水平持续提升,与物联网、云计算等信息技术发展紧密联系的一种全新城市建设模式应运而生,即"智慧城市"。自"智慧城市"理念提出以来,我国高度重视智慧城市建设,智慧城市的发展历程见表9-8。

表9-8 智慧城市的发展历程

发展阶段	主要内容
智慧城市概念引入阶段	1. 2008年,IBM总裁发表演讲《智慧地球:下一代的领导议程》,首次提出"智慧地球"的概念 2. 2009年,美国将"智慧地球"上升为国家战略
IBM在我国力推智慧城市阶段	1. 2009年,IBM在中国提出"智慧地球赢在中国",并建议优先建设智慧的电力、智慧的医疗、智慧的城市、智慧的交通、智慧的供应链(物流)、智慧的银行等六大行业 2. 2009年,IBM发布了《智慧的城市在中国》的报告 3. 2010年,世博会期间"2010智慧城市全球峰会",IBM总裁发表"从城市开始构建智慧的地球"的主题演讲 4. 2012年,IBM在北京正式启动"慧典先锋"计划,大力推进其"智慧城市"项目
智慧城市建设全面普及阶段	1. 2010年11月2日,科技部等单位举办"2010中国智慧城市论坛" 2. 2010年12月12日,"2010中国物联网与智慧城市建设高峰论坛"在北京召开 3. 截至2013年8月5日,住房和城乡建设部先后两批对外公布的国家智慧城市试点,共有193个 4. 2013年10月10日,在工业和信息化部的指导支持下,中国智慧城市产业联盟在北京成立

随着城市化进程的加快,我国高度重视城市数字化、网络化、智能化进程的推进工作以及"智慧城市"的建设,而作为必备的配套设施,防灾减灾体系的"智慧化",也成为构建智慧城市过程中需要认真规划的重要方面。根据防灾减灾的顺序,分为灾前智慧化预防、灾中智慧化应急和灾后智慧化恢复三个阶段。

灾前智慧化预防主要涉及灾害风险评估、应急物资储备、防灾减灾救灾知识的宣传教育等。适灾理念下,城市灾前预防可以结合表9-9所示智慧技术进行优化。

表9-9 灾前智慧化预防

阶 段	主要任务	运用技术
灾害风险评估	1. 基础信息采集:城市灾害时空信息、城市基础设施信息、城市社会人口信息等 2. 基本信息储存、分析和处理 3. 城市灾害风险评估	利用物联网技术、3S技术等对城市海量信息进行实时动态采集,利用云储存技术对数据进行储存、处理
应急物资储备	应急物资管理	利用数据库平台,实时掌握应急物资状况,为应对突发事件提供资源保障
防灾减灾救灾知识宣传教育	1. 提高群众防灾减灾意识 2. 增强群众防灾减灾救灾能力	利用信息化承载基层综合减灾公共服务体系

第九章　基于适灾韧性理念下城市基础设施建设优化策略

灾中智慧化应急阶段，各个相关部门也应形成联合应急部门，共用灾时应急信息平台，保证信息资源的高度共享，打破部门界限以及不同部门信息垄断界限，进行统一全面的信息收集、分析、战略判断、行动制定，见表9-10。

表9-10　灾时应急信息平台的功能

序号	应急信息平台的功能
1	信息的收集、储存、处理和传播功能，对灾时信息进行动态采集、处理分析以及迅速传达
2	辅助决策功能，对灾害应对对策进行审议和协调
3	指挥、命令和联络功能

灾后智慧化恢复阶段，这一阶段实现智慧化恢复管理与"循环式"优化改善。建立城市灾后重建信息平台和城市灾后管理信息平台，采集灾后城市人员伤亡信息、城市设施损失信息、城市经济损失信息等相关信息，并进行处理与综合分析。各部门在此阶段有着不同的职责。

城市规划等部门的职责：城市规划部门、灾害防治部门以及城市建设部门可以通过城市灾后重建信息平台实现城市灾害损失评估、城市灾后重建规划、城市防灾空间优化、城市秩序恢复等工作。通过灾害所积累的经验，对城市防灾体系基础设施进行优化和改善，不断提高综合防灾能力，形成城市综合防灾体系的"循环渐进式"发展模式。

城市管理部门的职责：城市管理部门、大众媒体机构等可通过灾后管理信息平台高效准确地实现对灾民救助、损失补偿、次生灾害预防、相关信息发布通告等灾后协调管理工作。例如，通过灾后城市管理信息平台，相关部门可以快速确定灾民的身份、统计灾民的健康状况、跟踪灾民的移动情况、管理救灾物资的分配等[90]。

第二节　基于适灾韧性理念的城市基础设施制度体系优化

一、防灾减灾规划体系优化：从二级结构到三级结构

在防灾减灾规划体系方面，目前我国的城市减灾规划体系为国家减灾规划与地方减灾规划二级结构。在国家层面，中央颁布了许多规划支持防灾减灾工作的开展。1998年，国务院颁布实施《中华人民共和国减灾规划（1998—2010年）》，首次以专项规划的形式提出了国家防灾减灾救灾的重要任务。随后，编制实施了国家综合防灾减灾三个五年规划和一批防灾减灾救灾专项规划，如《国家综合防灾减灾规划（2016—2020年）》等。在地方层面，各地也制定实施了地方的防灾减灾规划，如《河南省"十三五"防震减灾规划》《江苏省防震减灾规划（2006—2020年）》等。这些规划的出台，对国家及地方的减灾工作现状形式、规划目标、减灾主要任务等内容进行明确。通过这些规划的实施，防灾减灾救灾各项工作取得显著成效，综合减灾能力得到明显提升，灾害造成损失的各项指标明显下降。

适灾韧性理念下，为了更好地推进城市基础设施防灾减灾建设，防灾减灾规划体系除了国家和地方二级结构外，还应增设相应的减灾部门形成三级结构，如气象部门、地震部门

等。在国家、减灾部门及地区层面，分别配套相应的防灾减灾基本规划，用以指导防灾减灾工作，从而形成三级规划体系。各级结构防灾减灾的指导范围及作用见表9-11。

表9-11 各级结构防灾减灾的指导范围及作用

各级结构	指导范围	作 用
国家层面	全国的防灾减灾工作	明确地方及减灾部门的职责和工作内容及其重点
减灾部门层面	各灾种防灾减灾工作	明确城市基础设施各灾种防灾减灾建设目标及方向；稳步推进规划内容实施工作；加快提升城市基础设施防灾减灾水平
地区层面	该地区的防灾减灾工作	明确该地区的防灾减灾策略及目标

通过以上三级减灾规划体系，可进一步完善我国"政府统一领导、部门分工负责、灾害分级管理、属地管理为主"的减灾救灾领导体制和工作机制。国家层面，为了响应三级结构建设工作，新组建了应急管理部，承担国家安全生产监督管理总局的职责，在防灾减灾规划上，应急管理部于2019年带头开展防灾减灾"十四五"的研究工作。国家的支持和三级结构的有机结合与协调推进，能有效加快我国城市基础设施韧性防灾减灾水平的提升速度。应急管理部的职责见表9-12。

表9-12 应急管理部的职责

减灾部门	主 要 职 责	作 用
应急管理部	1. 国务院办公厅的应急管理职责；公安部的消防管理职责；民政部的救灾职责；国土资源部的地质灾害防治职责；水利部的水旱灾害防治职责；农业部的草原防火职责 2. 国家林业局的森林防火相关职责；中国地震局的震灾应急救援职责 3. 国家防汛抗旱总指挥部、国家减灾委员会、国务院抗震救灾指挥部、国家森林防火指挥部的职责	1. 统筹应急力量建设和物资储备并在救灾时统一调度 2. 组织灾害救助体系建设 3. 指导安全生产类、自然灾害类应急救援 4. 承担国家应对特别重大灾害指挥部工作

二、防灾减灾规划与城市规划协调：从简略空泛到强化落实

城市规划以统筹城市土地利用与空间布局为主要内容，是减灾规划得以实现的重要手段。随着城市的高速发展，城市现代化建设更加活跃，同时也带来了一些弊端，城市人口膨胀、环境恶化等城市问题衍生出的城市灾害已成为城市发展的障碍。为了适应现代化城市发展需要，城市建设与城市防灾减灾工作的协调就显得尤为重要。

在传统的减灾理念下，城市规划与城市防灾减灾规划之间的关系不是特别紧密，城市的综合防灾减灾规划缺乏一个统一且合理的规范，在城市规划管理过程中，各专项规划一般是由不同专业部门来实施，由于各部间缺乏相应的交流和沟通，信息的共享程度比较低，导致各专项之间的实际规划协调度较低、资源浪费。

适灾韧性理念下的城市规划应和防灾减灾规划结合起来，形成韧性城市规划的理念，健全城市安全减灾系统，确保灾害发生时能够快速定位并实施有效救援，最大限度地降低城市在灾害中的损伤。此外，将适灾韧性理念下的防灾减灾规划和城市规划融合在一起，落实基础设施、防灾设施等方面的建设问题。城市防灾减灾规划和城市规划协调的主要内容见表9-13。

第九章 基于适灾韧性理念下城市基础设施建设优化策略

表 9-13 城市防灾减灾规划和城市规划协调的主要内容

	主要内容
城市防灾减灾规划和城市规划的协调	灾害风险评价、综合防灾减灾目标、防灾减灾基本要求、防灾减灾空间体系、防灾减灾设施体系、防灾减灾管理系统、防灾减灾信息系统、应急物资储备、防灾减灾教育培训等

总的来说，适灾韧性理念下，城市总体规划应当充分考虑防灾减灾规划的内容，防灾减灾规划可在城市总体规划的基础上加以完善和调整，并充分落实总体规划的要求，实现规划的总体目标。

三、防灾减灾法规体系优化：从"一事一法"到"一阶段一法"

目前，我国的防灾减灾法规体系建设还不健全。从 20 世纪 90 年代开始，我国关于应对各种自然灾害的法律法规开始逐步建立，如《防洪法》（1997 年）、《防震减灾法》（1998 年）、《气象法》（1999 年）等。关于防灾减灾法规体制建设，我国现行的防灾减灾法规体系见表 9-14。

表 9-14 我国现行的防灾减灾法规体系

发展阶段	法 规 体 系
一事一法	单灾种防灾减灾法律：《水法》《防沙治沙法》《防洪法》《气象法》《防震减灾法》《森林法》等
	行政法规：《破坏性地震应急条例》《防汛条例》《蓄滞洪区运用补偿暂行办法》《森林防火条例》《草原防火条例》《地质灾害防治条例》等，共计 30 余部
基本法	《中华人民共和国突发事件应对法》（2007 年）

我国的防灾减灾法规体系建设主要经历这样一个发展阶段：先从一事一法，发展到有了基本法，再向一个阶段一法的方向发展。当前，我国是一事一法为主，在防洪抗旱、防震减灾、防沙治沙、气象、消防等方面基本上都做到了有法可依。"一事一法"的立法方式在我国的抗灾减灾中发挥了重要作用，但根据近年来发生的灾害看，面对巨灾时，如南方雪灾、汶川地震、玉树地震等，现有的灾害法律体系表现出了极大的弊端，不足以应对巨大灾害。此外，"一事一法"主要是针对单灾种问题，是对单一灾种出台法律规定，一部法律由一个部门来执行，但是采用这一方式，一旦出现新的灾种，防灾减灾工作将面临无法可依的局面。

在当前诱发因子增加、风险因素增多的时代背景下，基于适灾韧性理念提出的"一阶段一法"更加符合现代化城市发展的要求。这一方式能在一定程度上避免过度强调部门应对、专业分工的问题，尤其在应对复合型巨灾时，能实现各部门的综合协调。"一阶段一法"应在"一事一法"的基础上，完善各个灾种的法律法规，充分实现其可操作性，并以减灾基本法《中华人民共和国突发事件应对法》为基础，在单灾种法律法规体系建设的基础上，推进灾前综合防灾减灾法规体系和灾后重建法规体系的建设。对灾前防灾减灾环节和灾后重建环节，要求制定指导方针，使各阶段防灾减灾工作有法可依，充分调动各部门的防灾减灾协调合作能力，着力提高城市安全系数、提升城市基础设施韧性水平及防灾减灾能力。

四、基础设施管理机制优化策略

在经济社会快速发展、城市灾害多发的背景下，防灾减灾管理机制的发展相对缓慢。适灾韧性理念下，可以从完善法律建设、完善应急管理预案、加强社会参与工作等几个方面推进防灾减灾管理机制完善和提升。

1. 完善法律建设。

目前，我国针对国内主要灾种颁布和实施的 30 余部法律法规，对改善灾害管理工作，增强灾害管理法制化水平，指导防灾减灾工作起到了一定的作用。如《防震减灾法》《防洪法》《气象法》《突发事件应对法》等法律；《地质灾害防治条例》《防汛条例》《汶川地震灾后恢复重建条例》《突发公共卫生事件应急条例》等法规。但是由于我国防灾相关法律是在不同时期、不同背景下逐步建立起来的，导致不同法律之间缺乏整体性和协调性。因此，需要进一步完善我国综合防灾减灾基本法律，在此基础上，建立其他防灾减灾法规和指导减灾活动的纲领，并加快完善灾后救助阶段和恢复重建阶段的法律法规。

2. 完善应急管理预案

应急预案的编制在防灾减灾管理机制中起着关键作用。应急预案的编制，一是明确了各级、各组织应急救援的范围和职责；二是通过编制应急预案，各地区、各专业应急管理体系能够相互衔接、构成有机的整体，增强各级协调能力和应急响应的及时性、有效性；三是应急管理预案可指导开展演练工作，提高全体人员的风险防范意识。

因此，各地区应当因地制宜、不断修订完善应急预案，协调推动各级各类应急预案编制、修订和报备等工作的管理，完善事故灾难和自然灾害分级应对制度，建立应急预案库，并建立健全应急救援指挥机制；加快应急管理部门内部融合，逐步建立统一指挥、专常兼备、反应灵敏、上下联动、平战结合的应急管理体制。

3. 优化应急减灾工作结构

当前，我国组建了应急管理部，有效推动了应急减灾协调工作的开展实施。因此，在地方层面，地方政府也应当成立综合性应急减灾机构，将各部门的分散力量联合起来，开展应急指挥工作。这个机构的主要任务见表 9-15。

表 9-15　综合性应急减灾机构的主要任务

序号	主要任务
1	开展综合管理工作，如防灾信息监测、灾害发生后的应急处置、灾后的评估和恢复等。
2	与其他相关应急管理部门进行协调，建立应急减灾管理机构网络，确保各类信息以及资源的及时传输
3	制定出台相应的应急预案和相关文件

第三节　基于适灾韧性理念的城市基础设施维护优化策略

一、加大基础设施维护资金投入

针对已经建成的防灾减灾基础设施体系，政府应当提高对设施维护工作的重视，加大人力物力的投入。同时，政府可通过建立以经济社会手段为主的激励机制，吸引社会资本，实现投资主体多元化和防灾减灾体系的整体性推进。在基础设施建设过程中按照市场导向创新投资形式。结合当前国家优惠政策和较为成熟的投融资模式，合理规划、吸引社会资本参与基础设施的建设和维护，改善基础设施的维护管理水平。例如，PPP、BOT、PPP 与 BOT 结合等融资模式为基础设施的管理筹集更多资金，拓宽维护管理环节的资金来源，为基础设施的维护奠定基础。

二、优化管理措施

在开展城市基础设施的维护管理工作过程，政府应当转变管理思想，将社会其他组织力量和群众力量结合起来，共同组成政府监管市场、调节经济、管理公共服务，社会组织负责维护管理，群众参与管理过程的基础设施维护管理机制。主要可以从以下几方面进行：

一是对防灾基础设施进行合理分类，管理维护机构参与到基础设施规划和建设的全过程，对设计和施工提出针对性意见，提高后期管理维护效率[91]。针对已建成的防灾基础设施，定期进行承灾能力普查工作，对设施的承灾能力进行检测和评估，排查承灾能力脆弱的防灾基础设施，进行加固改造或拆除重建。对于部分设施存在空间布局不平衡、凌乱且分散的现象，管理部门需要在科学研究的基础上，重新合理规划调整，逐步提升防灾基础设施的承灾能力。

二是充分调动各级政府之间的协调能力，联合监管，对基础设施展开全面维护。充分发挥政府主导，社会公众监督的作用，相互协调推动基础设施建设、维护工作顺利进行。借助媒体呼吁公众参与对基础设施的维护工作，对城市基础设施维护的重要性加以宣传，并重点宣传国家颁布的基础设施维护法律、条例等，提升公众素质、法律意识，降低基础设施恶意受损的问题。利用政策引导群众，鼓励市民积极参与维护管理过程。此外，在传统监督机制的基础上，加入网络平台监督，进一步落实对基础设施的管理工作。

三、使用信息化维护管理

基础设施建成后便进入长期的维护管理阶段。随着现代化的发展，数字化和信息化技术运用越来越广泛，为提高城市基础设施管理维护技术水平，应结合信息化、数字化技术建立城市基础设施管理数据库和管理平台，建立基础设施管理维护预警及应变系统，以便能够及时发现灾变情况并及时处理，将灾害损失降至最低。通过信息化的管理方式，结合现代化的综合检测设备，对基础设施进行监测评估，及时发现其中存在的问题，对基础设施系统进行修复，减少系统在使用过程中出现结构性损坏。

第四节 基于适灾韧性理念的城市基础设施防灾减灾参与主体优化策略

一、防灾减灾参与主体单一化到主体多元化

当前，社会运行更加复杂、城市安全问题更加突出，城市的综合防灾减灾能力更加重要。城市基础设施作为城市的重要组成，其具有的服务的公共性和两重性、效益的间接性和综合性对城市经济生活、社会生活具有不可忽视的作用。因此，适灾理念下，城市基础设施的防灾减灾体系建设应与现代化发展相协调，除了灾害全过程管理，防灾减灾参与主体也应列为研究重点。以往的防灾减灾重在研究对单灾种管理、灾后重建和单一救灾主体，而适灾韧性理念下的城市基础设施防灾减灾更加倾向于综合防灾减灾体系研究和建设[92]。因此，防灾减灾参与主体由单一化向多元化发展，是必然的趋势。

随着适灾韧性理念和综合防灾减灾体系逐步发展成熟，我国防灾、减灾、救灾呈现出多主体参与态势，形成以政府主导、社会组织倡导、社会公众积极参与的格局。当前，

我国防灾减灾多元主体主要包括政府体系、企业单位、非营利性社会组织、社区、个人，见表9-16。

表9-16 参与主体单一化和多元化对比分析

单一化	
参与主体	政府体系
资金来源	主要是财政资源
存在问题	1. 忽视了社会多元化力量的参与 2. 救灾救济资源的调度、拨付多采用行政手段，缺少市场因素的适当介入 3. 各级政府由于对巨灾管理产生的大批工作量，势必会增加人力和机构投入，行政成本陡然增加
多元化	
参与主体	政府体系、企业单位、非营利性社会组织、社区、个人
资金来源	政府财政及社会资金
优势	1. 政府体系责任 （1）制度供给、法律监管，对多元主体的引导和协调 （2）提供防灾减灾行动标准，疏通社会组织参与渠道，引导非政府组织开展相关活动，形成政府与社会合力的平台 2. 资源配置更具科学性

近年来，国家大力出台与防灾减灾工作相关的文件，为城市防灾减灾提供制度支持，并且多主体参与的优势逐渐显现，因此，在防灾减灾工作中，积极调动各方力量，让防灾减灾的参与主体更加多元化。除此之外，要注重提高全社会的应急避灾救援意识。城市居民作为城市发展的内在动力，其防灾减灾意识是城市基础设施防灾减灾体系建设的重要力量。传统的防灾注重灾后救助而忽视了事前预防工作，导致很多基层组织忽视自身防灾、减灾能力的培养，国民风险意识淡薄[93]。随着适灾韧性理念深入人心，群众的防灾减灾意识应从被动逐渐转变为主动，逐步提升公众主动防灾、科学避灾、有效减灾和面临灾害时自防、自救、互救及抢险救灾的能力。首先基层组织应积极开展防灾减灾宣传活动，强化宣传教育，动员社区中各单位、家庭以及成员积极参与防灾减灾和应急管理工作，强化居民日常自救技能和应急避难技能，完善应急预案，规范避难场所，有效提高城市基础设施综合减灾工作水平、增强城市居民防灾减灾的主动意识。其次，形成政府职能部门主导，全民参与的防灾救灾联合机制，建立一支专业性的城市灾害应急管理队伍，队伍内包含针对城市主要灾害的专业救援训练人才和指挥救援工作的政府职能部门的负责人，队伍负责一定的防灾减灾工作教育和宣传[94]。最后，充分发挥民间组织力量参与灾后应急救援，鼓励居民、企业和其他社会组织为应对突发事件提供资金、物资和技术支持，充分带动市民参与灾后抢险救灾，形成全社会共同参与防灾减灾的合力，推动防灾基础设施的灾后应急救援能力得到全面有效地提升[95]。

二、基础设施多主体治理优化策略

在灾害日益复杂的背景下，灾害风险对城市的防灾减灾治理能力提出了更高的要求。我国各城市应当以适灾韧性理念为指导，完善"一元主导、多元合作"的韧性治理体系、推

第九章 基于适灾韧性理念下城市基础设施建设优化策略

进防灾减灾救灾治理体系和治理能力现代化。从治理体系的角度，传统的单一主体治理体制难以应对当代复合型灾害的发生，也难以满足城市应急管理的需求[96]。在城市日趋发展壮大的趋势下，政府与社会在灾害风险中是相互赋予、相互扶持的。在现代治理理论中，多主体是治理的重要特征，因此，应完善以党和政府为防灾减灾中心引导力量，多个社会主体共同合作的治理体系，充分发挥政府、市场、社会在灾害应急中的协同作用，提升城市在防灾减灾方面的韧性与应灾能力。除此之外，在互联网+时代的浪潮下，推进防灾减灾治理能力和治理体系现代化是适灾韧性理念下，现代城市对防灾减灾治理提出的迫切要求。

以成都为例，成都积极响应新时代、新理念的防灾减灾要求，构建党委领导、政府主导、部门联系、社会协同、群众参与的防灾减灾治理机制，打造基层综合减灾服务中心，并结合信息化打造基层综合减灾公共服务体系。此外，成都以社区为基本单位，推进综合减灾标准化社区建设。到2019年底成都市建成综合减灾标准化村（社区）1023个，覆盖面积3000多平方公里，惠及人口700多万人。与此同时，成都出台系列政策和防灾减灾标准对成都市的防灾减灾治理体系建设予以支持，详见表9-17。

表9-17　成都市关于防灾减灾治理系列文件、标准

防灾减灾文件	2015年《成都市社区（村）综合减灾标准化建设工作方案》 2016年《成都市城建攻坚2025规划》 2017年《成都市"十三五"综合防灾减灾规划》 2019年《中共成都市委成都市人民政府关于推进防灾减灾体制机制改革的实施意见》（成委发〔2019〕5号）
防灾减灾标准	2015年《社区（村）综合减灾公共信息标识建设规范》 2016年《社区（村）综合减灾服务规范》《社区（村）自然灾害基本生活救助服务规范》《救灾物资储备管理规范》 2018年《城市综合减灾能力指标体系》

附　录

附录 A　城市基础设施防灾减灾韧性评价指标体系调查表

尊敬的专家：您好！

目前课题组正在进行"城市基础设施防灾减灾韧性"课题研究。本问卷目的是构建城市基础设施防灾减灾韧性评价的指标体系。请您在认为合适的指标选项后画"√"，并回答相关问题。完成本问卷大约需要占用您 5 分钟的宝贵时间，深表感谢！

一、您的基本信息

工作单位：行政主管部门（　　）　　　高校/科研院所（　　）　　　企业单位（　　）

工作岗位：　　　　　　　　　　职称：

二、城市基础设施防灾减灾韧性评价指标筛选

城市基础设施防灾减灾韧性评价指标体系，包括定量指标和定性指标，具体详见下表内容。请您在三级指标名称相应的"是否合适及调整意见"处画"√"。

序号	三级指标名称	是否合适及调整意见
1	电力、燃气及水的生产和供应业固定资产投资占比	
2	交通运输、仓储和邮政业固定资产投资占比	
3	水利、环境和公共设施管理业固定资产投资占比	
4	城市人口密度	
5	人均公园绿地面积	
6	每万人拥有公共厕所	
7	人均城市道路面积	
8	地震台数	
9	地面观测业务站点个数	
10	天气雷达观测业务站点个数	
11	天然气供气能力	
12	供电能力	
13	供水综合生产能力	

(续)

序号	三级指标名称	是否合适及调整意见
14	城市污水日处理能力	
15	城市排水管道长度水平	
16	铁路货物周转量	
17	公路货物周转量	
18	铁路货运能力	
19	公路货运能力	
20	每万人拥有公共交通车辆	
21	R&D 人员全时当量水平	
22	R&D 项目数量水平	
23	建筑业企业单位数量水平	
24	建筑业从业人员数量水平	
25	勘察设计机构单位数量水平	
26	监理单位数量水平	
27	企业自有施工机械设备台数水平	
28	地方财政税收收入水平	
29	水利、环境和公共设施管理业就业人员水平	
30	电力、热力、燃气及水生产和供应业就业人员水平	
31	医院数量水平	
32	每万人拥有城市技术人员数	
33	城市每万人医疗机构床位数	

附录 B 城市基础设施防灾减灾韧性评价指标因子分析调查表

尊敬的专家：您好！

目前课题组正在进行"城市基础设施防灾减灾韧性"课题研究。本问卷目的是对城市基础设施防灾减灾韧性评价的指标体系进行因子分析。请您在认为合适的指标选项后画"√"，并回答相关问题。完成本问卷大约需要占用您 5 分钟的宝贵时间，深表感谢！

一、您的基本信息

工作单位：行政主管部门（   ）　　　高校/科研院所（   ）　　　企业单位（   ）

工作岗位：　　　　　　　　　　职称：

二、城市基础设施防灾减灾韧性评价指标第二轮筛选

城市基础设施防灾减灾韧性评价指标体系，包括定量指标和定性指标，本问卷采用 5 级量表，5、4、3、2、1 分别表示"非常重要""重要""一般""不重要""非常不重要"。具体详见下表内容。请您在认为合适的选项下画"√"。

序号	三级指标名称	重要性				
		5	4	3	2	1
1	电力、燃气及水的生产和供应业固定资产投资占比					
2	交通运输、仓储和邮政业固定资产投资占比					
3	水利、环境和公共设施管理业固定资产投资占比					
4	城市人口密度					
5	人均公园绿地面积					
6	每万人拥有公共厕所					
7	人均城市道路面积					
8	地震台数					
9	地面观测业务站点个数					
10	天气雷达观测业务站点个数					
11	天然气供气能力					
12	供电能力					
13	供水综合生产能力					
14	城市污水日处理能力					
15	城市排水管道长度水平					
16	铁路货物周转量					
17	公路货物周转量					

(续)

序号	三级指标名称	重要性				
		5	4	3	2	1
18	铁路货运能力					
19	公路货运能力					
20	每万人拥有公共交通车辆					
21	R&D 人员全时当量水平					
22	R&D 项目数量水平					
23	建筑业企业单位数量水平					
24	建筑业从业人员数量水平					
25	勘察设计机构单位数量水平					
26	监理单位数量水平					
27	企业自有施工机械设备台数水平					
28	地方财政税收收入水平					
29	水利、环境和公共设施管理业就业人员水平					
30	电力、热力、燃气及水生产和供应业就业人员水平					
31	医院数量水平					
32	每万人拥有城市技术人员数					
33	城市每万人医疗机构床位数					

附录C 城市基础设施防灾减灾韧性评价指标相对重要性调查表

尊敬的专家：您好！

目前课题组正在进行"城市基础设施防灾减灾韧性"课题研究。本问卷目的是对城市基础设施防灾减灾韧性评价的指标体系进行权重确定。请您在认为合适的指标选项后画"√"，并回答相关问题。完成本问卷大约需要占用您5分钟的宝贵时间，深表感谢！

一、您的基本信息

工作单位：行政主管部门（　）　　　　高校/科研院所（　）　　　　企业单位（　）

工作岗位：　　　　　　　　　　职称：

二、城市基础设施防灾减灾韧性评价指标权重确定

下表涉及城市基础设施防灾减灾韧性评价指标体系。下列各表格两端是各评价指标，问卷的中间部分则是两端指标的相对重要性分值。请您根据两端指标的相对重要性，在合适的评分结果下打"√"。表中所示为X对于Y的相对重要性，本问卷采用5分法进行调查，从1至5表示指标X对指标Y重要程度逐渐增加，从1至1/5表示指标Y对指标X相对不重要程度逐渐增加。

下列各组两两比较要素，对于"决策目标（A）"的相对重要性如何？

X	重要性比较									Y
	1/5	1/4	1/3	1/2	1	2	3	4	5	
灾前预防能力（B1）										灾害抵御能力（B2）
灾前预防能力（B1）										灾后恢复及提升能力（B3）
灾害抵御能力（B2）										灾后恢复及提升能力（B3）

下列各组两两比较要素，对于"灾前预防能力（B1）"的相对重要性如何？

X	重要性比较									Y
	1/5	1/4	1/3	1/2	1	2	3	4	5	
资金投入（C1）										城市状况（C2）
资金投入（C1）										观测预警（C3）
城市状况（C2）										观测预警（C3）

下列各组两两比较要素，对于"灾害抵御能力（B2）"的相对重要性如何？

X	重要性比较									Y
	1/5	1/4	1/3	1/2	1	2	3	4	5	
能源供应能力（C4）										给水排水处理能力（C5）
能源供应能力（C4）										交通运转能力（C6）
给水排水处理能力（C5）										交通运转能力（C6）

附 录

下列各组两两比较要素,对于"灾后恢复及提升能力(B3)"的相对重要性如何?

X	重要性比较									Y
	1/5	1/4	1/3	1/2	1	2	3	4	5	
科研投入(C7)										建筑业企业能力(C8)
科研投入(C7)										资金及人员配备(C9)
建筑业企业能力(C8)										资金及人员配备(C9)

下列各组两两比较要素,对于"资金投入(C1)"的相对重要性如何?

X	重要性比较									Y
	1/5	1/4	1/3	1/2	1	2	3	4	5	
电力、燃气及水的生产和供应业固定资产投资占比(D1)										交通运输、仓储和邮政业固定资产投资占比(D2)
电力、燃气及水的生产和供应业固定资产投资占比(D1)										水利、环境和公共设施管理业固定资产投资占比(D3)
交通运输仓储和邮政业固定资产投资占比(D2)										水利、环境和公共设施管理业固定资产投资占比(D3)

下列各组两两比较要素,对于"城市状况(C2)"的相对重要性如何?

X	重要性比较									Y
	1/5	1/4	1/3	1/2	1	2	3	4	5	
城市人口密度(D4)										人均城市道路面积(D5)

下列各组两两比较要素,对于"观测预警(C3)"的相对重要性如何?

X	重要性比较									Y
	1/5	1/4	1/3	1/2	1	2	3	4	5	
省级以上地震台数(D6)										地面观测业务站点个数(D7)
省级以上地震台数(D6)										天气雷达观测业务站点个数(D8)
地面观测业务站点个数(D7)										天气雷达观测业务站点个数(D8)

下列各组两两比较要素,对于"能源供应能力(C4)"的相对重要性如何?

X	重要性比较									Y
	1/5	1/4	1/3	1/2	1	2	3	4	5	
天然气供气能力(D9)										供电能力(D10)

下列各组两两比较要素，对于"给水排水处理能力（C5）"的相对重要性如何？

X	重要性比较									Y
	1/5	1/4	1/3	1/2	1	2	3	4	5	
供水综合生产能力（D11）										城市污水日处理能力（D12）
供水综合生产能力（D11）										城市排水管道长度水平（D13）
城市污水日处理能力（D12）										城市排水管道长度水平（D13）

下列各组两两比较要素，对于"交通运转能力（C6）"的相对重要性如何？

X	重要性比较									Y
	1/5	1/4	1/3	1/2	1	2	3	4	5	
铁路货物周转能力（D14）										公路货物周转能力（D15）

下列各组两两比较要素，对于"科研投入（C7）"的相对重要性如何？

X	重要性比较									Y
	1/5	1/4	1/3	1/2	1	2	3	4	5	
R&D人员全时当量水平（D16）										R&D项目数量水平（D17）

下列各组两两比较要素，对于"建筑业企业能力（C8）"的相对重要性如何？

X	重要性比较									Y
	1/5	1/4	1/3	1/2	1	2	3	4	5	
建筑业企业单位数量水平（D18）										建筑业从业人员数量水平（D19）
建筑业企业单位数量水平（D18）										勘察设计机构单位数量水平（D20）
建筑业企业单位数量水平（D18）										监理单位数量水平（D21）
建筑业企业单位数量水平（D18）										企业自有施工机械设备台数水平（D22）
建筑业从业人员数量水平（D19）										勘察设计机构单位数量水平（D20）
建筑业从业人员数量水平（D19）										监理单位数量水平（D21）
建筑业从业人员数量水平（D19）										企业自有施工机械设备台数水平（D22）

（续）

X	重要性比较									Y
	1/5	1/4	1/3	1/2	1	2	3	4	5	
勘察设计机构单位数量水平（D20）										监理单位数量水平（D21）
勘察设计机构单位数量水平（D20）										企业自有施工机械设备台数水平（D22）
监理单位数量水平（D21）										企业自有施工机械设备台数水平（D22）

下列各组两两比较要素，对于"资金及人员配备（C9）"的相对重要性如何？

X	重要性比较									Y
	1/5	1/4	1/3	1/2	1	2	3	4	5	
地方财政税收收入水平（D23）										水利、环境和公共设施管理业就业人员水平（D24）
地方财政税收收入水平（D23）										电力、热力、燃气及水生产和供应业就业人员水平（D25）
水利、环境和公共设施管理业就业人员水平（D24）										电力、热力、燃气及水生产和供应业就业人员水平（D25）

附录 D 2016—2018 年西部各地区突变级数值

表 D-1 2016 年重庆市城市基础设施防灾减灾韧性突变值

二级指标	突变值	一级指标	突变值	维度	突变值	总目标	突变值
电力、燃气及水的生产和供应业固定资产投资占比（D1）	0.165	资金投入（C1）	0.638	灾前预防能力（B1）	0.649	城市基础设施防灾减灾韧性评价（A）	0.898
交通运输、仓储和邮政业固定资产投资占比（D2）	0.299						
水利、环境和公共设施管理业固定资产投资占比（D3）	0.712						
城市人口密度（D4）	0.439	城市状况（C2）	0.662				
人均城市道路面积（D5）	0.512						
地震台数（D6）	0.075						
地面观测业务站点个数（D7）	0.049	观测预警（C3）	0.422				
天气雷达观测业务站点个数（D8）	0.308						
天然气供气能力（D9）	0.299	能源供应能力（C4）	0.486	灾害抵御能力（B2）	0.826		
供电能力（D10）	0.092						
供水综合生产能力（D11）	0.393	给水排水处理能力（C5）	0.761				
城市污水日处理能力（D12）	0.486						
城市排水管道长度水平（D13）	0.572						
铁路货物周转量（D14）	0.227	交通运转能力（C6）	0.610				
公路货物周转量（D15）	0.811						
R&D人员全时当量水平（D16）	0.609	科研投入（C7）	0.814	灾后恢复及提升能力（B3）	0.906		
R&D项目数量水平（D17）	0.610						
建筑业企业单位数量水平（D18）	0.516	建筑业企业能力（C8）	0.810				
建筑业从业人员数量水平（D19）	0.961						
勘察设计机构单位数量水平（D20）	0.330						
监理单位数量水平（D21）	0.129						
企业自有施工机械设备台数水平（D22）	0.567						
地方财政税收水平（D23）	0.517	资金及人员配备（C9）	0.654				
水利、环境和公共设施管理业就业人员水平（D24）	0.451						
电力、热力、燃气及水生产和供应业就业人员水平（D25）	0.280						

表 D-2 2016 年四川省城市基础设施防灾减灾韧性突变值

二级指标	突变值	一级指标	突变值	维度	突变值	总目标	突变值
电力、燃气及水的生产和供应业固定资产投资占比（D1）	0.340	资金投入（C1）	0.725	灾前预防能力（B1）	0.828	城市基础设施防灾减灾韧性评价（A）	0.939
交通运输、仓储和邮政业固定资产投资占比（D2）	0.382						
水利、环境和公共设施管理业固定资产投资占比（D3）	0.555						
城市人口密度（D4）	0.652	城市状况（C2）	0.807				
人均城市道路面积（D5）	0.575						
地震台数（D6）	0.650	观测预警（C3）	0.685				
地面观测业务站点个数（D7）	0.220						
天气雷达观测业务站点个数（D8）	0.769						
天然气供气能力（D9）	0.363	能源供应能力（C4）	0.582	灾害抵御能力（B2）	0.827		
供电能力（D10）	0.203						
供水综合生产能力（D11）	0.487	给水排水处理能力（C5）	0.768				
城市污水日处理能力（D12）	0.480						
城市排水管道长度水平（D13）	0.456						
铁路货物周转量（D14）	0.176	交通运转能力（C6）	0.480				
公路货物周转量（D15）	0.230						
R&D 人员全时当量水平（D16）	0.773	科研投入（C7）	0.886				
R&D 项目数量水平（D17）	0.710						
建筑业企业单位数量水平（D18）	0.358	建筑业能力（C8）	0.750	灾后恢复及提升能力（B3）	0.897		
建筑业从业人员数量水平（D19）	0.610						
勘察设计机构单位数量水平（D20）	0.217						
监理单位数量水平（D21）	0.202						
企业自有施工机械设备台数水平（D22）	0.449						
地方财政税收水平（D23）	0.393	资金及人员配备（C9）	0.627				
水利、环境和公共设施管理业就业人员水平（D24）	0.421						
电力、热力、燃气及水生产和供应业就业人员水平（D25）	0.473						

表 D-3 2016 年贵州省城市基础设施防灾减灾韧性突变值

二级指标	突变值	一级指标	突变值	维度	突变值	总目标	突变值
电力、燃气及水的生产和供应业固定资产投资占比（D1）	0.203	资金投入（C1）	0.671	灾前预防能力（B1）	0.766	城市基础设施防灾减灾韧性评价（A）	0.923
交通运输、仓储和邮政业固定资产投资占比（D2）	0.397						
水利、环境和公共设施管理业固定资产投资占比（D3）	0.902						
城市人口密度（D4）	0.490	城市状况（C2）	0.700				
人均城市道路面积（D5）	0.507						
地震台数（D6）	0.450	观测预警（C3）	0.587				
地面观测业务站点个数（D7）	0.118						
天气雷达观测业务站点个数（D8）	0.692						
天然气供气能力（D9）	0.148	能源供应能力（C4）	0.541	灾害抵御能力（B2）	0.831		
供电能力（D10）	0.305						
供水综合生产能力（D11）	0.437	给水排水处理能力（C5）	0.701				
城市污水日处理能力（D12）	0.375						
城市排水管道长度水平（D13）	0.272						
铁路货物周转量（D14）	0.384	交通运转能力（C6）	0.595				
公路货物周转量（D15）	0.354						
R&D 人员全时当量水平（D16）	0.203	科研投入（C7）	0.503				
R&D 项目数量水平（D17）	0.172						
建筑业企业单位数量水平（D18）	0.217	建筑业企业能力（C8）	0.680	灾后恢复及提升能力（B3）	0.851		
建筑业从业人员数量水平（D19）	0.377						
勘察设计机构单位数量水平（D20）	0.227						
监理单位数量水平（D21）	0.171						
企业自有施工机械设备台数水平（D22）	0.288						
地方财政税收收入水平（D23）	0.490	资金及人员配备（C9）	0.700				
水利、环境和公共设施管理业就业人员水平（D24）	0.436						
电力、热力、燃气及水生产和供应业就业人员水平（D25）	0.645						

表 D-4 2016年云南省城市基础设施防灾减灾韧性突变值

二级指标	突变值	一级指标	突变值	维度	突变值	总目标	突变值
电力、燃气及水的生产和供应业固定资产投资占比 (D1)	0.293	资金投入 (C1)	0.710	灾前预防能力 (B1)	0.805	城市基础设施防灾减灾韧性评价 (A)	0.927
交通运输、仓储和邮政业固定资产投资占比 (D2)	0.471						
水利、环境和公共设施管理业固定资产投资占比 (D3)	0.504						
城市人口密度 (D4)	0.673	城市状况 (C2)	0.820				
人均城市道路面积 (D5)	0.660						
地震台数 (D6)	0.450	观测预警 (C3)	0.648				
地面观测业务站点个数 (D7)	0.176						
天气雷达观测业务站点个数 (D8)	0.615						
天然气供气能力 (D9)	0.066	能源供应能力 (C4)	0.483	灾害抵御能力 (B2)	0.797		
供电能力 (D10)	0.315						
供水综合生产能力 (D11)	0.427	给水排水处理能力 (C5)	0.727				
城市污水日处理能力 (D12)	0.374						
城市排水管道长度水平 (D13)	0.427						
铁路货物周转量 (D14)	0.125	交通运转能力 (C6)	0.461				
公路货物周转量 (D15)	0.213						
R&D人员全时当量水平 (D16)	0.221	科研投入 (C7)	0.560	灾后恢复及提升能力 (B3)	0.864		
R&D项目数量水平 (D17)	0.276						
建筑业企业单位数量水平 (D18)	0.453	建筑业企业能力 (C8)	0.773				
建筑业从业人员数量水平 (D19)	0.472						
勘察设计机构单位数量水平 (D20)	0.409						
监理单位数量水平 (D21)	0.191						
企业自有施工机械设备台数水平 (D22)	0.450						
地方财政税收水平 (D23)	0.375	资金及人员配备 (C9)	0.612				
水利、环境和公共设施管理业就业人员水平 (D24)	0.459						
电力、热力、燃气及水生产和供应业就业人员水平 (D25)	0.413						

表 D-5 2016年西藏自治区城市基础设施防灾减灾韧性突变值

二级指标	突变值	一级指标	突变值	维度	突变值	总目标	突变值
电力、燃气及水的生产和供应业固定资产投资占比 (D1)	0.695	资金投入 (C1)	0.698	灾前预防能力 (B1)	0.696	城市基础设施防灾减灾韧性评价 (A)	0.877
交通运输、仓储和邮政业固定资产投资占比 (D2)	1.000						
水利、环境和公共设施管理业固定资产投资占比 (D3)	0.488						
城市人口密度 (D4)	0.590	城市状况 (C2)	0.768				
人均城市道路面积 (D5)	0.704						
地震台数 (D6)	0.625	观测预警 (C3)	0.484				
地面测测业务站个数 (D7)	0.055						
天气雷达观测业务站个数 (D8)	0.462						
天然气供气能力 (D9)	0.050	能源供应能力 (C4)	0.372	灾害抵御能力 (B2)	0.675		
供电能力 (D10)	0.140						
供水综合生产能力 (D11)	1.000	给水排水能力 (C5)	0.982				
城市污水日处理能力 (D12)	0.846						
城市排水管道长度水平 (D13)	1.000						
铁路货物周转量 (D14)	0.003	交通运转能力 (C6)	0.074				
公路货物周转量 (D15)	0.005						
R&D人员全时当量水平 (D16)	0.003	科研投入 (C7)	0.092				
R&D项目数量水平 (D17)	0.002						
建筑业企业单位数量水平 (D18)	0.675	建筑业企业能力 (C8)	0.821	灾后恢复及提升能力 (B3)	0.779		
建筑业从业人员数量水平 (D19)	0.254						
勘察设计机构单位数量水平 (D20)	0.887						
监理单位数量水平 (D21)	0.568						
企业自有施工机械设备台数水平 (D22)	0.324						
地方财政税收收入水平 (D23)	0.694	资金及人员配备 (C9)	0.681				
水利、环境和公共设施管理业就业人员水平 (D24)	0.215						
电力、热力、燃气及水生产和供应业就业人员水平 (D25)	0.626						

表 D-6　2016年陕西省城市基础设施防灾减灾韧性突变值

二级指标	突变值	一级指标	突变值	维度	突变值	总目标	突变值
电力、燃气及水的生产和供应业固定资产投资占比 (D1)	0.332	资金投入 (C1)	0.607	灾前预防能力 (B1)	0.782	城市基础设施防灾减灾韧性评价 (A)	0.940
交通运输、仓储和邮政业固定资产投资占比 (D2)	0.224						
水利、环境和公共设施管理业固定资产投资占比 (D3)	0.778						
城市人口密度 (D4)	0.953	城市状况 (C2)	0.864				
人均城市道路面积 (D5)	0.645						
地震台数 (D6)	0.300	观测预警 (C3)	0.611				
地面观测业务站点个数 (D7)	0.140						
天气雷达观测业务站点个数 (D8)	0.615						
天然气供气能力 (D9)	0.394	能源供应能力 (C4)	0.634	灾害抵御能力 (B2)	0.891		
供电能力 (D10)	0.287						
供水综合生产能力 (D11)	0.461	给水排水处理能力 (C5)	0.790				
城市污水日处理能力 (D12)	0.722						
城市排水管道长度水平 (D13)	0.395						
铁路货物周转量 (D14)	0.881	交通运转能力 (C6)	0.818				
公路货物周转量 (D15)	0.670						
R&D人员全时当量水平 (D16)	0.583	科研投入 (C7)	0.737				
R&D项目数量水平 (D17)	0.359						
建筑业企业单位数量水平 (D18)	0.524	建筑业企业能力 (C8)	0.887	灾后恢复及提升能力 (B3)	0.923		
建筑业从业人员数量水平 (D19)	0.673						
勘察设计单位机构单位数量水平 (D20)	0.494						
监理单位数量水平 (D21)	0.687						
企业自有施工机械设备台数水平 (D22)	1.000						
地方财政税收水平 (D23)	0.536	资金及人员配备 (C9)	0.732				
水利、环境和公共设施管理业就业人员水平 (D24)	0.821						
电力、热力、燃气及水生产和供应业就业人员水平 (D25)	0.737						

表 D-7　2016 年甘肃省城市基础设施防灾减灾韧性突变值

二级指标	突变值	一级指标	突变值	维度	突变值	总目标	突变值
电力、燃气及水的生产和供应业固定资产投资占比 (D1)	0.413	资金投入 (C1)	0.668	灾前预防能力 (B1)	0.762	城市基础设施防灾减灾韧性评价 (A)	0.920
交通运输、仓储和邮政业固定资产投资占比 (D2)	0.335						
水利、环境和公共设施管理业固定资产投资占比 (D3)	0.447						
城市人口密度 (D4)	0.916	城市状况 (C2)	0.864				
人均城市道路面积 (D5)	0.645						
地震台数 (D6)	0.525						
地面观测业务站点个数 (D7)	0.114	观测预警 (C3)	0.581				
天气雷达观测业务站点个数 (D8)	0.538						
天然气供气能力 (D9)	0.420	能源供应能力 (C4)	0.630	灾害抵御能力 (B2)	0.816		
供电能力 (D10)	0.262						
供水综合生产能力 (D11)	0.532						
城市污水日处理能力 (D12)	0.361	给水排水处理能力 (C5)	0.737				
城市排水管道长度水平 (D13)	0.348						
铁路货物周转量 (D14)	0.320	交通运转能力 (C6)	0.387				
公路货物周转量 (D15)	0.149						
R&D人员全时当量水平 (D16)	0.162	科研投入 (C7)	0.446				
R&D项目数量水平 (D17)	0.117						
建筑业企业单位数量水平 (D18)	0.434	建筑业企业能力 (C8)	0.814	灾后恢复及提升能力 (B3)	0.847		
建筑业从业人员数量水平 (D19)	0.425						
勘察设计机构单位数量水平 (D20)	0.338						
监理单位数量水平 (D21)	0.369						
企业自有施工机械设备台数水平 (D22)	0.859						
地方财政税收收入水平 (D23)	0.310	资金及人员配备 (C9)	0.556				
水利、环境和公共设施管理业就业人员水平 (D24)	0.667						
电力、热力、燃气及水生产和供应业就业人员水平 (D25)	0.868						

表 D-8　2016 年青海省城市基础设施防灾减灾韧性突变值

二级指标	突变值	一级指标	突变值	维度	突变值	总目标	突变值
电力、燃气及水的生产和供应业固定资产投资占比 (D1)	0.694	资金投入 (C1)	0.611	灾前预防能力 (B1)	0.626	城市基础设施防灾减灾韧性评价 (A)	0.890
交通运输、仓储和邮政业固定资产投资占比 (D2)	0.492						
水利、环境和公共设施管理业固定资产投资占比 (D3)	0.373						
城市人口密度 (D4)	0.609	城市状况 (C2)	0.773				
人均城市道路面积 (D5)	0.462						
地震台数 (D6)	0.175	观测预警 (C3)	0.392				
地面观测业务站点个数 (D7)	0.073						
天气雷达观测业务站点个数 (D8)	0.154						
天然气供气能力 (D9)	0.955	能源供应能力 (C4)	0.830	灾害抵御能力 (B2)	0.795		
供电能力 (D10)	0.455						
供水综合生产能力 (D11)	0.516	给水排水处理能力 (C5)	0.774				
城市污水日处理能力 (D12)	0.542						
城市排水管道长度水平 (D13)	0.389						
铁路货物周转量 (D14)	0.040	交通运转能力 (C6)	0.153				
公路货物周转量 (D15)	0.023						
R&D 人员全时当量水平 (D16)	0.022	科研投入 (C7)	0.219				
R&D 项目数量水平 (D17)	0.024						
建筑业企业单位数量水平 (D18)	0.463	建筑业企业能力 (C8)	0.826	灾后恢复及提升能力 (B3)	0.817		
建筑业从业人员数量水平 (D19)	0.328						
勘察设计机构单位数量水平 (D20)	0.572						
监理单位数量水平 (D21)	0.498						
企业自有施工机械设备台数水平 (D22)	0.752						
地方财政税收水平 (D23)	0.396	资金及人员配备 (C9)	0.629				
水利、环境和公共设施管理业就业人员水平 (D24)	0.474						
电力、热力、燃气及水生产和供应业就业人员水平 (D25)	0.596						

表 D-9　2016 年新疆维吾尔自治区城市基础设施防灾减灾韧性突变值

二级指标	突变值	一级指标	突变值	维度	突变值	总目标	突变值
电力、燃气及水的生产和供应业固定资产投资占比 (D1)	0.700	资金投入 (C1)	0.621	灾前预防能力 (B1)	0.788	城市基础设施防灾减灾韧性评价 (A)	0.918
交通运输、仓储和邮政业固定资产投资占比 (D2)	0.239						
水利、环境和公共设施管理业固定资产投资占比 (D3)	0.602						
城市人口密度 (D4)	0.552	城市状况 (C2)	0.743				
人均城市道路面积 (D5)	0.768						
地震台数 (D6)	0.500	观测预警 (C3)	0.620				
地面观测业务站点个数 (D7)	0.148						
天气雷达观测业务站点个数 (D8)	1.000						
天然气供气能力 (D9)	0.734	能源供应能力 (C4)	0.835	灾害抵御能力 (B2)	0.826		
供电能力 (D10)	0.590						
供水综合生产能力 (D11)	0.786						
城市污水日处理能力 (D12)	0.705	给水排水处理能力 (C5)	0.860				
城市排水管道密度水平 (D13)	0.417						
铁路货物周转量 (D14)	0.050	交通运转 (C6)	0.218				
公路货物周转量 (D15)	0.047						
R&D 人员全时当量水平 (D16)	0.094	科研投入 (C7)	0.369				
R&D 项目数量水平 (D17)	0.080						
建筑业企业单位数量水平 (D18)	0.377	建筑业企业能力 (C8)	0.733	灾后恢复及提升能力 (B3)	0.844		
建筑业从业人员数量水平 (D19)	0.291						
勘察设计机构单位数量水平 (D20)	0.362						
监理单位数量水平 (D21)	0.225						
企业自有施工机械设备台数水平 (D22)	0.375						
地方财政税收水平 (D23)	0.515	资金及人员配备 (C9)	0.717				
水利、环境和公共设施管理业就业人员水平 (D24)	0.649						
电力、热力、燃气水生产和供应业就业人员水平 (D25)	0.687						

表 D-10 2016年宁夏回族自治区城市基础设施防灾减灾韧性突变值

二级指标	突变值	一级指标	突变值	维度	突变值	总目标	突变值
电力、燃气及水的生产和供应业固定资产投资占比（D1）	0.926	资金投入（C1）	0.608	灾前预防能力（B1）	0.658	城市基础设施防灾减灾韧性评价（A）	0.901
交通运输、仓储和邮政业固定资产投资占比（D2）	0.285						
水利、环境和公共设施管理业固定资产投资占比（D3）	0.369						
城市人口密度（D4）	0.302	城市状况（C2）	0.549				
人均城市道路面积（D5）	0.967						
地震台数（D6）	0.175	观测预警能力（C3）	0.433				
地面观测业务站点个数（D7）	0.035						
天气雷达观测业务站点个数（D8）	0.308						
天然气供气能力（D9）	1.000	能源供应能力（C4）	0.935	灾害抵御能力（B2）	0.942		
供电能力（D10）	0.758						
供水综合生产能力（D11）	0.584	给水排水处理能力（C5）	0.805				
城市污水日处理能力（D12）	0.766						
城市排水管道长度水平（D13）	0.295						
铁路货物周转量（D14）	0.436	交通运转能力（C6）	0.758				
公路货物周转量（D15）	0.622						
R&D人员全时当量水平（D16）	0.073	科研投入（C7）	0.373				
R&D项目数量（D17）	0.107						
建筑业企业单位数量水平（D18）	0.534	建筑业企业能力（C8）	0.754	灾后恢复及提升能力（B3）	0.841		
建筑业从业人员数量水平（D19）	0.229						
勘察设计机构单位数量水平（D20）	0.281						
监理单位数量水平（D21）	0.363						
企业自有施工机械设备台数水平（D22）	0.386						
地方财政税收水平（D23）	0.445	资金及人员配备（C9）	0.667				
水利、环境和公共设施管理业就业人员水平（D24）	0.798						
电力、热力、燃气水生产和供应业就业人员水平（D25）	0.764						

表 D-11 2016 年广西壮族自治区城市基础设施防灾减灾韧性突变值

二级指标	突变值	一级指标	突变值	维度	突变值	总目标	突变值
电力、燃气及水的生产和供应业固定资产投资占比 (D1)	0.284	资金投入 (C1)	0.668	灾前预防能力 (B1)	0.774	城市基础设施防灾减灾韧性评价 (A)	0.916
交通运输、仓储和邮政业固定资产投资占比 (D2)	0.299						
水利、环境和公共设施管理业固定资产投资占比 (D3)	0.458						
城市人口密度 (D4)	0.425	城市状况 (C2)	0.652				
人均城市道路面积 (D5)	0.714						
地震台数 (D6)	0.225						
地面观测业务站点个数 (D7)	0.128	观测预警 (C3)	0.599				
天气雷达业务站点个数 (D8)	0.846						
天然气供气能力 (D9)	0.116	能源供应能力 (C4)	0.435				
供电能力 (D10)	0.146						
供水综合生产能力 (D11)	0.631	给水排水处理能力 (C5)	0.852	灾害抵御能力 (B2)	0.836		
城市污水日处理能力 (D12)	0.988						
城市排水管道长度水平 (D13)	0.346						
铁路货物周转量 (D14)	0.343	交通运转能力 (C6)	0.700				
公路货物周转量 (D15)	0.681						
R&D 人员全时当量水平 (D16)	0.249	科研投入 (C7)	0.548				
R&D 项目数量水平 (D17)	0.213						
建筑业企业单位数量水平 (D18)	0.187	建筑业企业能力 (C8)	0.695	灾后恢复及提升能力 (B3)	0.838		
建筑业从业人员数量水平 (D19)	0.452						
勘察设计机构单位数量水平 (D20)	0.275						
监理单位数量水平 (D21)	0.173						
企业自有施工机械设备台数水平 (D22)	0.348						
地方财政税收水平 (D23)	0.306	资金及人员配备 (C9)	0.553				
水利、热力、燃气及水生产和供应业就业人员水平 (D24)	0.482						
电力、热力、燃气水生产和供应业就业人水平 (D25)	0.489						

附 录

表 D-12　2016 年内蒙古自治区城市基础设施防灾减灾韧性突变值

二级指标	突变值	一级指标	突变值	维度	突变值	总目标	突变值
电力、燃气及水的生产和供应业固定资产投资占比 (D1)	0.697	资金投入 (C1)	0.653	灾前预防能力 (B1)	0.800	城市基础设施防灾减灾韧性评价 (A)	0.933
交通运输、仓储和邮政业固定资产投资占比 (D2)	0.279						
水利、环境和公共设施管理业固定资产投资占比 (D3)	0.705						
城市人口密度 (D4)	0.409	城市状况 (C2)	0.640				
人均城市道路面积 (D5)	0.982						
地震台数 (D6)	0.800	观测预警 (C3)	0.640				
地面观测业务站点个数 (D7)	0.168						
天气雷达观测业务站点个数 (D8)	1.000						
天然气供气能力 (D9)	0.261	能源供应能力 (C4)	0.721	灾害抵御能力 (B2)	0.839		
供电能力 (D10)	0.644						
供水综合生产能力 (D11)	0.472	给水排水处理能力 (C5)	0.787				
城市污水日处理能力 (D12)	0.509						
城市排水管道长度水平 (D13)	0.590						
铁路货物周转量 (D14)	0.193	交通运转能力 (C6)	0.383				
公路货物周转量 (D15)	0.146						
R&D 人员全时当量水平 (D16)	0.387	科研投人 (C7)	0.594				
R&D 项目数量水平 (D17)	0.181						
建筑业企业单位数量水平 (D18)	0.216	建筑业企业能力 (C8)	0.667	灾后恢复及提升能力 (B3)	0.871		
建筑业从业人员数量水平 (D19)	0.169						
勘察设计单位机构单位数量水平 (D20)	0.293						
监理单位数量水平 (D21)	0.248						
企业自有施工机械设备台数水平 (D22)	0.283						
地方财政税收收入水平 (D23)	0.594	资金及人员配备 (C9)	0.771				
水利、环境和公共设施管理业就业人员水平 (D24)	0.710						
电力、热力、燃气及水生产和供应业就业人员水平 (D25)	0.780						

表 D-13　2017 年重庆市城市基础设施防灾减灾韧性突变值

二级指标	突变值	一级指标	突变值	维度	突变值	总目标	突变值
电力、燃气及水的生产和供应业固定资产投资占比（D1）	0.147	资金投入（C1）	0.619	灾前预防能力（B1）	0.649	城市基础设施防灾减灾韧性评价（A）	0.898
交通运输、仓储和邮政业固定资产投资占比（D2）	0.328						
水利、环境和公共设施管理业固定资产投资占比（D3）	0.756						
城市人口密度（D4）	0.453	城市状况（C2）	0.673				
人均城市道路面积（D5）	0.530						
地震台数（D6）	0.075	观测预警（C3）	0.422				
地面观测业务站点个数（D7）	0.049						
天气雷达观测业务站点个数（D8）	0.308						
天然气供气能力（D9）	0.346	能源供应能力（C4）	0.503	灾害抵御能力（B2）	0.836		
供电能力（D10）	0.093						
供水综合生产能力（D11）	0.400						
城市污水日处理能力（D12）	0.518	给水排水处理能力（C5）	0.773				
城市排水管道长度水平（D13）	0.614						
铁路货物周转量（D14）	0.260	交通运转能力（C6）	0.638				
公路货物周转量（D15）	0.927						
R&D 人员全时当量水平（D16）	0.725	科研投入（C7）	0.899				
R&D 项目数量水平（D17）	0.851						
建筑业企业单位数量水平（D18）	0.525	建筑业企业能力（C8）	0.811	灾后恢复及提升能力（B3）	0.913		
建筑业从业人员数量水平（D19）	1.000						
勘察设计机构单位数量水平（D20）	0.336						
监理单位数量水平（D21）	0.131						
企业自有施工机械设备台数水平（D22）	0.536						
地方财政税收水平（D23）	0.514	资金及人员配备（C9）	0.648				
水利、环境和公共设施管理业就业人员水平（D24）	0.456						
电力、热力、燃气及水生产和供应业就业人员水平（D25）	0.272						

表 D-14　2017 年四川省城市基础设施防灾减灾韧性突变值

二级指标	突变值	一级指标	突变值	维度	突变值	总目标	突变值
电力、燃气及水的生产和供应业固定资产投资占比（D1）	0.296	资金投入（C1）	0.737	灾前预防能力（B1）	0.828	城市基础设施防灾减灾韧性评价（A）	0.940
交通运输、仓储和邮政业固定资产投资占比（D2）	0.414						
水利、环境和公共设施管理业固定资产投资占比（D3）	0.603						
城市人口密度（D4）	0.666	城市状况（C2）	0.816				
人均城市道路面积（D5）	0.574						
地震台数总数（D6）	0.675	观测预警（C3）	0.685				
地面观测业务站点个数（D7）	0.220						
天气雷达观测业务站点个数（D8）	0.769						
天然气供气能力（D9）	0.348	能源供应能力（C4）	0.579	灾害抵御能力（B2）	0.831		
供电能力（D10）	0.208						
供水综合生产能力（D11）	0.506	给水排水处理能力（C5）	0.780				
城市污水日处理能力（D12）	0.509						
城市排水管道长度水平（D13）	0.473						
铁路货物周转量（D14）	0.188	交通运转能力（C6）	0.497				
公路货物周转量（D15）	0.247						
R&D 人员全时当量水平（D16）	0.924	科研投入（C7）	0.979	灾后恢复及提升能力（B3）	0.917		
R&D 项目数量水平（D17）	0.990						
建筑业企业单位数量水平（D18）	0.408	建筑业企业能力（C8）	0.810				
建筑业从业人员数量水平（D19）	0.734						
勘察设计机构单位数量水平（D20）	0.426						
监理单位数量水平（D21）	0.200						
企业自有施工机械设备台数水平（D22）	0.674						
地方财政税收水平（D23）	0.395	资金及人员配备（C9）	0.629				
水利、环境和公共设施管理业就业人员水平（D24）	0.397						
电力、热力、燃气及水生产和供应业就业人员水平（D25）	0.435						

表 D-15　2017 年贵州省城市基础设施防灾减灾韧性突变值

二级指标	突变值	一级指标	突变值	维度	突变值	总目标	突变值
电力、燃气及水的生产和供应业固定资产投资占比 (D1)	0.174	资金投入 (C1)	0.646	灾前预防能力 (B1)	0.707	城市基础设施防灾减灾韧性评价 (A)	0.917
交通运输、仓储和邮政业固定资产投资占比 (D2)	0.443						
水利、环境和公共设施管理业固定资产投资占比 (D3)	0.948						
城市人口密度 (D4)	0.517	城市状况 (C2)	0.719				
人均城市道路面积 (D5)	0.510						
地震台数 (D6)	0.125	观测预警 (C3)	0.500				
地面观测业务站点个数 (D7)	0.118						
天气雷达观测业务站点个数 (D8)	0.692						
天然气供气能力 (D9)	0.212	能源供应能力 (C4)	0.567	灾害抵御能力 (B2)	0.844		
供电能力 (D10)	0.290						
供水综合生产能力 (D11)	0.433	给水排水处理能力 (C5)	0.711				
城市污水日处理能力 (D12)	0.391						
城市排水管道长度水平 (D13)	0.306						
铁路货物周转量 (D14)	0.408	交通运转 (C6)	0.640				
公路货物周转量 (D15)	0.409						
R&D 人员全时当量水平 (D16)	0.241	科研投入 (C7)	0.548	灾后恢复及提升能力 (B3)	0.860		
R&D 项目数量水平 (D17)	0.221						
建筑业企业单位数量水平 (D18)	0.239	建筑业企业能力 (C8)	0.692				
建筑业从业人员数量水平 (D19)	0.413						
勘察设计机构单位数量水平 (D20)	0.240						
监理单位数量水平 (D21)	0.217						
企业自有施工机械设备台数水平 (D22)	0.267						
地方财政税收水平 (D23)	0.491	资金及人员配备 (C9)	0.701				
水利、环境和公共设施管理业就业人员水平 (D24)	0.421						
电力、热力、燃气及水生产和供应业就业人员水平 (D25)	0.457						

表 D-16　2017 年云南省城市基础设施防灾减灾韧性突变值

三级指标	突变值	一级指标	突变值	维度	突变值	总目标	突变值
电力、燃气及水的生产和供应业固定资产投资占比 (D1)	0.184	资金投入 (C1)	0.655	灾前预防能力 (B1)	0.805	城市基础设施防灾减灾韧性评价 (A)	0.930
交通运输、仓储和邮政业固定资产投资占比 (D2)	0.582						
水利、环境和公共设施管理业固定资产投资占比 (D3)	0.645						
城市人口密度 (D4)	0.674	城市状况 (C2)	0.806				
人均城市道路面积 (D5)	0.524						
地震台数 (D6)	0.450						
地面观测业务站点个数 (D7)	0.176	观测预警 (C3)	0.648				
天气雷达观测业务站点个数 (D8)	0.615						
天然气供气能力 (D9)	0.067	能源供应能力 (C4)	0.491	灾害抵御能力 (B2)	0.806		
供电能力 (D10)	0.332						
供水综合生产能力 (D11)	0.444	给水排水处理能力 (C5)	0.729				
城市污水日处理能力 (D12)	0.364						
城市排水管道长度水平 (D13)	0.425						
铁路货物周转量 (D14)	0.136	交通运转能力 (C6)	0.497				
公路货物周转量 (D15)	0.247						
R&D 人员全时当量水平 (D16)	0.275	科研投入 (C7)	0.608				
R&D 项目数量水平 (D17)	0.330						
建筑业企业单位数量水平 (D18)	0.453	建筑业企业能力 (C8)	0.786	灾后恢复及提升能力 (B3)	0.873		
建筑业从业人员数量水平 (D19)	0.598						
勘察设计机构单位数量水平 (D20)	0.428						
监理单位数量水平 (D21)	0.186						
企业自有施工机械设备台数水平 (D22)	0.474						
地方财政税收收入水平 (D23)	0.378	资金及人员配备 (C9)	0.615				
水利、环境和公共设施管理业就业人员水平 (D24)	0.413						
电力、热气、燃气及水生产和供应业就业人员水平 (D25)	0.382						

表 D-17 2017 年西藏自治区城市基础设施防灾减灾韧性突变值

二级指标	突变值	一级指标	突变值	维度	突变值	总目标	突变值
电力、燃气及水的生产和供应业固定资产投资占比 (D1)	0.837	资金投入 (C1)	0.750	灾前预防能力 (B1)	0.696	城市基础设施防灾减灾韧性评价 (A)	0.882
交通运输、仓储和邮政业固定资产投资占比 (D2)	0.867						
水利、环境和公共设施管理业固定资产投资占比 (D3)	0.562						
城市人口密度 (D4)	0.277	城市状况 (C2)	0.526				
人均城市道路面积 (D5)	0.615						
地震台数 (D6)	0.625	观测预警能力 (C3)	0.484				
地面观测业务站点个数 (D7)	0.055						
天气雷达观测业务站点个数 (D8)	0.462						
天然气供气能力 (D9)	0.117	能源供应能力 (C4)	0.428				
供电能力 (D10)	0.135						
供水综合生产能力 (D11)	0.959	给水排水处理能力 (C5)	0.913	灾害抵御能力 (B2)	0.687		
城市污水日处理能力 (D12)	0.806						
城市排水管道长度水平 (D13)	0.471						
铁路货物周转量 (D14)	0.003	交通运转能力 (C6)	0.078				
公路货物周转量 (D15)	0.006						
R&D 人员全时当量水平 (D16)	0.003	科研投入 (C7)	0.094				
R&D 项目数量水平 (D17)	0.003						
建筑业企业单位数量水平 (D18)	0.849	建筑业企业能力 (C8)	0.869	灾后恢复及提升能力 (B3)	0.790		
建筑业从业人员数量水平 (D19)	0.311						
勘察设计机构单位数量水平 (D20)	1.000						
监理单位数量水平 (D21)	1.000						
企业自有施工机械设备台数水平 (D22)	0.313	资金及人员配备 (C9)	0.691				
地方财政税收水平 (D23)	0.810						
水利、环境和公共设施管理业就业人员水平 (D24)	0.228						
电力、热力、燃气及水生产和供应业就业人员水平 (D25)	0.957						

附 录

表 D-18 2017 年陕西省城市基础设施防灾减灾韧性突变值

二级指标	突变值	一级指标	突变值	维度	突变值	总目标	突变值
电力、燃气及水的生产和供应业固定资产投资占比 (D1)	0.283	资金投入 (C1)	0.616	灾前预防能力 (B1)	0.782	城市基础设施防灾减灾韧性评价 (A)	0.940
交通运输、仓储和邮政业固定资产投资占比 (D2)	0.234						
水利、环境和公共设施管理业固定资产投资占比 (D3)	0.963						
城市人口密度 (D4)	0.922	城市状况 (C2)	0.881				
人均城市道路面积 (D5)	0.683						
地震台数 (D6)	0.300	观测预警能力 (C3)	0.611				
地面观测业务站点个数 (D7)	0.140						
天气雷达观测业务站点个数 (D8)	0.615						
天然气供气能力 (D9)	0.413	能源供应能力 (C4)	0.601	灾害抵御能力 (B2)	0.882		
供电能力 (D10)	0.210						
供水综合生产能力 (D11)	0.425	给水排水处理能力 (C5)	0.721				
城市污水日处理能力 (D12)	0.447						
城市排水管道长度水平 (D13)	0.312						
铁路货物周转量 (D14)	0.953	交通运转能力 (C6)	0.858				
公路货物周转量 (D15)	0.736						
R&D 人员全时当量水平 (D16)	0.574	科研投入 (C7)	0.750	灾后恢复及提升能力 (B3)	0.909		
R&D 项目数量水平 (D17)	0.411						
建筑业企业单位数量水平 (D18)	0.419	建筑业企业能力 (C8)	0.835				
建筑业从业人员数量水平 (D19)	0.555						
勘察设计单位数量水平 (D20)	0.507						
监理单位数量水平 (D21)	0.526						
企业自有施工机械设备台数水平 (D22)	0.712						
地方财政税收水平 (D23)	0.468	资金及人员配备 (C9)	0.684				
水利、环境和公共设施管理业就业人员水平 (D24)	0.599						
电力、热力、燃气及水生产和供应业就业人员水平 (D25)	0.487						

表 D-19 2017 年甘肃省城市基础设施防灾减灾韧性突变值

二级指标	突变值	一级指标	突变值	维度	突变值	总目标	突变值
电力、燃气及水的生产和供应业固定资产投资占比 (D1)	0.352	资金投入 (C1)	0.732	灾前预防能力 (B1)	0.762	城市基础设施防灾减灾韧性评价 (A)	0.919
交通运输、仓储和邮政业固定资产投资占比 (D2)	0.483						
水利、环境和公共设施管理业固定资产投资占比 (D3)	0.536						
城市人口密度 (D4)	0.914	城市状况 (C2)	0.884				
人均城市道路面积 (D5)	0.691						
地震台数总数 (D6)	0.525						
地面观测业务站点个数 (D7)	0.114	观测预警 (C3)	0.581				
天气雷达观测业务站点个数 (D8)	0.538						
天然气供气能力 (D9)	0.461	能源供应能力 (C4)	0.650	灾害抵御能力 (B2)	0.826		
供电能力 (D10)	0.279						
供水综合生产能力 (D11)	0.553	给水排水处理能力 (C5)	0.748				
城市污水日处理能力 (D12)	0.375						
城市排水管道长度水平 (D13)	0.368						
铁路货物周转量 (D14)	0.365	交通运转能力 (C6)	0.406				
公路货物周转量 (D15)	0.165						
R&D 人员全时当量水平 (D16)	0.130	科研投入 (C7)	0.435	灾后恢复及提升能力 (B3)	0.844		
R&D 项目数量水平 (D17)	0.132						
建筑业企业单位数量水平 (D18)	0.428	建筑业企业能力 (C8)	0.808				
建筑业从业人员数量水平 (D19)	0.409						
勘察设计机构单位数量水平 (D20)	0.334						
监理单位数量水平 (D21)	0.375						
企业自有施工机械设备台数水平 (D22)	0.816						
地方财政税收收入水平 (D23)	0.308	资金及人员配备 (C9)	0.555				
水利、环境和公共设施管理业就业人员水平 (D24)	0.693						
电力、热力、燃气及水生产和供应业就业人员水平 (D25)	0.858						

表 D-20　2017年青海省城市基础设施防灾减灾韧性突变值

二级指标	突变值	一级指标	突变值	维度	突变值	总目标	突变值
电力、燃气及水的生产和供应业固定资产投资占比 (D1)	0.525	资金投入 (C1)	0.702	灾前预防能力 (B1)	0.626	城市基础设施防灾减灾韧性评价 (A)	0.890
交通运输、仓储和邮政业固定资产投资占比 (D2)	0.554						
水利、环境和公共设施管理业固定资产投资占比 (D3)	0.492						
城市人口密度 (D4)	0.624	城市状况 (C2)	0.790				
人均城市道路面积 (D5)	0.603						
地震台数 (D6)	0.175	观测预警 (C3)	0.392				
地面观测业务站点个数 (D7)	0.073						
天气雷达观测业务站点个数 (D8)	0.154						
天然气供气能力 (D9)	0.936	能源供应能力 (C4)	0.842	灾害抵御能力 (B2)	0.798		
供电能力 (D10)	0.497						
供水综合生产能力 (D11)	0.525	给水排水处理能力 (C5)	0.765				
城市污水日处理能力 (D12)	0.448						
城市排水管道长度水平 (D13)	0.420						
铁路货物周转量 (D14)	0.044	交通运转能力 (C6)	0.158				
公路货物转量 (D15)	0.025						
R&D人员全时当量 (D16)	0.023	科研投入 (C7)	0.222	灾后恢复及提升能力 (B3)	0.815		
R&D项目数量水平 (D17)	0.025						
建筑业企业单位数量水平 (D18)	0.439	建筑业企业能力 (C8)	0.810				
建筑业从业人员数量水平 (D19)	0.304						
勘察设计单位数量水平 (D20)	0.640						
监理单位数量水平 (D21)	0.496						
企业自有施工机械设备台数水平 (D22)	0.594						
地方财政税收水平 (D23)	0.398	资金及人员配备 (C9)	0.631				
水利、环境和公共设施管理业就业人员水平 (D24)	0.499						
电力、热力、燃气及水生产和供应业就业人员水平 (D25)	0.628						

表 D-21 2017 年新疆维吾尔自治区城市基础设施防灾减灾韧性突变值

二级指标	突变值	一级指标	突变值	维度	突变值	总目标	突变值
电力、燃气及水的生产和供应业固定资产投资占比 (D1)	0.438	资金投入 (C1)	0.784	灾前预防能力 (B1)	0.788	城市基础设施防灾减灾韧性评价 (A)	0.920
交通运输、仓储和邮政业固定资产投资占比 (D2)	0.482						
水利、环境和公共设施管理业固定资产投资占比 (D3)	0.739						
城市人口密度 (D4)	0.547	城市状况 (C2)	0.740				
人均城市道路面积 (D5)	0.828						
地震台数 (D6)	0.500	观测预警 (C3)	0.620				
地面观测业务站点个数 (D7)	0.148						
天气雷达观测业务站点个数 (D8)	1.000						
天然气供气能力 (D9)	0.737	能源供应能力 (C4)	0.578	灾害抵御能力 (B2)	0.784		
供电能力 (D10)	0.064						
供水综合生产能力 (D11)	0.973	给水排水处理能力 (C5)	0.892				
城市污水日处理能力 (D12)	0.683						
城市排水管道长度水平 (D13)	0.429						
铁路货物周转量 (D14)	0.063	交通运转能力 (C6)	0.237				
公路货物周转量 (D15)	0.056						
R&D 人员全时当量水平 (D16)	0.080	科研投入 (C7)	0.368	灾后恢复及提升能力 (B3)	0.846		
R&D 项目数量水平 (D17)	0.093						
建筑业企业单位数量水平 (D18)	0.366	建筑业企业能力 (C8)	0.736				
建筑业从业人员数量水平 (D19)	0.310						
勘察设计机构单位数量水平 (D20)	0.397						
监理单位数量水平 (D21)	0.238						
企业自有施工机械设备台数水平 (D22)	0.355						
地方财政税收入水平 (D23)	0.537	资金及人员配备 (C9)	0.733				
水利、环境和公共设施管理业就业人员水平 (D24)	0.623						
电力、热力、燃气及水生产和供应业就业人员水平 (D25)	0.680						

附 录

表 D-22 2017年宁夏回族自治区城市基础设施防灾减灾韧性突变值

二级指标	突变值	一级指标	突变值	维度	突变值	总目标	突变值
电力、燃气及水的生产和供应业固定资产投资占比 (D1)	0.582	资金投入 (C1)	0.639	灾前预防能力 (B1)	0.658	城市基础设施防灾减灾韧性评价 (A)	0.896
交通运输、仓储和邮政业固定资产投资占比 (D2)	0.261						
水利、环境和公共设施管理业固定资产投资占比 (D3)	0.504						
城市人口密度 (D4)	0.312	城市状况 (C2)	0.558				
人均城市道路面积 (D5)	0.914						
地震台数 (D6)	0.175	观测预警 (C3)	0.433				
地面观测业务站点个数 (D7)	0.035						
天气雷达观测业务站点个数 (D8)	0.308						
天然气供气能力 (D9)	0.792	能源供应能力 (C4)	0.819	灾害抵御能力 (B2)	0.915		
供电能力 (D10)	0.509						
供水综合生产能力 (D11)	0.805	给水排水处理能力 (C5)	0.773				
城市污水日处理能力 (D12)	0.434						
城市排水管道长度水平 (D13)	0.195						
铁路货物周转量 (D14)	0.456	交通运转能力 (C6)	0.734				
公路货物周转量 (D15)	0.538						
R&D人员全时当量水平 (D16)	0.082	科研投入 (C7)	0.385				
R&D项目数量水平 (D17)	0.112						
建筑业企业单位数量水平 (D18)	0.382	建筑业企业能力 (C8)	0.667	灾后恢复及提升能力 (B3)	0.803		
建筑业从业人员数量水平 (D19)	0.160						
勘察设计机构单位数量水平 (D20)	0.210						
监理单位数量水平 (D21)	0.223						
企业自有施工机械设备台数水平 (D22)	0.190						
地方财政税收水平 (D23)	0.272	资金及人员配备 (C9)	0.522				
水利、环境和公共设施管理业就业人员水平 (D24)	0.445						
电力、热力、燃气及水生产和供应业就业人员水平 (D25)	0.414						

表 D-23　2017 年广西壮族自治区城市基础设施防灾减灾韧性突变值

二级指标	突变值	一级指标	突变值	维度	突变值	总目标	突变值
电力、燃气及水的生产和供应业固定资产投资占比 (D1)	0.262	资金投入 (C1)	0.660	灾前预防能力 (B1)	0.774	城市基础设施防灾减灾韧性评价 (A)	0.916
交通运输、仓储和邮政业固定资产投资占比 (D2)	0.288						
水利、环境和公共设施管理业固定资产投资占比 (D3)	0.494						
城市人口密度 (D4)	0.438	城市状况 (C2)	0.662				
人均城市道路面积 (D5)	0.735						
地震台数 (D6)	0.225	观测预警 (C3)	0.599				
地面观测业务站点个数 (D7)	0.128						
天气雷达观测业务站点个数 (D8)	0.846						
天然气供气能力 (D9)	0.147	能源供应能力 (C4)	0.455	灾害抵御能力 (B2)	0.842		
供电能力 (D10)	0.147						
供水综合生产能力 (D11)	0.624	给水排水处理能力 (C5)	0.846				
城市污水日处理能力 (D12)	0.927						
城市排水管道长度水平 (D13)	0.358						
铁路货物周转量 (D14)	0.359	交通运转能力 (C6)	0.711				
公路货物周转量 (D15)	0.744						
R&D人员全时当量水平 (D16)	0.208	科研投入 (C7)	0.531				
R&D项目数量水平 (D17)	0.224						
建筑业企业单位数量水平 (D18)	0.196	建筑业企业能力 (C8)	0.714	灾后恢复及提升能力 (B3)	0.839		
建筑业从业人员数量水平 (D19)	0.460						
勘察设计机构单位数量水平 (D20)	0.421						
监理单位数量水平 (D21)	0.183						
企业自有施工机械设备台数水平 (D22)	0.355						
地方财政税收水平 (D23)	0.302	资金及人员配备 (C9)	0.549				
水利、环境和公共设施管理业就业人员水平 (D24)	0.433						
电力、热力、燃气及水生产和供应业人员水平 (D25)	0.407						

表 D-24　2017 年内蒙古自治区城市基础设施防灾减灾韧性突变值

二级指标	突变值	一级指标	突变值	维度	突变值	总目标	突变值
电力、燃气及水的生产和供应业固定资产投资占比 (D1)	0.544	资金投入 (C1)	0.628	灾前预防能力 (B1)	0.800	城市基础设施防灾减灾韧性评价 (A)	0.929
交通运输、仓储和邮政业固定资产投资占比 (D2)	0.248						
水利，环境和公共设施管理业固定资产投资占比 (D3)	0.809						
城市人口密度 (D4)	0.410	城市状况 (C2)	0.640				
人均城市道路面积 (D5)	1.000						
地震台数 (D6)	0.800	观测预警 (C3)	0.640				
地面观测业务站点个数 (D7)	0.168						
天气雷达观测业务站点个数 (D8)	1.000						
天然气供气能力 (D9)	0.293	能源供应能力 (C4)	0.754	灾害抵御能力 (B2)	0.851		
供电能力 (D10)	0.712						
供水综合生产能力 (D11)	0.474						
城市污水日处理能力 (D12)	0.506	给水排水处理能力 (C5)	0.786				
城市排水管道长度水平 (D13)	0.576						
铁路货物周转量 (D14)	0.240	交通运转能力 (C6)	0.409				
公路货物周转量 (D15)	0.167						
R&D 人员全时当量水平 (D16)	0.299	科研投入 (C7)	0.560				
R&D 项目数量水平 (D17)	0.188						
建筑业企业单位数量水平 (D18)	0.216	建筑业企业能力 (C8)	0.665	灾后恢复及提升能力 (B3)	0.863		
建筑业从业人员数量水平 (D19)	0.155						
勘察设计机构单位数量水平 (D20)	0.306						
监理单位数量水平 (D21)	0.244						
企业自有施工机械设备台数水平 (D22)	0.283						
地方财政税收水平 (D23)	0.563	资金及人员配备 (C9)	0.750				
水利、环境和公共设施管理业就业人员水平 (D24)	0.706						
电力、热力、燃气及水生产和供应业就业人员水平 (D25)	0.719						

表 D-25 2018年重庆市城市基础设施防灾减灾韧性突变值

二级指标	突变值	一级指标	突变值	维度	突变值	总目标	突变值
电力、燃气及水的生产和供应业固定资产投资占比 (D1)	0.155	资金投入 (C1)	0.628	灾前预防能力 (B1)	0.788	城市基础设施防灾减灾韧性评价 (A)	0.942
交通运输、仓储和邮政业固定资产投资占比 (D2)	0.348						
水利、环境和公共设施管理业固定资产投资占比 (D3)	0.801						
城市人口密度 (D4)	0.455	城市状况 (C2)	0.675				
人均城市道路面积 (D5)	0.566						
地震台数 (D6)	1.000						
地面观测业务站点个数 (D7)	0.224	观测预警 (C3)	0.620				
天气雷达观测业务点个数 (D8)	0.385						
天然气供气能力 (D9)	0.356	能源供应能力 (C4)	0.512	灾害抵御能力 (B2)	0.844		
供电能力 (D10)	0.099						
供水综合生产能力 (D11)	0.408						
城市污水日处理能力 (D12)	0.578	给水排水处理能力 (C5)	0.790				
城市排水管道长度水平 (D13)	0.651						
铁路货物周转量 (D14)	0.299	交通运转 (C6)	0.669				
公路货物周转量 (D15)	1.000						
R&D人员全时当量水平 (D16)	0.796	科研投入 (C7)	0.946				
R&D项目数量水平 (D17)	1.000						
建筑业企业单位数量水平 (D18)	0.521	建筑业企业能力 (C8)	0.806	灾后恢复及提升能力 (B3)	0.913		
建筑业从业人员数量水平 (D19)	0.977						
勘察设计机构单位数量水平 (D20)	0.335						
监理单位数量水平 (D21)	0.140						
企业自有施工机械设备台数水平 (D22)	0.489						
地方财政税收收入水平 (D23)	0.541	资金及人员配备 (C9)	0.628				
水利、环境和公共设施管理业就业人员水平 (D24)	0.378						
电力、热力、燃气及水生产和供应业就业人员水平 (D25)	0.248						

表 D-26　2018 年四川省城市基础设施防灾减灾韧性突变值

二级指标	突变值	一级指标	突变值	维度	突变值	总目标	突变值
电力、燃气及水的生产和供应业固定资产投资占比（D1）	0.280	资金投入（C1）	0.727	灾前预防能力（B1）	0.923	城市基础设施防灾减灾韧性评价（A）	0.942
交通运输、仓储和邮政业固定资产投资占比（D2）	0.427						
水利、环境和公共设施管理业固定资产投资占比（D3）	0.658						
城市人口密度（D4）	0.689	城市状况（C2）	0.830				
人均城市道路面积（D5）	0.612						
地震台数（D6）	0.675	观测预警（C3）	0.877				
地面观测业务站点个数（D7）	0.711						
天气雷达观测业务站点个数（D8）	0.846						
天然气供气能力（D9）	0.378	能源供应能力（C4）	0.592	灾害抵御能力（B2）	0.836		
供电能力（D10）	0.213						
供水综合生产能力（D11）	0.435	给水排水处理能力（C5）	0.772				
城市污水日处理能力（D12）	0.520						
城市排水管道长度水平（D13）	0.530						
铁路货物周转量（D14）	0.211	交通运转能力（C6）	0.517				
公路货物周转量（D15）	0.267						
R&D 人员全时当量水平（D16）	1.000	科研投入（C7）	0.990	灾后恢复及提升能力（B3）	0.926		
R&D 项目数量水平（D17）	0.944						
建筑业企业单位数量水平（D18）	0.458	建筑业企业能力（C8）	0.823				
建筑业从业人员数量水平（D19）	0.709						
勘察设计机构单位数量水平（D20）	0.437						
监理单位数量水平（D21）	0.233						
企业自有施工机械设备台数水平（D22）	0.707						
地方财政税收水平（D23）	0.444	资金及人员配备（C9）	0.666				
水利、环境和公共设施管理业就业人员水平（D24）	0.346						
电力、热力、燃气及水生产和供应业就业人员水平（D25）	0.426						

表 D-27　2018 年贵州省城市基础设施防灾减灾韧性突变值

二级指标	突变值	一级指标	突变值	维度	突变值	总目标	突变值
电力、燃气及水的生产和供应业固定资产投资占比 (D1)	0.168	资金投入 (C1)	0.640	灾前预防能力 (B1)	0.883	城市基础设施防灾减灾韧性评价 (A)	0.930
交通运输、仓储和邮政业固定资产投资占比 (D2)	0.411						
水利、环境和公共设施管理业固定资产投资占比 (D3)	1.000						
城市人口密度 (D4)	0.542	城市状况 (C2)	0.736				
人均城市道路面积 (D5)	0.566						
地震台数 (D6)	0.475						
地面观测业务站点个数 (D7)	0.526	观测预警 (C3)	0.780				
天气雷达观测业务站点个数 (D8)	0.615						
天然气供应能力 (D9)	0.226	能源供应能力 (C4)	0.577	灾害抵御能力 (B2)	0.856		
供电能力 (D10)	0.296						
供水综合生产能力 (D11)	0.468	给水排水处理能力 (C5)	0.743				
城市污水日处理能力 (D12)	0.474						
城市排水管道长度水平 (D13)	0.340						
铁路货物周转量 (D14)	0.411	交通运转能力 (C6)	0.682				
公路货物周转量 (D15)	0.465						
R&D 人员全时当量水平 (D16)	0.257	科研投入 (C7)	0.560	灾后恢复及提升能力 (B3)	0.865		
R&D 项目数量水平 (D17)	0.229						
建筑业企业单位数量水平 (D18)	0.268	建筑业企业能力 (C8)	0.702				
建筑业从业人员数量水平 (D19)	0.417						
勘察设计机构单位数量水平 (D20)	0.239						
监理单位数量水平 (D21)	0.270						
企业自有施工机械设备台数水平 (D22)	0.255	资金及人员配备 (C9)	0.713				
地方财政税收收入水平 (D23)	0.508						
水利、环境和公共设施管理业就业人员水平 (D24)	0.397						
电力、热力、燃气水生产和供应业就业人员水平 (D25)	0.443						

表 D-28　2018 年云南省城市基础设施防灾减灾韧性突变值

二级指标	突变值	一级指标	突变值	维度	突变值	总目标	突变值
电力、燃气及水的生产和供应业固定资产投资占比 (D1)	0.197	资金投入 (C1)	0.666	灾前预防能力 (B1)	0.875	城市基础设施防灾减灾韧性评价 (A)	0.934
交通运输、仓储和邮政业固定资产投资占比 (D2)	0.602						
水利、环境和公共设施管理业固定资产投资占比 (D3)	0.632						
城市人口密度 (D4)	0.679	城市状况 (C2)	0.824				
人均城市道路面积 (D5)	0.591						
地震台数 (D6)	0.450	观测预警 (C3)	0.766				
地面观测业务站点个数 (D7)	0.804						
天气雷达观测业务站点个数 (D8)	0.692						
天然气供应能力 (D9)	0.080	能源供应能力 (C4)	0.512	灾害抵御能力 (B2)	0.814		
供电能力 (D10)	0.353						
供水综合生产能力 (D11)	0.448	给水排水处理能力 (C5)	0.726				
城市污水日处理能力 (D12)	0.350						
城市排水管道长度水平 (D13)	0.418						
铁路货物周转量 (D14)	0.141	交通运转能力 (C6)	0.413				
公路货物周转量 (D15)	0.270						
R&D 人员全时当量水平 (D16)	0.309	科研投入 (C7)	0.626				
R&D 项目数量水平 (D17)	0.338						
建筑业企业单位数量水平 (D18)	0.471	建筑业企业能力 (C8)	0.772	灾后恢复及提升能力 (B3)	0.878		
建筑业从业人员数量水平 (D19)	0.489						
勘察设计机构单位数量水平 (D20)	0.425						
监理单位数量水平 (D21)	0.184						
企业自有施工机械设备台数水平 (D22)	0.410						
地方财政税收水平 (D23)	0.423	资金及人员配备 (C9)	0.650				
水利、环境和公共设施管理业就业人员水平 (D24)	0.411						
电力、热力、燃气及水生产和供应业就业人员水平 (D25)	0.371						

表 D-29　2018 年西藏自治区城市基础设施防灾减灾韧性突变值

二级指标	突变值	一级指标	突变值	维度	突变值	总目标	突变值
电力、燃气及水的生产和供应业固定资产投资占比（D1）	0.642	资金投入（C1）	0.712	灾前预防能力（B1）	0.745	城市基础设施防灾减灾韧性评价（A）	0.879
交通运输、仓储和邮政业固定资产投资占比（D2）	0.830						
水利、环境和公共设施管理业固定资产投资占比（D3）	0.507						
城市人口密度（D4）	0.393	城市状况（C2）	0.627				
人均城市道路面积（D5）	0.511						
地震台数（D6）	0.625	观测预警（C3）	0.555				
地面观测业务站点个数（D7）	0.264						
天气雷达观测业务站点个数（D8）	0.308						
天然气供气能力（D9）	0.105	能源供应能力（C4）	0.433	灾害抵御能力（B2）	0.680		
供电能力（D10）	0.157						
供水综合生产能力（D11）	0.410	给水排水处理能力（C5）	0.802				
城市污水日处理能力（D12）	0.840						
城市排水管道长度水平（D13）	0.458						
铁路货物周转量（D14）	0.003	交通运转能力（C6）	0.082				
公路货物周转量（D15）	0.007						
R&D 人员全时当量水平（D16）	0.004	科研投入（C7）	0.103	灾后恢复及提升能力（B3）	0.808		
R&D 项目数量水平（D17）	0.003						
建筑业企业单位数量水平（D18）	1.000	建筑业企业能力（C8）	0.795				
建筑业从业人员数量水平（D19）	0.373						
勘察设计机构单位数量水平（D20）	0.406						
监理单位数量水平（D21）	0.203						
企业自有施工机械设备台数水平（D22）	0.206						
地方财政税收水平（D23）	1.000	资金及人员配备（C9）	0.899				
水利、环境和公共设施管理业就业人员水平（D24）	0.653						
电力、热力、燃气及水生产和供应业就业人员水平（D25）	1.000						

表 D-30　2018 年陕西省城市基础设施防灾减灾韧性突变值

二级指标	突变值	一级指标	突变值	维度	突变值	总目标	突变值
电力、燃气及水的生产和供应业固定资产投资占比（D1）	0.214	资金投入（C1）	0.621	灾前预防能力（B1）	0.818	城市基础设施防灾减灾韧性评价（A）	0.951
交通运输、仓储和邮政业固定资产投资占比（D2）	0.239						
水利、环境和公共设施管理业固定资产投资占比（D3）	0.927						
城市人口密度（D4）	1.000	城市状况（C2）	0.883				
人均城市道路面积（D5）	0.689						
地震台数（D6）	0.300	观测预警（C3）	0.669				
地面观测业务站点个数（D7）	0.550						
天气雷达观测业务站点个数（D8）	0.615						
天然气供气能力（D9）	0.440	能源供应能力（C4）	0.608	灾害抵御能力（B2）	0.890		
供电能力（D10）	0.208						
供水综合生产能力（D11）	0.415	给排水处理能力（C5）	0.740				
城市污水日处理能力（D12）	0.556						
城市排水管道长度水平（D13）	0.324						
铁路货物周转量（D14）	1.000	交通运转能力（C6）	0.894				
公路货物周转量（D15）	0.800						
R&D人员全时当量水平（D16）	0.505	科研投入（C7）	0.710				
R&D项目数量水平（D17）	0.358						
建筑业企业单位数量水平（D18）	0.453	建筑业企业（C8）	0.847	灾后恢复及提升能力（B3）	0.914		
建筑业从业人员数量水平（D19）	0.601						
勘察设计机构单位数量水平（D20）	0.504						
监理单位数量水平（D21）	0.461						
企业自有施工机械设备台数水平（D22）	0.801	资金及人员配备（C9）	0.736				
地方财政税收入水平（D23）	0.542						
水利、环境和公共设施管理业就业人员水平（D24）	0.599						
电力、热力、燃气及水生产和供应业就业人员水平（D25）	0.451						

表 D-31　2018 年甘肃省城市基础设施防灾减灾韧性突变值

二级指标	突变值	一级指标	突变值	维度	突变值	总目标	突变值
电力、燃气及水的生产和供应业固定资产投资占比 (D1)	0.296	资金投入 (C1)	0.708	灾前预防能力 (B1)	0.886	城市基础设施防灾减灾韧性评价 (A)	0.917
交通运输、仓储和邮政业固定资产投资占比 (D2)	0.417						
水利、环境和公共设施管理业固定资产投资占比 (D3)	0.501						
城市人口密度 (D4)	0.727	城市状况 (C2)	0.853				
人均城市道路面积 (D5)	0.750						
地震台数 (D6)	0.525	观测预警 (C3)	0.784				
地面观测业务站点个数 (D7)	0.484						
天气雷达观测业务站点个数 (D8)	0.615						
天然气供气能力 (D9)	0.497	能源供应能力 (C4)	0.673	灾害抵御能力 (B2)	0.834		
供电能力 (D10)	0.306						
供水综合生产能力 (D11)	0.550	给水排水处理能力 (C5)	0.754				
城市污水日处理能力 (D12)	0.390						
城市排水管道长度水平 (D13)	0.390						
铁路货物周转量 (D14)	0.392	交通运转能力 (C6)	0.420				
公路货物周转量 (D15)	0.176						
R&D 人员全时当量水平 (D16)	0.103	科研投入 (C7)	0.396	灾后恢复及提升能力 (B3)	0.840		
R&D 项目数量水平 (D17)	0.105						
建筑业企业单位数量水平 (D18)	0.436	建筑业企业能力 (C8)	0.802				
建筑业从业人员数量水平 (D19)	0.359						
勘察设计机构单位数量水平 (D20)	0.313						
监理单位数量水平 (D21)	0.375						
企业自有施工机械设备台数水平 (D22)	0.812						
地方财政税收水平 (D23)	0.333	资金及人员配备 (C9)	0.577				
水利、环境和公共设施管理业就业人员水平 (D24)	0.671						
电力、热力、燃气及水生产和供应业就业人员水平 (D25)	0.791						

表 D-32　2018 年青海省城市基础设施防灾减灾韧性突变值

二级指标	突变值	一级指标	突变值	维度	突变值	总目标	突变值
电力、燃气及水的生产和供应业固定资产投资占比 (D1)	0.625	资金投入 (C1)	0.774	灾前预防能力 (B1)	0.693	城市基础设施防灾减灾韧性评价 (A)	0.898
交通运输、仓储和邮政业固定资产投资占比 (D2)	0.463						
水利、环境和公共设施管理业固定资产投资占比 (D3)	0.736						
城市人口密度 (D4)	0.630	城市状况 (C2)	0.794				
人均城市道路面积 (D5)	0.678						
地震台数 (D6)	0.175	观测预警 (C3)	0.480				
地面观测业务站点个数 (D7)	0.327						
天气雷达观测业务站点个数 (D8)	0.231						
天然气供气能力 (D9)	0.981	能源供应能力 (C4)	0.812	灾害抵御能力 (B2)	0.796		
供电能力 (D10)	0.397						
供水综合生产能力 (D11)	0.527	给水排水处理能力 (C5)	0.776				
城市污水日处理能力 (D12)	0.466						
城市排水管道长度水平 (D13)	0.470						
铁路货物周转量 (D14)	0.046	交通运转能力 (C6)	0.165				
公路货物周转量 (D15)	0.027						
R&D 人员全时当量水平 (D16)	0.015	科研投入 (C7)	0.191	灾后恢复及提升能力 (B3)	0.807		
R&D 项目数量水平 (D17)	0.018						
建筑业企业单位数量水平 (D18)	0.445	建筑业企业能力 (C8)	0.795				
建筑业从业人员数量水平 (D19)	0.262						
勘察设计机构单位数量水平 (D20)	0.578						
监理单位数量水平 (D21)	0.553						
企业自有施工机械设备台数水平 (D22)	0.494						
地方财政税收收入 (D23)	0.430	资金及人员配备 (C9)	0.656				
水利、环境和公共设施管理业就业人员水平 (D24)	0.442						
电力、热力、燃气及水生产和供应业就业人员水平 (D25)	0.607						

城市基础设施防灾减灾韧性评价及时空演化研究

表 D-33　2018 年新疆维吾尔自治区城市基础设施防灾减灾韧性突变值

二级指标	突变值	一级指标	突变值	维度	突变值	总目标	突变值
电力、燃气及水的生产和供应业固定资产投资占比（D1）	0.490	资金投入（C1）	0.651	灾前预防能力（B1）	0.891	城市基础设施防灾减灾韧性评价（A）	0.916
交通运输、仓储和邮政业固定资产投资占比（D2）	0.276						
水利、环境和公共设施管理业固定资产投资占比（D3）	0.522						
城市人口密度（D4）	0.567	城市状况（C2）	0.753				
人均城市道路面积（D5）	0.851						
地震台数（D6）	0.500	观测预警（C3）	0.794				
地面观测业务站点个数（D7）	1.000						
天气雷达观测业务站点个数（D8）	0.692						
天然气供气能力（D9）	0.771	能源供应能力（C4）	0.862				
供电能力（D10）	0.652						
供水综合生产能力（D11）	0.775	给水排水处理能力（C5）	0.844	灾害抵御能力（B2）	0.840		
城市污水日处理能力（D12）	0.607						
城市排水管道长度水平（D13）	0.420						
铁路货物周转量（D14）	0.072	交通运转能力（C6）	0.252				
公路货物周转量（D15）	0.064						
R&D 人员全时当量水平（D16）	0.075	科研投入（C7）	0.358				
R&D 项目数量水平（D17）	0.087						
建筑业企业单位数量水平（D18）	0.357	建筑业企业能力（C8）	0.714	灾后恢复及提升能力（B3）	0.839		
建筑业从业人员数量水平（D19）	0.272						
勘察设计机构单位数量水平（D20）	0.320						
监理单位数量水平（D21）	0.248						
企业自有施工机械设备台数水平（D22）	0.292						
地方财政税收水平（D23）	0.570	资金及人员配备（C9）	0.728				
水利、环境和公共设施管理业就业人员水平（D24）	1.000						
电力、热力、燃气及水生产和供应业就业人员水平（D25）	0.387						

附 录

表 D-34 2018 年宁夏回族自治区城市基础设施防灾减灾韧性突变值

二级指标	突变值	一级指标	突变值	维度	突变值	总目标	突变值
电力、燃气及水的生产和供应业固定资产投资占比 (D1)	0.590	资金投入 (C1)	0.571	灾前预防能力 (B1)	0.693	城市基础设施防灾减灾韧性评价 (A)	0.912
交通运输、仓储和邮政业固定资产投资占比 (D2)	0.186						
水利、环境和公共设施管理业固定资产投资占比 (D3)	0.513						
城市人口密度 (D4)	0.308	城市状况 (C2)	0.555				
人均城市道路面积 (D5)	0.960						
地震台数 (D6)	0.175	观测预警 (C3)	0.480				
地面观测业务站点个数 (D7)	0.161						
天气雷达观测业务站点个数 (D8)	0.231						
天然气供气能力 (D9)	0.930	能源供应能力 (C4)	0.988	灾害抵御能力 (B2)	0.942		
供电能力 (D10)	1.000						
供水综合生产能力 (D11)	0.792	给水排水处理能力 (C5)	0.860				
城市污水日处理能力 (D12)	0.790						
城市排水管道长度水平 (D13)	0.346						
铁路货物周转量 (D14)	0.412	交通运转能力 (C6)	0.655				
公路货物周转量 (D15)	0.429						
R&D 人员全时当量水平 (D16)	0.091	科研投入 (C7)	0.410	灾后恢复及提升能力 (B3)	0.857		
R&D 项目数量水平 (D17)	0.139						
建筑业企业单位数量水平 (D18)	0.652	建筑业企业能力 (C8)	0.769				
建筑业从业人员数量水平 (D19)	0.233						
勘察设计机构单位数量水平 (D20)	0.377						
监理单位数量水平 (D21)	0.388						
企业自有施工机械设备台数水平 (D22)	0.298						
地方财政税收水平 (D23)	0.505	资金及人员配备 (C9)	0.711				
水利、环境和公共设施管理业就业人员水平 (D24)	0.651						
电力、热力、燃气及水生产和供应业就业人员水平 (D25)	0.717						

173

表 D-35　2018 年广西壮族自治区城市基础设施防灾减灾韧性突变值

二级指标	突变值	一级指标	突变值	维度	突变值	总目标	突变值
电力、燃气及水的生产和供应业固定资产投资占比（D1）	0.273	资金投入（C1）	0.723	灾前预防能力（B1）	0.780	城市基础设施防灾减灾韧性评价（A）	0.902
交通运输、仓储和邮政业固定资产投资占比（D2）	0.411						
水利、环境和公共设施管理业固定资产投资占比（D3）	0.603						
城市人口密度（D4）	0.455	城市状况（C2）	0.675				
人均城市道路面积（D5）	0.813						
地震台数（D6）	0.225	观测预警（C3）	0.608				
地面观测业务站点个数（D7）	0.732						
天气雷达观测业务站点个数（D8）	0.462						
天然气供气能力（D9）	0.136	能源供应能力（C4）	0.468	灾害抵御能力（B2）	0.846		
供电能力（D10）	0.178						
供水综合生产能力（D11）	0.608	给水排水处理能力（C5）	0.854				
城市污水日处理能力（D12）	1.000						
城市排水管道长度水平（D13）	0.376						
铁路货物周转量（D14）	0.359	交通运转能力（C6）	0.711				
公路货物周转量（D15）	0.813						
R&D 人员全时当量水平（D16）	0.221	科研投入（C7）	0.542	灾后恢复及提升能力（B3）	0.839		
R&D 项目数量水平（D17）	0.231						
建筑业企业单位数量水平（D18）	0.214	建筑业企业能力（C8）	0.700				
建筑业从业人员数量水平（D19）	0.462						
勘察设计机构单位数量水平（D20）	0.283						
监理单位数量水平（D21）	0.208						
企业自有施工机械设备台数水平（D22）	0.294						
地方财政税收入水平（D23）	0.311	资金及人员配备（C9）	0.558				
水利、环境和公共设施管理业就业人员水平（D24）	0.378						
电力、热力、燃气及水生产和供应业就业人员水平（D25）	0.342						

附 录

表 D-36 2018年宁内蒙古自治区城市基础设施防灾减灾韧性突变值

二级指标	突变值	一级指标	突变值	维度	突变值	总目标	突变值
电力、燃气及水的生产和供应业固定资产投资占比 (D1)	1.000	资金投入 (C1)	0.726	灾前预防能力 (B1)	0.864	城市基础设施防灾减灾韧性评价 (A)	0.927
交通运输、仓储和邮政业固定资产投资占比 (D2)	0.383						
水利、环境和公共设施管理业固定资产投资占比 (D3)	0.623						
城市人口密度 (D4)	0.415	城市状况 (C2)	0.644				
人均城市道路面积 (D5)	0.952						
地震台数 (D6)	0.750						
地面观测业务站点个数 (D7)	0.983	观测预警 (C3)	0.877				
天气雷达观测业务站点个数 (D8)	0.769						
天然气供气能力 (D9)	0.317	能源供应能力 (C4)	0.786	灾害抵御能力 (B2)	0.859		
供电能力 (D10)	0.792						
供水综合生产能力 (D11)	0.445	给水排水处理能力 (C5)	0.780				
城市污水日处理能力 (D12)	0.484						
城市排水管道长度水平 (D13)	0.617						
铁路货物周转量 (D14)	0.132	交通运转能力 (C6)	0.425				
公路货物周转量 (D15)	0.180						
R&D人员全时当量水平 (D16)	0.203	科研投入 (C7)	0.510				
R&D项目数量水平 (D17)	0.186						
建筑业企业单位数量水平 (D18)	0.242	建筑业企业能力 (C8)	0.661	灾后恢复及提升能力 (B3)	0.859		
建筑业从业人员数量水平 (D19)	0.140						
勘察设计机构单位数量水平 (D20)	0.291						
监理单位数量水平 (D21)	0.253						
企业自有施工机械设备台数水平 (D22)	0.245						
地方财政税收收入水平 (D23)	0.605	资金及人员配备 (C9)	0.778				
水利、环境和公共设施管理业就业人员水平 (D24)	0.681						
电力、热力、燃气及水生产和供应业就业人员水平 (D25)	0.731						

参 考 文 献

[1] 连倩倩，安乾. 中国城市化的历史进程及特征分析［J］. 当代经济，2018（15）：8-12.
[2] 杨孟禹，杨雪. 规划引导型城市群战略深化路径研究［J］. 区域经济评论，2020（3）：90-98.
[3] 钱兴华. 城市化发展趋势与城市生态环境建设［J］. 智能城市，2020，6（8）：54-55.
[4] 阳建强，陈月. 1949—2019年中国城市更新的发展与回顾［J］. 城市规划，2020，44（2）：9-19；31.
[5] 张敏. 当前城市化发展的阶段特征和建议［J］. 城市建设理论研究（电子版），2020（1）：9-10.
[6] 李春生，李靖. 我国城市治理创新研究发展脉络综述：基于CSSCI期刊（2001—2017）的文献计量分析［J］. 行政与法，2019（11）：59-71.
[7] 廖福霖. 建立健全绿色低碳循环发展的经济体系［N］. 福建日报，2019-03-04（10）.
[8] 吴晓林. 城市性与市域社会治理现代化［J］. 天津社会科学，2020（3）：75-82.
[9] 李友根. 中国特大城市社会治理的评估与发展：基于变异系数法的聚类分析［J］. 重庆社会科学，2020（9）：83-92.
[10] 易承志. 城市居民环境诉求政府回应机制的内在逻辑与优化路径：基于整体性治理的分析框架［J］. 南京社会科学，2019（8）：64-70；120.
[11] 张康之. 记述中国城市环境治理的新尝试和新突破：评《生态理性的生产与再生产——中国城市环境治理40年》［J］. 上海行政学院学报，2020，21（3）：106-111.
[12] 朱正威. 中国应急管理70年：从防灾减灾到韧性治理［J］. 国家治理，2019（36）：18-23.
[13] 何朔. 现代社会城市灾害的表现形式及其原因分析［J］. 武警学院学报，2007（12）：59-63.
[14] 钱洪伟，梅京兰. 中国自然灾害区域应急救援中心布局设计研究［J］. 灾害学，2020，35（2）：194-199.
[15] 唐波. 城市化进程中的城市灾害分析及对策［J］. 城市与减灾，2014（5）：31-33.
[16] 阚凤敏，彭碧波. 联合国减灾战略对应急管理的启示［J］. 中国应急管理，2020（5）：66-69.
[17] 吕爽. 城市的易致灾性改善：基于完善城市灾害应急管理制度的分析［J］. 成都大学学报（社会科学版），2020（2）：19-25.
[18] 陈惠敏. 我国应急管理的发展历程［J］. 中国石油和化工标准与质量，2019，39（22）：99-100.
[19] 刘智勇，陈苹，刘文杰. 新中国成立以来我国灾害应急管理的发展及其成效［J］. 党政研究，2019（3）：28-36.
[20] 范维澄. 以科技为支撑推进应急管理装备能力现代化［N］. 学习时报，2020-02-17（5）
[21] 李强. 城市基础设施工程规划全书［M］. 北京：中国大地出版社，2001.
[22] 暴丽杰，尹占娥，温家洪. 评价城市基础设施自然灾害连锁效应的结构方法［J］. 灾害学，2009，24（1）：13-17.
[23] 宁吉喆. 对冲克服新冠肺炎疫情影响 巩固发展经济长期向好趋势［J］. 宏观经济管理，2020（5）：1-6.
[24] 韩传峰，陈建国，刘福兴. 城市防灾基础设施开发与管理保障机制研究［J］. 自然灾害学报，2004，13（4）：33-36.
[25] 张建云，王银堂，贺瑞敏，等. 中国城市洪涝问题及成因分析［J］. 水科学进展，2016，27（4）：485-491.
[26] 李彤玥. 韧性城市研究新进展［J］. 国际城市规划，2017，32（5）：15-25.
[27] 彭震伟，颜文涛，王云才，等. 海岸城市的韧性城市建设：美国纽约提升城市韧性的探索［J］. 人类居住，2018（2）：58-61.
[28] 曹莉萍，周冯琦. 纽约弹性城市建设经验及其对上海的启示［J］. 生态学报，2018，38（1）：86-95.
[29] 邓位. 化危机为机遇：英国曼彻斯特韧性城市建设策略［J］. 城市与减灾，2017（4）：66-70.

[30] 梁宏飞. 日本韧性社区营造经验及启示：以神户六甲道车站北地区灾后重建为例 [J]. 规划师, 2017, 33 (8)：38-43.

[31] Christchurch City Council. Resilient Greater Christchurch [R]. Christchurch, 2016.

[32] 王江波, 苟爱萍. 新西兰基督城的韧性城市发展策略与启示 [J]. 安徽建筑, 2019, 26 (8)：4-6.

[33] 王曼琦, 王世福. 韧性城市的建设及经验：以美国新奥尔良抗击卡特里娜飓风为例 [J]. 城市发展研究, 2018, 25 (11)：145-150.

[34] 事件四：《中共中央国务院关于推进防灾减灾救灾体制机制改革的意见》出台 [J]. 中国减灾, 2018 (5)：18.

[35] 林鸿潮. 顺势而为：我国防灾减灾法制建设现状 [J]. 中国减灾, 2014 (12)：12-13.

[36] 孔锋. 透视我国城乡基层社区防灾减灾救灾能力建设与区域协作 [J]. 首都师范大学学报（自然科学版）, 2019, 40 (5)：89-96.

[37] 廖永丰, 刘蓓蓓. 建设刚韧性基础设施 提升区域灾害综合风险防范能力 [J]. 中国减灾, 2019 (21)：14-15.

[38] 叶琳. 基于韧性视角的海绵城市建设问题研究 [D]. 上海：华东师范大学, 2018.

[39] 董卫民. 黄石市韧性城市建设实践与战略思考 [J]. 城市与减灾, 2017 (4)：49-55.

[40] 卢文超, 李琳. 黄石市韧性城市建设的调查与思考 [J]. 城市, 2016 (11)：28-33.

[41] 青海：加强防灾减灾基础设施建设 [J]. 城市规划通讯, 2012 (13)：13.

[42] HOLLING C S. Resilience and stability of ecological system [J]. Annual Review of Ecological System, 1973, 4：1-23.

[43] HOLLING C S. Understanding the complexity of economic, ecological and social systems [J]. Ecosystems, 2001, 4 (5)：390-405.

[44] 徐漫辰. 适灾韧性理念下城市社区灾害脆弱性及减灾优化方法研究 [D]. 天津：天津大学, 2016.

[45] 韦瑜佳. 韧性城市视角下基础设施建设成本分摊机制 [J]. 新西部, 2019 (23)：61-63.

[46] 朱金鹤, 孙红雪. 中国三大城市群城市韧性时空演进与影响因素研究 [J]. 软科学, 2020, 34 (2)：72-79.

[47] 宋蕾. 智能与韧性是否兼容？智慧城市建设的韧性评价和发展路径 [J]. 社会科学, 2020 (3)：21-32.

[48] 郑瑾. 建设韧性城市 提升抗险能力 [J]. 中国勘察设计, 2020 (3)：44-46.

[49] 周阳月, 龙婷婷. 新常态背景下我国韧性城市建设的策略应对 [C]//中国城市规划学会、杭州市人民政府. 共享与品质：2018 中国城市规划年会论文集 01 城市安全与防灾规划. 杭州：中国城市规划学会, 2018：383-391.

[50] 许兆丰, 田杰芳, 张靖. 防灾视角下城市韧性评价体系及优化策略 [J]. 中国安全科学学报, 2019, 29 (3)：1-7.

[51] 杨锋. ISO 37123《城市可持续发展韧性城市指标》解读 [J]. 标准科学, 2019 (8)：11-16.

[52] 联合国大会. 关于通过 2015 年后发展议程的联合国首脑会议的成果文件草稿 [R]. 2015.

[53] United Nations, Department of Economic and Social Affairs, Population Division. World Urbanization Prospects：The 2014 Revision [R]. New York：United Nations, 2014.

[54] United Nations, Department of Economic and Social Affairs, Population Division. World Population Prospects：The 2015 Revision [R]. New York：United Nations, 2015.

[55] 郭小东, 苏经宇, 王志涛. 韧性理论视角下的城市安全减灾 [J]. 上海城市规划, 2016 (1)：41-44；71.

[56] 闪淳昌. 建立突发公共事件应急机制的探讨 [J]. 中国安全生产科学技术, 2005, 1 (2)：24-26.

[57] 黄弘, 李瑞奇, 范维澄, 等. 安全韧性城市特征分析及对雄安新区安全发展的启示 [J]. 中国安全生

产科学技术, 2018, 14 (7): 5-11.

[58] 张明斗, 冯晓青. 韧性城市: 城市可持续发展的新模式 [J]. 郑州大学学报 (哲学社会科学版), 2018, 51 (2): 59-63.

[59] COMFORT L K. Cities at risk: Hurricane Katrina and the drowning of New Orleans [J]. Urban Affairs Review, 2006, 41 (4): 501-516.

[60] CHANGE C. Climate change impacts, adaptation and vulnerability [J]. Science of the Total Environment, 2007, 326 (13): 95-112.

[61] 高恩新. 防御性、脆弱性与韧性: 城市安全管理的三重变奏 [J]. 中国行政管理, 2016 (11): 105-110.

[62] UNISDR. Disaster Resilience Scorecard for Cities [R]. Geneva, 2012.

[63] BRUNEAU M, CHANG S E, EGUCHI R T, et al. A framework to quantitatively assess and enhance the seismic resilience of communities [J]. Earthquake Spectra, 2003, 19 (4): 733-752.

[64] CUTTER S L, BARNES L, BERRY M, et al. A place-based model for understanding community resilience to natural disasters [J]. Global Environmental Change, 2008, 18 (4): 598-606.

[65] CUTTER S L, BURTON C, EMRICH C T. Disaster resilience indicators for benchmarking baseline conditions [J]. Journal of Homeland Security and Emergency Management, 2010, 7 (1): 1-12.

[66] 郑艳. 推动城市适应规划, 构建韧性城市: 发达国家的案例与启示 [J]. 世界环境, 2013 (6): 50-53.

[67] 李亚, 翟国方, 顾福妹. 城市基础设施韧性的定量评估方法研究综述 [J]. 城市发展研究, 2016, 23 (6): 113-122.

[68] 刘峰, 刘源, 周翔宇. 基于韧性理论的社区绿色基础设施功能提升策略研究 [J]. 园林, 2019 (7): 70-75.

[69] 孙宗建, 邢立奋, 汪佩. 基于韧性城市理念的安全建设与灾难预防体系构建 [J]. 河南建材, 2019 (6): 117.

[70] 陈玉梅, 李康晨. 国外公共管理视角下韧性城市研究进展与实践探析 [J]. 中国行政管理, 2017 (1): 137-143.

[71] 师满江, 曹琦. 城乡规划视角下韧性理论研究进展及提升措施 [J]. 西部人居环境学刊, 2019, 34 (6): 32-41.

[72] 王峤, 曾坚, 臧鑫宇. 高密度城市中心区常态防灾规划体系构建 [C]//中国城市规划学会, 沈阳市人民政府. 规划60年: 成就与挑战 2016中国城市规划年会论文集 01 城市安全与防灾规划. 北京: 中国城市规划学会, 2016: 146-157.

[73] 许兆丰, 田杰芳, 张靖. 防灾视角下城市韧性评价体系及优化策略 [J]. 中国安全科学学报, 2019 (3): 1-7.

[74] 刘红红. 重庆市综合防灾减灾体系构建研究 [D]. 重庆: 西南大学, 2014.

[75] 王然, 成金华. 中国省域生态文明评价指标体系构建与实证研究 [M]. 北京: 中国地质大学出版社, 2017.

[76] 宋红燕. "多规合一" 指标体系研究 [D]. 长沙: 湖南师范大学, 2018.

[77] 朱瑞华. 基于AHP方法的建设工程项目后评价指标体系实证研究 [D]. 成都: 西华大学, 2017.

[78] 李亚, 翟国方, 顾福妹. 城市基础设施韧性的定量评估方法研究综述 [J]. 城市发展研究, 2016, 23 (6): 113-122.

[79] 区婉雯. 广东省中职学校会计专业学生学业评价指标体系构建研究 [D]. 广州: 广东技术师范大学, 2019.

[80] 徐红玲. EPC项目总承包商风险管理研究 [D]. 哈尔滨: 东北林业大学, 2010.

［81］王佩歌. 智能变电站自动化系统可靠性模型与评估方法［D］. 武汉：华中科技大学，2019.

［82］郝豫. 环境敏感性重大工程社会安全风险机理分析及量化模型研究［D］. 北京：中国地质大学，2018.

［83］金磊. 中国西部开发防灾减灾综合管理战略研究：兼论西部生态建设山川秀美评价指标体系问题［J］. 社会科学家，2001，16（2）：55-59.

［84］曲良艳. 我国城市主要自然灾害类型及其防灾绿地规划设计研究［D］. 杨凌：西北农林科技大学，2010.

［85］邝启亮，李鑫，罗彦. 韧性城市理论引导下的城市防灾减灾规划探讨［J］. 规划师，2017，33（8）：12-17.

［86］欧阳小芽. 城市灾害综合风险评价［D］. 赣州：江西理工大学，2010.

［87］张孝奎. 防灾减灾视角下的城市空间布局规划研究：以唐山市为例［J］. 灾害学，2018，33（1）：89-95.

［88］张红. 我国应急物资储备制度的完善［J］. 中国行政管理，2009（3）：44-47.

［89］中华人民共和国住房和城乡建设部. 防灾避难场所设计规范：GB 51143—2015［S］. 北京：中国建筑工业出版社，2019.

［90］曹湛，曾坚，王峤. 基于智慧技术的城市综合防灾体系及构建方法［J］. 建筑学报，2013（S2）：97-101.

［91］王丽英，尹丹丽，刘炳胜. 城市基础设施可持续运营的管理维护策略探析［J］. 现代财经（天津财经大学学报），2009，29（11）：63-66.

［92］韩伊静. 多元主体参与地方综合减灾的协同治理机制研究［J］. 哈尔滨学院学报，2017，38（12）：36-40.

［93］樊朱丽. 我国巨灾救助法律制度的反思及重构［J］. 法制博览，2018（5）：171.

［94］吕爽. 城市的易致灾性改善：基于完善城市灾害应急管理制度的分析［J］. 成都大学学报（社会科学版），2020（2）：19-25.

［95］孙钰，许琦，崔寅. 基于改进灰色关联模型的北京市防灾基础设施承灾能力研究［J］. 城市观察，2019（1）：120-131.

［96］朱正威. 中国应急管理70年：从防灾减灾到韧性治理［J］. 国家治理，2019（36）：18-23.